Aserbaidschans Weg zur Marktwirtschaft

Europäische Hochschulschriften

Publications Universitaires Européennes
European University Studies

Reihe V
Volks- und Betriebswirtschaft

Série V Series V
Sciences économiques, gestion d'entreprise
Economics and Management

Bd./Vol. 2296

PETER LANG
Frankfurt am Main · Berlin · Bern · New York · Paris · Wien

Sabine Hanke

Aserbaidschans Weg zur Marktwirtschaft

Fünf Jahre Wirtschaftstransformation seit der Unabhängigkeit

PETER LANG
Europäischer Verlag der Wissenschaften

Die Deutsche Bibliothek - CIP-Einheitsaufnahme

Hanke, Sabine:

Aserbaidschans Weg zur Marktwirtschaft : fünf Jahre Wirtschaftstransformation seit der Unabhängigkeit / Sabine Hanke. - Frankfurt am Main ; Berlin ; Bern ; New York ; Paris ; Wien : Lang, 1998
(Europäische Hochschulschriften : Reihe 5, Volks- und Betriebswirtschaft ; Bd. 2296)
Zugl.: Erlangen-Nürnberg, Univ., Diss., 1997
ISBN 3-631-33244-0

n 2
ISSN 0531-7339
ISBN 3-631-33244-0

DANKSAGUNG

Die vorliegende Arbeit wurde im Rahmen des von Professor Dr. Şefik Alp Bahadır geleiteten Graduiertenkollegs für Gegenwartsbezogene Orientforschung angefertigt, das unter dem Rahmenthema "Transformationsprozesse in Gesellschaften des Vorderen Orients zwischen Tradition und Erneuerung in fächerübergreifender Forschung" steht. Ohne die finanzielle Unterstützung durch die *Deutsche Forschungsgemeinschaft* (DFG), die insbesondere auch drei zweimonatige Forschungsaufenthalte in Aserbaidschan ermöglicht hat, hätte die Arbeit in dieser Form nicht entstehen können. Der DFG sowie dem Leiter des Graduiertenkollegs gilt daher mein besonderer Dank. Für die wirtschaftswissenschaftliche Betreuung danke ich meinem akademischen Lehrer Professor Dr. Ş.A. Bahadır und für die landeskundliche Betreuung Professor Dr. K. Kreiser. Zu Dank verpflichtet bin ich besonders auch Professor Dr. Ragıp Guliyev, dem Leiter des *Aserbaidschanischen Staatskomitees für Antimonopolpolitik und zur Förderung des Unternehmertums*, der mich in Baku fachlich beraten hat, und ohne dessen Hilfe mir viele Quellen in Aserbaidschan verschlossen geblieben wären. Desweiteren möchte ich all denen danken, die mich während dieser Arbeit unterstützt und begleitet haben, insbesondere der Familie Ümid für ihr stets offenes Haus, Sudabe Şiriliyäva für die Einblicke in den Geschäftsalltag eines Kleinbetriebs und ihre ständige Bereitschaft, mich zu unterstützen, Martina Eckardt für die fachlichen Diskussionen und ihre konstruktive Kritik sowie Ulla Kölbel für ihre Geduld mit mir und meiner Arbeit.

INHALTSVERZEICHNIS

II. Kapitel: Die Währungsordnung und das Bankensystem in Aserbaidschan

III. Kapitel: Handlungsrechte und Privatisierung

IV. Kapitel: Wirtschaftspolitische Massnahmen zur Förderung der strukturellen Anpassung

ABKÜRZUNGSVERZEICHNIS

AMB	*Azärbaycan Milli Bankı* (Aserbaidschanische Nationalbank/Zentralbank)
A.R.	*Azärbaycan Respublikası* (Aserbaidschanische Republik)
ASM	*Ali Sovetinin Mälumatı* (Mitteilungen des Obersten Sowjet/Amtsblatt der Aserbaidschanischen Republik)
BBVB	*Baku Banklararası Valyuta Birjası* (Bakuer Devisenbörse)
BIP	Bruttoinlandsprodukt
BSP	Bruttosozialprodukt
BTN	Brussels Tariff Nomenclature
CSIS	Centre for Strategic and International Studies
DSK	*Azärbaycan Respublikası Dövlät Statistika Komitäsi* (Staatliches Statistikkomitee der Aserbaidschanischen Republik)
EBRD	European Bank for Reconstruction and Development
GUS	Gemeinschaft Unabhängiger Staaten
IMF	International Monetary Fund
Kosia/ Smeda	*Kiçik vä orta sahibkarlığın inkişaf ajansı* / Small and Medium Enterprise Development Agency
M.	Aserbaidschanischer Manat
NMP	Nettomaterialprodukt
OECD	Organisation for Economic Co-operation and Development
QIF	*Qapalı Investisiya Fond* (geschlossener Investitionsfond)
RGW	Rat für gegenseitige Wirtschaftshilfe

SU Sowjetunion

TACIS Technical Assistance to the Commonwealth of Independent States, Programm der Europäischen Union

UNIDO United Nations Industrial Development Organisation

VVF *Vahid Valyuta Fond* (aserbaidschanischer Einheitlicher Währungsfond)

ZEIF *Zämanätli Ehtiyat Investisiya Fondları* (Reserveinvestitionsfonds mit Garantie)

ANMERKUNGEN ZUR TRANSKRIPTION

Die kyrillischen Buchstaben der Primärliteratur werden im folgenden nach dem in Aserbaidschan offiziell anerkannten lateinischen Alphabet transkribiert. Eine Ausnahme bildet der im folgenden so transkribierte Buchstabe "ä", der (nach vorhergehender Uneinigkeit in Aserbaidschan nun) offiziell als "ə" geschrieben wird.

Man beachte, daß der Buchstabe "x" aus dem Russischen übernommen wurde und wie ein deutsches "ch" oder ein englisches "kh" ausgesprochen wird.

TABELLENVERZEICHNIS

ABBILDUNGSVERZEICHNIS

EINFÜHRUNG

1 Gegenstand und Ziel der Untersuchung

Seit Mitte der 80er Jahre findet in Osteuropa und der Sowjetunion ein radikaler Umbruch sowohl im politischen als auch im ökonomischen System statt. Weder westliche noch östliche Wissenschaftler und Politiker waren auf eine solche Transformation vorbereitet und es mangelte zunächst an Konzepten und Handlungsanweisungen, die den jeweiligen Bedingungen vor Ort gerecht wurden. Die Ausgangsbedingungen in den transformierenden Ländern stellten sich als sehr unterschiedlich dar, so daß länderspezifische Analysen und Vorgehensweisen erforderlich waren.

In den Ländern der ehemaligen Sowjetunion vollzieht sich der ohnehin schon komplexe Transformationsprozeß unter weit schwierigeren Bedingungen als in Osteuropa. Während in Osteuropa ein sozialistisches Gesellschaftssystem mit einer zentral geplanten und gelenkten Wirtschaft erst nach dem Ende des zweiten Weltkrieges eingeführt wurde, existierte ein solches in der Sowjetunion schon seit den 20er Jahren, also seit sieben Jahrzehnten. In Osteuropa kann darum häufig noch auf ein marktwirtschaftlich orientiertes Rechtssystem aus vorsozialistischer Zeit zurückgegriffen werden, und marktwirtschaftliche Prinzipien sind der älteren Generation noch bekannt. In der ehemaligen Sowjetunion dagegen sind marktwirtschaftliche Traditionen nur noch aus Erzählungen oder historischen Quellen erhalten, wie beipielsweise aus Berichten über die ökonomische Blütezeit in der Republik Aserbaidschan Anfang des 20. Jahrhunderts. In den osteuropäischen Ländern war zudem private Wirtschaftstätigkeit trotz der Einführung von Staatseigentum (Kollektivierung) weiterhin begrenzt gestattet, während in der Sowjetunion private Aktivitäten, die dem Einkommenserwerb dienten, extrem restriktiv gehandhabt, und abgesehen von der für den privaten Verbrauch zugelassenen Landwirtschaft (Hofwirtschaften) nicht erlaubt wurden, so daß nun eine Privatwirtschaft vollkommen neu aufgebaut werden muß.

Der Umbruch im politischen System der Sowjetunion beinhaltete eine Demokratisierung und die Schaffung einer offenen, pluralistischen Gesellschaft, was unter dem Schlagwort *Glasnost* (= Offenheit) bekannt wurde. Die Möglichkeit einer freien Meinungsäußerung ließ auch die Aufarbeitung der Vergangenheit zu. In Aserbaidschan wurden die Besetzung des Landes durch die Rote Armee 1920, die damit verbundene Auflösung der ersten Republik (1918-1920) und die Zeit des sowjetischen Terrors unter Stalin erstmals offen thematisiert. Neben der kritischen Diskussion dieser unter sowjetischer Ägide stattgefundenen Repressionen wurde auch die ökonomische Bevormundung Aserbaidschans mißbilligt, die sich unter anderem darin äußerte, daß alle Investitions-, Produktions- und Absatzentscheidungen über die bedeutende aserbaidschanische Erdöl- und chemische Industrie in Moskau gefällt wurden. Das erwachende Nationalbewußtsein und die als "Ausbeutung" empfundene zentrale Wirtschaftspolitik äußerten sich in der Kritik an der zentralen Führung in Moskau und in der Forderung nach Unabhängigkeit. Die Autonomie der Republik galt als Schlüssel für ein erneutes wirtschaftliches Aufblühen des erdölreichen Landes.

Die Autonomiebestrebungen blieben jedoch nicht auf die Sozialistischen Sowjetrepubliken (wie Aserbaidschan) begrenzt, sondern traten auch in kleineren territorialen Einheiten auf, in denen ethnische Minderheiten unter einer "Mutterrepublik" lebten. Dies mußte unweigerlich zu territorialen Streitigkeiten führen, die zumeist militärisch ausgetragen wurden bzw. noch werden. In der Republik Aserbaidschan trat ein solcher Konflikt, der bereits während der sowjetischen Ära immer wieder aufgeflammt war (wenn auch nichts davon in die Öffentlichkeit gelangt ist), in der Region Berg Karabach auf, die zwar innerhalb aserbaidschanischen Territoriums lag und unter aserbaidschanischer Zuständigkeit stand, mehrheitlich jedoch von armenischer Bevölkerung bewohnt wurde. Der zwischen aserbaidschanischen und armenischen Einheiten ausgetragene Krieg um diese Region, der bis zum Zeitpunkt der Niederlegung dieser Arbeit noch nicht einvernehmlich beendet wurde, hat große personelle und finanzielle Mittel gebunden, die in der politischen und wirtschaftlichen Transformation dringend notwendig gewesen wären.

Die politische Unabhängigkeit der Republik Aserbaidschan, die zum 30. August 1991 deklariert wurde, erforderte eine Neuordnung der politischen Strukturen. Während in der Sowjetunion bis auf wenige republiksinterne Fragen alle Entscheidungen zentral gefällt wurden, müssen nun sämtliche politischen Einrichtungen und Organe umstrukturiert werden. Dies betrifft Aserbaidschan in besonderem Maße, weil hier die Industriestruktur seit den 70er Jahren von sogenannten Allunionsunternehmen dominiert war, die direkt unter der Befugnis von in Moskau ansässigen Unionsministerien standen. Darum wurde zu Beginn der Unabhängigkeit eine Vielzahl an Gesetzen verabschiedet, die die Betriebe und Konzerne unter neue Zuständigkeiten stellten. Das Streben um politisch und wirtschaftlich einflußreiche Positionen behinderte die Durchführung gesellschaftlich wichtiger Aufgaben, so auch die Wirtschaftstransformation.

Die Republik Aserbaidschan ist heute wegen der im Kaspischen Meer vermuteten Erdölvorkommen in das öffentliche Interesse gerückt. Es ist die Rede davon, daß Aserbaidschan ein neues Kuwait werden könnte. Erste Verhandlungen mit westlichen Ölkonzernen über die Förderung dieser Erdölreserven wurden wegen der politischen Instabilitäten fast drei Jahre lang geführt und mündeten schließlich erstmals am 20. September 1994 in einen Vertrag zwischen dem aserbaidschanischen staatlichen Ölkonzern und westlichen Ölgesellschaften, mit einer Beteiligung Rußlands[1]. Es folgten nochmals langwierige Verhandlungen über die auszubauenden Exportwege, die nun über Rußland ans Schwarze Meer und über Georgien in die Türkei führen sollen. Wegen des aserbaidschanischen Rohstoffreichtums wird mit einem großen Interesse ausländischer Investoren gerechnet, und vom Abschluß der Ölverträge werden große Investitionszuflüsse und ein Wachstumsschub aufgrund der *forward* und *backward linkages* des Erdölsektors erwartet.

Solche Hoffnungen konnten sich bisher jedoch nicht bewahrheiten. Die Zahl der Joint Ventures stieg zwar bis 1995 auf über 1.000; von diesen hatten aber nur etwa 15% ihre Tätigkeit auch tatsächlich aufgenommen. Bis 1994 nahm die Investitionstätigkeit in Aserbaidschan kontinuierlich ab und die gesamtwirt-

---

[1] Dieses erste Konsortium bestand aus den Gesellschaften BP, Statoil, Amoco, Pennzoil, McDermott International, Ramco, Unocal und Turkish Petroleum, und dem aserbaidschanischen Unternehmen Azärbaycan Dövlet Neft Şirketi. H. Biermann, E. Einig, F. Hesse, System-Transformation. Logik und Theorie sowie Darstellung am Beispiel der muslimisch beeinflußten GUS-Republiken, München: R.Oldenbourg 1996, S. 228. Später wurden neben der russischen Gesellschaft Lukoil noch Delta Nimir und Exxon eingeschlossen. Siehe: o.V., "SOCAR Section. Historical Beginnings. The AIOC - Azerbaijan International Operating Company", in: Azerbaijan International, Vol.3 (1995), Heft 2, S.33.

schaftliche Produktion sank jährlich um etwa ein Viertel gegenüber dem Vorjahr. In Aserbaidschan neigt man dazu, den Wachstumsrückgang seit der Unabhängigkeit auf politische Instabilitäten und besonders auf den noch ungelösten Konflikt um Berg Karabach zurückzuführen. Die Erklärung für den wirtschaftlichen Einbruch allein in politischen und externen Faktoren zu suchen, wäre jedoch zu kurz gegriffen. Zwar trägt politische Instabilität dazu bei, daß kaum Investitionen getätigt werden; daneben muß jedoch auch das Fehlen klarer ökonomischer Institutionen (i.S. von Regeln, Mechanismen) als Grund für Unsicherheit und mangelhafte Wirtschaftsaktivität gesehen werden. Die Wirtschaftstransformation, die als Änderung grundlegender Elemente einer Wirtschaftsordnung begriffen werden muß[2], kann nicht uno actu vollzogen werden. Es muß berücksichtigt werden, daß sich marktwirtschaftliche Verhaltensweisen erst im Laufe der Zeit etablieren und einige Reformen einer gründlichen Vorbereitung bedürfen (beispielsweise die Einführung einer neuen Steuergesetzgebung).

Unabhängig davon, daß Transformation per se ein zeitintensiver Prozeß ist, muß für eine Beurteilung der Transformationspolitik (hier für den Fall Aserbaidschan) die Frage gestellt werden, inwiefern die ordnungs- und wirtschaftspolitischen Maßnahmen in sich konsistent sind und ob die notwendigen marktwirtschaftlichen Elemente eingeführt wurden. Als zentrale Unterscheidungskriterien von Wirtschaftsordnungen werden üblicherweise der Allokationsmechanismus und die vorherrschende Eigentumsform identifiziert. Zur Etablierung einer Marktwirtschaft muß die zentrale Wirtschaftsplanung zugunsten von dezentralen Plänen, die über den Markt koordiniert werden, beseitigt werden. Gleichzeitig muß die Dominanz kollektiven Eigentums gegen privates ersetzt werden. Allein diese beiden Kriterien genügen aber nicht, um die Marktkräfte tatsächlich wirksam werden zu lassen, denn das Fehlen eines stabilen Rechtssystems oder die Existenz von Marktunvollkommenheiten können weiterhin Marktverzerrungen hervorrufen.

---

[2] *Kloten* charakterisiert Wirtschaftstransformation als "'qualitativen' Sprung" im Wirtschaftssystem. N. Kloten, Die Transformation von Wirtschaftsordnungen, Tübingen: Mohr 1991, S.9.

Als Ziel der Wirtschaftstransformation, also dem Übergang von der Zentralverwaltungs- zur Marktwirtschaft[3], soll daher im Sinne *Euckens* die "Herstellung eines funktionsfähigen Preissystems"[4] genannt werden. Dieses Ziel stellt keinen eindeutig definierten, statischen Endpunkt dar, denn auch in einer etablierten Markt- bzw. Wettbewerbswirtschaft hat die Wirtschaftspolitik stets die Aufgabe, das "funktionsfähige Preissystem" zu erhalten (Wirtschaftsablaufpolitik). Beispielsweise muß die Wirtschaftspolitik einen Preismechanismus simulieren, wenn sie beim Vorliegen öffentlicher Güter die Übernutzung verhindern will; oder sie muß eine Wettbewerbspolitik betreiben, die innovativen Unternehmern das Erzielen einer befristeten Monopolrente ermöglicht, ohne daß eine dauerhafte Preisverzerrung infolge von Monopolmacht durchgesetzt wird. Die Funktionsfähigkeit des Preissystems muß also ständig überprüft, und gegebenenfalls durch wirtschaftspolitische Maßnahmen ergänzt werden. Konkreter soll daher im folgenden das Transformationsziel darin gesehen werden, daß die institutionellen Rahmenbedingungen geschaffen werden müssen, die die Funktionsfähigkeit des Preissystems ermöglichen. Sie können aus den von *Eucken* so bezeichneten "konstituierenden Prinzipien" einer Wettbewerbsordnung abgeleitet werden[5], die aus folgenden Elementen bestehen: 1. der Währungsordnung, 2. den unter dem Begriff "private Handlungsrechte" zusammenfaßbaren Prinzipien des Privateigentums, der Vertragsfreiheit und des Haftungsrechts, 3. offenen Märkten und schließlich 4. der Konstanz bzw. Transparenz der Wirtschaftspolitik.

---

[3] Prizipiell kann der Systemwechsel auch in die umgekehrte Richtung erfolgen, hier wird Wirtschaftstransformation jedoch stets als Übergang zur Marktwirtschaft verstanden. Siehe einen entsprechenden Verweis bei: H.-R. Peters, "Transformationstheorie und Ordnungspolitik" in: Wirtschaftswissenschaftliches Studium, 19.Jg. (1990), S.384-389.

[4] Walter Eucken, Grundzüge der Wirtschaftspolitik, München: Rowohlt 1964, S.160.

[5] Auf der Grundlage *Euckens*cher Prinzipien geben u.a. folgende Autoren Handlungsempfehlungen für die Wirtschaftstransformation: G. Gutmann, "Euckens konstituierende Prinzipien der Wirtschaftpolitik und der ordnungspolitische Wandel in den Ländern Osteuropas", in: Zur Transformation von Wirtschaftssystemen: Von der Sozialistischen Planwirtschaft zur Sozialen Marktwirtschaft, Marburg: Forschungsstelle zum Vergleich wirtschaftlicher Lenkungssysteme 1990, S.63-71; R.L. Weber, "Walter Eucken und der Wandel von Wirtschaftssystemen", in: Wirtschaftswissenschaftliches Studium, 21.Jg. (1992), S.579-583.

Wenn die Währungsordnung stabil ist, die Handlungsrechte eindeutig definiert und mit Hilfe eines Rechtssystems durchsetzbar sind, dann sind Vorhersehbarkeit und Verläßlichkeit von Institutionen groß, und das Risiko für private Wirtschaftsakteure ist relativ begrenzt. Dazu trägt auch die Konstanz der Wirtschaftspolitik bei. Als Problem erweist sich jedoch, daß gerade in der Wirtschaftstransformation die Wirtschaftspolitik nicht innerhalb einer gegebenen Ordnung mit klar abgesteckten Handlungsrechten der Wirtschaftspolitiker durchgeführt wird, weil ja gerade die gesamte Wirtschaftsverfassung Veränderungen unterworfen ist. Dennoch kann politisch bedingte Instabilität minimiert und eine gewisse Vorhersehbarkeit geschaffen werden, wenn ein detailliertes Transformationsprogramm mit einem genauen (einzuhaltenden!) Zeitplan veröffentlicht wird. Da dies in Aserbaidschan nicht der Fall war, sondern eine diskretionäre Politik von Versuch und Irrtum durchgeführt wurde, herrschte häufig Unsicherheit bei den Wirtschaftsakteuren.

Eine Analyse und Beurteilung der Wirtschaftstransformation in Aserbaidschan anhand der genannten Kriterien stößt auf Schwierigkeiten, die sich aus der mangelhaften Datenlage ergeben. Denn statistisches Material ist nicht immer verfügbar und die Aussagekraft der Daten ist gering, weil Veränderungen im Umfang der erfaßten Daten und der Methodologie nicht immer dokumentiert wurden. Statistische Daten sind daher stets vorsichtig zu interpretieren, zumal nicht ausgeschlossen werden kann, daß gerade Anfang der 90er Jahre noch die in der sowjetischen Ära typischen Beschönigungen vorgenommen wurden. Die Betriebsleiter in der Sowjetunion machten gegenüber dem Amt für Statistik häufig falsche Angaben, um eine Planerfüllung zu suggerieren, was möglicherweise auch heute noch für Aserbaidschan gilt, wenn auch mit anderen betriebsinternen Zielen. Zudem ist ein Vergleich von Statistiken aus der sowjetischen Zeit mit heutigen aserbaidschanischen Daten kaum möglich, da die vor der Preisliberalisierung administrierten Preise nicht unbedingt Knappheiten widerspiegeln und die Preise nach der Liberalisierung sprunghaft angestiegen sind.[6]

[6] Zur Vertrauenswürdigkeit von Statistiken in der sowjetischen Wirtschaft zum Beginn der Transformation siehe: IMF, World Bank, OECD, EBRD (Hrsg.), A Study of the Soviet Economy, Vol.1, Paris: OECD 1991, S.133ff.

Eine weiteres Problem in Aserbaidschan ist auch der mangelhafte Zugang zu Gesetzestexten. Das Amtsblatt (*Ali Sowetinin Mälumatı*, Mitteilungen des Obersten Sowjet) erscheint wegen der Knappheit von Papier und Druckfarbe nur in niedriger Auflage. Die Beschlüsse und Erlasse der Nationalversammlung, des Ministerrats und des Präsidenten werden zwar auch in der staatlichen Tagespresse abgedruckt; abgesehen davon ist der Zugang zu diesen Rechtsquellen jedoch mangelhaft, weil das Amtsblatt an öffentliche Einrichtungen und Universitätsbibliotheken häufig erst mit erheblicher Verzögerung geliefert wird. Dies kann auch als das Vermächtnis einer politischen Kultur in der Sowjetunion gewertet werden, in der Rechtsnormen lediglich der Nomenklatura, die alle wichtigen Entscheidungen in der Ökonomie zu treffen hatte, bekanntgegeben werden mußten, nicht jedoch der Bevölkerung.

Daraus ergibt sich eine weitere Schwierigkeit bei der Analyse und Beurteilung des Transformationsprozesses. Die Existenz positiver Regeln garantiert noch nicht deren Wirksamkeit. Bei der Bewertung der Wirtschaftstransformation müssen darum neben den geschriebenen Rechtsnormen auch die praktischen Verhaltensweisen der handelnden Individuen in Betracht gezogen werden.

In der vorliegenden Arbeit wird eine Zwischenbilanz der Wirtschaftstransformation in der Republik Aserbaidschan gezogen. Es wird untersucht, inwieweit transformationspolitische Aufgaben in den ersten fünf Jahren nach der aserbaidschanischen Unabhängigkeit (1991-1995) durchgeführt wurden[7]. Dabei soll berücksichtigt werden, ob die Voraussetzungen für die Funktionsfähigkeit von Preisen gegeben waren, ob Koordination über Märkte stattfinden konnte und welche Anreize die staatlich gesetzten positiven Regeln geschaffen haben.

2 Aufbau der Untersuchung

Im **Kapitel I** (*Aserbaidschans Wirtschaftspotential und der Weg in die Unabhängigkeit)* wird ein Einblick in die wirtschaftlichen Besonderheiten der Republik Aserbaidschan und die neuere politische Geschichte gegeben. Zu-

[7] Wenn Daten verfügbar waren, wurden auch noch Entwicklungen aus 1996 berücksichtigt.

nächst wird die Ressourcenausstattung des Landes, die ökonomische Stellung Aserbaidschans innerhalb der Sowjetunion und die wirtschaftliche Entwicklung seit der Unabhängigkeit dargestellt. Die wirtschaftlichen Ausgangsbedingungen schienen erfolgversprechend für einen schnellen Aufschwung, konnten aber infolge der transformationsspezifischen Hindernisse in den ersten fünf Jahren der Unabhängigkeit nicht ausgenutzt werden. In zweiten Abschnitt soll auf die politischen Instabilitäten eingegangen werden, indem zunächst die Rahmenbedingungen, die zum Auseinanderbrechen der Sowjetunion geführt und die Unabhängigkeitsbestrebung Aserbaidschans angestoßen haben, zusammengefaßt werden. Dabei wird auch auf die neu geschaffenen politischen Strukturen eingegangen und untersucht, in welcher Weise diese und die Unsicherheiten beim Wandel von Institutionen, insbesondere die Rechtsunsicherheit, die Transformation beeinträchtigen können.

In **Kapitel II** (*Die Währungsordnung und das Bankensystem in Aserbaidschan*) werden zunächst das Bankensystem und die staatliche Kreditplanung in der Sowjetunion vorgestellt, die den Ausgangspunkt für die Transformation der Währungsordnung in Aserbaidschan darstellen. Der zweite Abschnitt widmet sich der Frage, wie die Ablösung von der Rubelzone vonstatten ging. Während anfänglich die aserbaidschanische Währungspolitik wegen der beschränkten Unabhängigkeit der Aserbaidschanischen Nationalbank noch diskretionär und nach keiner klaren Linie erfolgte, konnte sie nach der Einführung einer nationalen Währung schnell stabilisiert werden. Demgegenüber scheiterte der Aufbau eines effizienten Geldmarktes an der halbherzigen Liberalisierung im Bankensektor, wie im dritten Abschnitt gezeigt wird. Die Geldpolitik der Zentralbank blieb planwirtschaftlichen Prinzipien unterworfen, ebenso wie die Kreditpolitik der halbstaatlichen Geschäftsbanken. Private Banken entwickelten dagegen infolge der Marktspaltung eigene Formen von Aktiv- und Passivgeschäften, die unter anderem aus Arbitragetätigkeiten bestanden. Eine der institutionellen Bedingungen, die zu einer großen Unsicherheit auf dem Geldmarkt beitrug, ist die zwischenbetriebliche Verschuldung, deren Ursachen in einem eigenen Abschnitt herausgearbeitet werden.

Damit Wirtschaftspläne nachfrageorientiert erstellt, und Angebot und Nachfrage zum Ausgleich gebracht werden können, müssen die wirtschaftlichen Handlungsrechte auf dezentrale Einheiten übertragen werden. Kommerzialisierung und Privatisierung in Aserbaidschan werden Thema des **Kapitels III** (*Handlungsrechte und Privatisierung*) sein, nachdem im dessen ersten Abschnitt die Eigentumsordnung in sowjetischer Zeit als Ausgangspunkt vorgestellt wurde. Im zweiten Abschnitt wird zunächst auf wichtige gesetzliche Grundlagen eingegangen, die die Absicht der Regierung ausdrücken, ein auf marktwirtschaftlichen Prinzipien beruhendes Wirtschaftssystem einzuführen. Anschließend werden die Bedingungen bei der Preissetzung und der Vertragsgestaltung in Staatsbetrieben daraufhin untersucht, inwiefern sie zur Dezentralisierung der Handlungsrechte beitrugen. Besonderheiten in der Zerschlagung von Monopolen und in der Kommerzialisierung von Staatsbetrieben werden in Abschnitt 2.3 aufgezeigt. Im dritten Abschnitt wird die aserbaidschanische Privatisierungspolitik vorgestellt, die im Gegensatz zur Dezentralisierung von Handlungsrechten erst sehr spät umgesetzt wurde, da über diese umstrittene Reform fünf Jahre lang verhandelt wurde.

Die Etablierung privater Handlungsrechte, freier Preise und eines funktionsfähigen Geldwesens genügt noch nicht, damit Preise als Knappheitsanzeiger fungieren und ein Wettbewerbsmarkt entsteht. In einer Transformationsökonomie treten hohe Transaktionskosten und Kosten der Anpassung an die neue Wirtschaftsordnung auf. In **Kapitel IV** (*Wirtschaftspolitische Maßnahmen zur Förderung der strukturellen Anpassung*) wird zunächst auf einige dieser Anpassungshemmnisse in Aserbaidschan eingegangen. Im zweiten Abschnitt wird untersucht, inwieweit die Liberalisierung der Außenhandelspolitik Aserbaidschans und deren allgemeine Effekte auf die Exporte und Importe dazu beitrugen, die Monopolmacht der Staatsbetriebe zu beenden und deren Restrukturierung zu forcieren. Als weitere wirtschaftspolitische Maßnahme, um eine an die neuen Erfordernisse angepaßte Wirtschaftsstruktur aufzubauen, kann die Förderung privater Investitionstätigkeit gelten. In der Analyse zeigt sich jedoch, daß die spezielle Gesetzgebung für ausländische Investoren und die besondere Unterstützung neugegründeter privater Betriebe in Aserbaidschan keinen wesentlichen Beitrag zur Entwicklung privater Betriebe geleistet haben.

Den Abschluß der Arbeit bildet die Zusammenfassung (*Fünf Jahre Wirtschafts transformation in Aserbaidschan - eine Zusammenfassung*), in der ein Resümee über den Stand der Wirtschaftstranformation in Aserbaidschan nach fünf Jahren der Unabhängigkeit gezogen wird.

I. KAPITEL: ASERBAIDSCHANS WIRTSCHAFTSPOTENTIAL UND DER WEG IN DIE UNABHÄNGIGKEIT

1 Das Wirtschaftspotential Aserbaidschans

1.1 Landeskundliche Daten

Die Republik Aserbaidschan umfaßt eine Fläche von 86.600 km^2, die sich aus dem Kernland Aserbaidschans und der Enklave Nachitschewan (aserb.: Naxçevan) zusammensetzt. Nachitschewan liegt etwa 30km westlich des Kernlandes und hat im Nordosten eine Grenze mit Armenien, im Südwesten mit Iran und im Westen eine etwa 10km langen Grenze zur Türkei (siehe Abb. 1.1). Infolge des militärischen Konflikts um die Region Berg Karabach, die im aserbaidschanischen Kernland liegt, in sowjetischer Zeit überwiegend von armenischer Bevölkerung bewohnt war, und inzwischen von Armenien eingenommen wurde, sind seit 1995 etwa 20% des aserbaidschanischen Territoriums um Berg Karabach ebenfalls von armenischen Militärs besetzt[1].

Die Republik Aserbaidschan hat etwa 7,5 Mio. Einwohner[2], von denen etwa 1,8 Mio. mit festem Wohnsitz in der Hauptstadt Baku leben. Es wird geschätzt, daß zusätzlich fast eine Million Menschen in Baku als Flüchtlinge aus den besetzten Gebieten untergebracht wurden. 53% der Bevölkerung lebt in Städten, mit den am dichtesten besiedelten Gegenden auf der industrialisierten Apscheron-Halbinsel (aserb.: Apşeron) mit den Städten Baku und Sumgait sowie in der Stadt Gjandscha (aserb.: Gäncä). Aserbaidschan hat eine sehr junge Bevölkerung mit über 40% unter 19 Jahren. Die Analphabetenrate lag 1990 mit 3%

---

[1] Siehe beispielsweise: I. Jeffreys, A guide to economies in transition, London: Routledge 1996, S.242. Zur Diskussion des Konflikts um Berg Karabach siehe beispielsweise: A.L. Altstadt, The Azerbaijani Turks, Stanford: Hoover 1992, Kap.12, insbes. S.195-200; K. Grobe-Hagel, Rußlands Dritte Welt. Nationalitätenkonflikte und das Ende der Sowjetunion, Frankfurt/M.: ISP 1992, S.48-51; Eastern Europe and the Commonwealth of Independant States 1994, o.O.: Europa Publications 1994, S.150-153.

[2] DSK, Azärbaycan räqämlärdä 1994 (Aserbaidschan in Zahlen 1994), Baku: DSK 1995, S.16.

etwa genauso niedrig, wie in hochindustrialisierten Ländern[3], was auf das relativ gut ausgebaute Bildungswesen innerhalb der Sowjetunion zurückzuführen ist.

Abb. 1.1: Topographische Karte Aserbaidschans

Quelle: Azerbaijan: An Economic Profile, Washington: o.Vlg. 1995, S.iv.

---

[3] World Bank, Weltentwicklungsbericht 1995. Arbeitnehmer im weltweiten Integrationsprozeß, Washington: World Bank 1995, Tab.1, S.188.

Die aserbaidschanische Bevölkerung setzt sich aus einer Vielzahl von ethnischen Gruppen zusammen. Entsprechend der letzten Volkszählung von 1989 stellten die Aserbaidschaner 82,7% der Bevölkerung, gefolgt von 5,6% Russen, 5,6% Armeniern, 2,4% Lezghiern (ein Kaukasusvolk), sowie kleineren Gruppen von Awaren, Ukrainern, Tataren, Juden, Kurden und anderen. Infolge der Flüchtlingsbewegungen zwischen Armenien und Aserbaidschan kann davon ausgegangen werden, daß die Zahl der Aserbaidschaner durch die Zuwanderungen aus Armenien gestiegen, und daß der größte Teil der armenischen Bevölkerung aus Aserbaidschan geflohen ist.

Die Staatssprache ist die Turksprache Aserbaidschanisch, die nach einem parlamentarischen Beschluß von 1992 in lateinischen Buchstaben, in Anlehnung an das türkische Alphabet mit drei weiteren Buchstaben, geschrieben werden soll. Infolge von Umstellungsschwierigkeiten wird allerdings meistens das kyrillische Alphabet verwendet. Die russische Sprache wurde 1989 von über 30% der Bevölkerung als eine gut beherrschte Zweitsprache bezeichnet[4]. Sie ist weiterhin weit verbreitet, weil in den höheren Schulen bis vor der Unabhängigkeit 1991 noch meistens in Russich gelehrt wurde.

1.2 Ressourcenausstattung

Wegen der physischen Formation des aserbaidschanischen Territoriums und der klimatisch günstigen Lage am Kaspischen Meer verfügt Aserbaidschan sowohl über reiche Rohstoffvorkommen als auch über gute landwirtschaftliche Bedingungen. Vom Norden fällt der Große Kaukasus mit der höchsten aserbaidschanischen Erhebung bei 4.484 Metern über die Apscheron-Halbinsel ins Kaspische Meer ab. Am Ende dieses Gebirgszuges befinden sich Erdöl- und Erdgasvorkommen, die sowohl in der Gegend um Baku, als auch off-shore im Kaspischen Meer gefördert werden. Die Erdölvorkommen werden auf etwa eine Milliarde Tonnen, die Erdgasreserven auf 500 Milliarden Kubikmeter ge-

[4] IMF, World Bank, OECD, EBRD (Hrsg.), A Study of the Soviet Economy, Vol.2, Paris: OECD 1991, Tab.2, S.205.

schätzt[5]. Die auf den Ölressourcen basierenden Industriezweige, v.a. die chemische Industrie, gehören zu den wichtigsten Produktionszweigen in Aserbaidschan und erwirtschafteten 1988 bis zu 50% des industriellen Outputs[6].

Im Südwesten des Landes liegt der Kleine Kaukasus und erreicht in Karabach eine Höhe von 3.740 Metern. Vor allem in dieser Gegend finden sich Eisenerz-, Bauxit- und Edelstein-Vorkommen.[7]

Zwischen diesen Bergzügen liegt die Tiefebene der Flüsse Kura und Araks, in der vorwiegend Landwirtschaft betrieben wird. Etwa 70% der landwirtschaftlichen Nutzfläche muß bewässert werden, wofür zum Großteil der Stausee bei der Stadt Mingetschaur das Wasser liefert. Ein dortiges Wasserkraftwerk dient zudem der Stromerzeugung, weshalb die Umgebung von Mingetschaur auch industriell erschlossen ist.

In der Landwirtschaft wird vor allem Baumwolle, Getreide, Wein, Tee und Tabak angebaut. Die Landwirtschaft ist ein wichtiges Standbein in der aserbaidschanischen Wirtschaft, weil hier zusammen mit der Viehzucht 30%-40% des aserbaidschanischen Nationaleinkommens erwirtschaftet werden, und etwa ein Drittel der Arbeitskräfte beschäftigt ist[8]. Ende der 80er und Anfang der 90er Jahre erlitt die landwirtschaftliche Produktion durch ungünstige Witterungsbedingungen und durch den Krieg in der Region um Berg Karabach schwere Einbrüche.

---

[5] IMF, Economic Reviews 1993. Azerbaijan, Washington: IMF 1993, S.10.

[6] Azerbaijan: An Economic Profile, Washington: o.Vlg., 1995, S.6f.

[7] Weitere Rohstoffvorkommen sind Schwefelkies, Baryt, Kobalt, Kupfer, Blei, Zink, Arsen, Steinsalz, Kalkstein. Siehe: Deutsche Bank, Die Sowjetunion im Umbruch. Fakten zu den Sowjetrepubliken, Frankfurt/M.: Deutsche Bank 1991, S.29.

[8] DSK, Azärbajcan räqämlärdä 1994, ..., a.a.O., S.30. Die Schwankungen des Anteils der Landwirtschaft am Sozialprodukt sind besonders auf Preisschwankungen zurückzuführen. Siehe hierzu: Eastern Europe and ..., a.a.O., S.153.

1.3 Die aserbaidschanische Wirtschaft in der Sowjetunion

Die im folgenden angegebenen Daten der volkswirtschaftlichen Gesamtrechnung basieren zumeist auf dem in der Sowjetunion üblichen "System of Balances of the National Economy"[9], und nicht auf dem in den meisten Ländern angewandten, von den Vereinten Nationen erstellten gesamtwirtschaftlichen Rechnungssystem. Das Volkseinkommen wurde in der Sowjetunion von der Entstehungsseite her als Summe des Mehrwerts (abzüglich Abschreibungen), der in den produzierenden Sektoren erstellt wurde, ermittelt. Dieses sogenannte **produzierte Nettomaterialprodukt** (produziertes NMP) schloß also den 'nichtproduktiven' Dienstleistungssektor aus. In der Verwendungsrechnung (**verwendetes Nettomaterialprodukt** bzw. NMP) wurden die heimischen Konsum- und Investitionsausgaben sowie die Reservebildung erfaßt (vergleichbar der heimischen Absorption), die aber nicht die Exporte einbezogen, so daß produziertes und verwendetes Nettomaterialprodukt in der Regel nicht gleich hoch waren[10]. Die Preise wurden in der Sowjetunion staatlich administriert und spiegeln nicht Nachfragebedingungen wieder, was bei der Interpretation der Daten stets berücksichtigt werden muß. Aufgrund ideologischer Wertschätzung waren die Preise für Primärgüter im Vergleich zu Weltmarktpreisen relativ niedrig und die der Endprodukte relativ hoch (über Weltmarktpreisniveau)[11].

Die Republik Aserbaidschan war innerhalb der Sowjetunion eine von 15 Unionsrepubliken. Sie bestand aus nur 0,39% des gesamten sowjetischen Territoriums mit 2,45% der Bevölkerung und erwirtschaftete 1989 1,84% des sowjetischen Nettomaterialprodukts[12]. Das Pro-Kopf-Einkommen betrug 70,9% des sowjetischen Durchschnittseinkommens[13].

---

[9] IMF, World Bank, OECD, EBRD (Hrsg.), A Study of the Soviet Economy, Vol.1, Paris: OECD 1991, S.137.

[10] Siehe: ebd., S.137f.; sowie PlanEcon Report, Vol.VII (1991), No.1-2, S.2.

[11] PlanEcon Report, Vol.VII (1991), No.1-2, S.9.

[12] Ebd., Tab.4, S.6.

[13] Ebd., Tab.1, S.2.

Infolge des Systems der zentralen Planung wurden Produktions- und Investitionsentscheidungen in der Zentrale in Moskau gefällt[14]. Um die Anzahl der zu koordinierenden Pläne und damit die Transaktionskosten zu verringern, war es sinnvoll, möglichst wenige, große Betriebe aufzubauen. Entsprechend der verfügbaren Ressourcenausstattung und den in der Anfangszeit der Sowjetunion bereits vorhandenen Kapitalstöcken wurden Industriezentren vor allem in der Ukraine (Donetzbecken), dem Ural und dem Kuznetsbecken in Rußland ausgebaut. Im Laufe der sowjetischen Wirtschaftsgeschichte entstanden weitere Industrieregionen im Wolgagebiet, im rohstoffreichen Sibirien, im nördlichen Kasachstan und in der westlichen Sowjetunion (Ukraine, Weißrußland, Litauen). In den südlichen Republiken in Zentralasien und dem Kaukasus wurde die landwirtschaftliche Produktion, besonders der Baumwollanbau, sowie Wein-, Tee-, Obst- und Gemüseanbau gefördert. Daneben wurden dort die Nahrungsmittelindustrie und eine auch in der übrigen Sowjetunion geförderte Schwerindustrie ausgebaut. Die Arbeitsteilung zwischen den Republiken führte zu einer engen ökonomischen Verflechtung.

In der aserbaidschanischen Sowjetrepublik wurde 1985 41,7% des Nettomaterialprodukts in der Industrie, 31,5% in der Landwirtschaft und 12,0% im Baugewerbe (einschl. Maschinenbau) erwirtschaftet[15]. Im Vergleich zur gesamten Sowjetunion hatten die Nahrungsmittel- und die Leichtindustrie einen überdurchschnittlich hohen Anteil an der Gesamtproduktion (siehe Tab. 1.1). Die Herstellung von Wein und von Konserven (v.a. Tomaten, Obstsäfte) erhielt in der aserbaidschanischen Nahrungsmittelindustrie einen großen Stellenwert. In der Leichtindustrie war Aserbaidschan auf Textilien, Teppiche und Lederwaren spezialisiert.

Einen hohen Anteil am aserbaidschanischen Nettomaterialprodukt nahm auch der Maschinenbau ein, der generell in der Sowjetunion gut ausgebaut war. Aserbaidschan war spezialisiert auf die Herstellung von Maschinen und Ausrüstung für die Ölindustrie der eigenen Republik und die der Hauptfördergebiete in Rußland (insbesondere Sibirien). Einen ebenfalls relativ hohen Anteil an

---

[14] Siehe zum Planungssystem insbesondere: Kapitel III, Abschnitt 1.1.

[15] PlanEcon Report, Vol. VIII (1992), No.11-13, Tab.14, S.34.

der Industrieproduktion nahm die Brennstoffindustrie in Aserbaidschan (im Vergleich zu deren Anteil innerhalb der Sowjetunion) ein. Dies kann auf die reichen Ölvorkommen in Aserbaidschan zurückgeführt werden.

Tabelle 1.1: Industriestruktur in der Sowjetunion und in Aserbaidschan, 1985 (Anteil am Gesamtoutput)

	Sowjetunion	Aserbaidschan
Gesamt	100,0	100,0
Primärer Sektor	8,7	6,5
Elektrizität	3,7	3,9
Brennstoffe	7,7	13,8
Eisenmetallurgie	6,2	1,5
Nichteisenmetallurgie	4,0	2,7
Chemie und Petrochemie	7,0	7,2
Maschinenbau und Metallarbeiten	27,0	16,4
Holz, Papier, Holzverarbeitung	4,5	1,7
Baumaterialien	3,7	3,2
Glas	0,4	0,4
Leichtindustrie	15,3	20,9
Nahrungsmittelindustrie	17,4	27,1

Quelle: PlanEcon Report, Vol.VII (1991), No.1-2, Tab.10, S.22

Trotz dieser großen Vorkommen nahm die aserbaidschanische Ölförderung mit nur 2,0% des gesamten sowjetischen Outputs einen relativ geringen Anteil ein. Denn der Ausbau der Ölförderung in Aserbaidschan wurde angesichts der leicht zugänglichen Quellen in Sibirien seit den 70er Jahren vernachlässigt. In der Industrieproduktion hatte Aserbaidschan einen relativ hohen Anteil bei der Herstellung von Ätznatron, von Stahlrohren und Elektromotoren. Ein weiterer wichtiger Produktionszweig war der der Produktion von Kühlgeräten. Ferner war ein wichtiger Industriezweig die Verarbeitung von Baumwolle zu Baumwollfasern. In der landwirtschaftlichen Produktion wurde bei der Herstellung von Baumwolle und besonders beim Trauben- und Obstanbau ein relativ hoher Anteil am sowjetischen Output erzeugt (siehe Tab. 1.2).

Tabelle 1.2: Anteil des aserbaidschanischen Outputs am sowjetischen Output ausgewählter Produkte, 1989 (Prozent)

Ölförderung	2,0
Industrie (1988)	1,7
Stahlrohre	2,8
Elektromotoren	3,9
Ätznatron	6,9
Baumwollfasern	8,1
Kühlschränke und Kühltruhen	5,5
Konservendosen	3,5
Landwirtschaft (1988)	2,3
Baumwolle (inkl. Saatgut)*	8,0
Gemüse*	3,0
Trauben*	23,0
sonstiges Obst und Beeren*	4,5
Wolle*	2,4
Bevölkerungsanteil	2,5

* Werte aus dem Durchschnitt der Jahre 1986-89

Quelle: IMF, World Bank, OECD, EBRD (Hrsg.), A Study of the Soviet Economy, Vol.1, Paris: OECD 1991, Tab.9, S.212, Tab.13, S.214; Tab.17, S.218; sowie: PlanEcon Report, Vol.VII (1991), No.1-2, S.6f.

Die Republik Aserbaidschan war durch ihre Handelsbeziehungen eng mit den anderen sowjetischen Republiken verflochten. Der Außenhandel mit nichtsowjetischen Ländern hatte eine sehr geringe Bedeutung. Die aserbaidschanischen Exporte umfaßten 1988 62,4% des produzierten Nettomaterialprodukts (NMP) (siehe Tab. 1.3). In die sowjetischen Republiken wurden 58,7%, ins Ausland 3,7% des produzierten NMP geliefert. Die Importe beliefen sich auf 61,8% des gesamten verwendeten aserbaidschanischen Nettomaterialprodukts, wobei 46,6% aus den Unionsrepubliken, 15,2% des verwendeten aserbaidschanischen NMP aus dem Ausland geliefert wurde. Im interrepublikanischen Handel war Aserbaidschan neben Rußland, Ukraine, Weißrußland und Georgien eine der wenigen Republiken, die eine positive Handelsbilanz aufweisen konnten.

Die Aussagekraft des Handelsbilanzsaldos ist zwar insofern problematisch, als die administrativ festgesetzten Preise nicht den Weltmarktpreisen entsprachen. In Versuchen, den Handel in Weltmarktpreise umzurechnen, zeigt sich jedoch, daß Aserbaidschan einen leicht negativen Saldo der Handelsbilanz aufweisen würde, dieser aber im Vergleich zu den anderen Republiken (bis auf Rußland) nur vernachlässigbar niedrig wäre[16].

Tabelle 1.3: Aserbaidschanischer Handel mit den sowjetischen Republiken und dem Ausland, 1988 (Prozent vom NMP)

	Exporte	Importe
Handel mit sowjetischen Republiken	58,7	46,6
Handel mit dem Ausland	3,7	15,2

Quelle: PlanEcon Report, Vol.VII (1991), No.1-2, Tab.5, S.8.

Die aserbaidschanischen Lieferungen in sowjetische Republiken setzten sich 1988 zu 26% aus Produkten der Nahrungsmittelindustrie, zu 23% aus Produkten der Leichtindustrie (v.a. Textilien), zu 16% aus Öl und Gas, zu 15% aus Maschinen und Werkzeugen und zu 9% aus chemischen sowie petrochemischen Produkten zusammen. Die Importe bestanden aus 26% Maschinen und Werk-

[16] PlanEcon Report, Vol.VII (1991), No.1-2, S.9f. und Tab.6, S.9.

zeugen (vorwiegend für die Landwirtschaft), 18% Nahrungsmitteln, 14% Produkten aus der Leichtindustrie, und jeweils 11% chemischer und petrochemischer Produkte sowie Öl und Gas.[17]

Seit Mitte der 60er Jahre war in der Sowjetunion ein stetig sinkendes Wirtschaftswachstum zu verzeichnen. Die durchschnittliche jährliche Wachstumsrate des Nettomaterialprodukts betrug 1966 bis 1970 7,8% und fiel auf durchschnittlich 3,2% in den Jahren von 1981 bis 1985[18]. Bis in die 80er Jahre wurde von der politischen Führung in der Sowjetunion eine extensive Wachstumsstrategie verfolgt, die darauf basierte, daß vermehrt Frauen und Arbeitskräfte aus der Landwirtschaft für die Industrie rekrutiert wurden und zusätzlicher Rohstoffeinsatz wegen der leicht abbaubaren Ressourcenvorkommen kostengünstig erhöht werden konnte. Diese Strategie stieß jedoch an ihre Grenzen, und es wurde nötig, eine "intensive Wachstumsstrategie" einzuleiten, die auf technischem Fortschritt und qualitativem Wachstum beruhte.

In Aserbaidschan lagen die Wachstumsraten des Nettomaterialprodukts (sowohl des produzierten als auch des verwendeten NMP) Anfang der 80er Jahre über dem Unionsdurchschnitt (siehe Tab. 1.4). Dies kann möglicherweise auf die Nachwirkungen der Investitionspolitik der 70er Jahre in Aserbaidschan zurückgeführt werden, als in der "*Ära Äliyevs*"[19] die aserbaidschanische Schwerindustrie ausgebaut und dadurch die Leistungskraft der Wirtschaft gesteigert wurde. Beispielsweise konnte der Output beim Weizen-, Baumwoll- und Traubenanbau von 1970 bis 1980 verdoppelt werden[20]. Dagegen lag das Wachstum Mitte der 80er Jahre viel niedriger als in der Union und sank beim verwendeten Material-

---

[17] IMF, Economic Reviews 1993. ..., a.a.O., Tab.33, S.75; S. Oğan, Türk ortak pazarı ülkeleri I: Azerbaycan ekonomisi (Der türkische gemeinsame Markt I: Die Volkswirtschaft Aserbaidschans), Istanbul: Türk Dünyası Araştırma Vakfı 1992, S.131ff.; PlanEcon Report, Vol.VII (1991), No.1-2, S.11.

[18] IMF, World Bank, OECD, EBRD (Hrsg.), A Study of ..., a.a.O., Vol.1, S.11 und ebd., Tab. A.1, S.84.

[19] *Heydär Äliyev* hat in seiner Amtszeit als Erster Parteisekretär in Aserbaidschan von 1969-1982 aserbaidschanische Interessen in die Parteipolitik der moskauer Führung einbringen können. Zur "*Ära Äliyevs*" siehe: A. Altstadt, The Azerbaijani Turks, a.a.O., Kap.11.

[20] Ebd., S.182f. Hier wird auch darauf hingewiesen, daß das nur unter - ökologisch bedenklichem - massivem Einsatz von Düngemitteln und Pestiziden möglich war.

produkt sogar ins Negative, insbesondere weil die Investitionstätigkeit abnahm. Der starke Rückgang im Pro-Kopf-Wachstum des Nettomaterialprodukts ist auch auf das relativ hohe Bevölkerungswachstum in Aserbaidschan zurückzuführen.[21]

Tabelle 1.4: Wachstumsrate des Nettomaterialprodukts (NMP) sowie des Pro-Kopf-NMP der Sowjetunion und Aserbaidschans im Vergleich, 1981, 1986, 1991 (Prozent)

	1981	1986	1991 (Schätzung)
NMP, SU	3,3	2,2	-10,8
NMP Aserbaidschans	8,0	1,6	-10,3
Pro-Kopf-NMP, SU	2,5	1,2	-11,2
Pro-Kopf-NMP, Aserbaidschan	6,4	0,1	-10,4
verwendetes NMP, SU	3,2	1,6	-11,8
verwendetes NMP, Aserbaidschan	5,8	-3,6	-11,2
verwendetes Pro-Kopf-NMP, SU	2,4	0,7	-12,3
verwendetes Pro-Kopf-NMP, Aserbaidschan	4,2	-5,0	-11,3

Quelle: PlanEcon Report, Vol.VIII (1992), No.11-13, Tab.4, S.10; Tab.6, S.14.

Die statistischen Angaben sind jedoch mit einiger Vorsicht zu betrachten; insbesondere für die wirtschaftlichen Entwicklungen in 1991 wurden vom Staatlichen Statistikkomitee der Sowjetunion uneinheitliche Angaben gemacht. In westeuropäischen Einschätzungen wurden weit niedrigere Werte angesetzt

---

[21] Das Bevölkerungswachstum von 1989 auf 1990 lag bei 1,32% in Aserbaidschan gegenüber 0,66% in der gesamten Union. IMF, World Bank, OECD, EBRD (Hrsg.), A Study of ..., a.a.O., Vol.1, Tab.3, S.206.

(die in Tabelle 1.4 aufgenommen wurden), die entsprechend der rückläufigen Konsumausgaben und Investitionstätigkeit als plausibler erschienen[22].

Die größten Produktionsrückgänge in Aserbaidschan Ende der 80er und Anfang der 90er Jahre wurden im Baugewerbe (1989: -16,7% bzw. 1990: -49,7%) und in der Industrie (1989: -3,3%, 1990: -17,2%) verzeichnet. Ein starker Rückschlag trat 1989 auch im Transport- und Kommunikationswesen auf (-12,5%), weil Aserbaidschan gegen Armenien eine Wirtschaftsblockade verhängt hat, die auch die Ausfuhren in die anderen sowjetischen Republiken behinderte.[23]

Die Großhandelspreise stiegen innerhalb der Sowjetunion von 1980 bis 1990 um insgesamt 26-30% und nahmen 1991 um etwa 90% zu, weil im April dieses Jahres erste Preisliberalisierungen durchgeführt wurden. Für Aserbaidschan wird eine wesentlich geringere Inflationsrate entsprechend dem Preisdeflator des produzierten Nettomaterialprodukts ausgewiesen (von 1980 bis 1990 von 5,4%); der Preisanstieg im verwendeten NMP lag sowohl in Aserbaidschan als auch im Unionsdurchschnitt bei knapp 30%[24]. Seit 1991 sind in Aserbaidschan die Preise weiterhin sprunghaft angestiegen[25].

Ende der 80er Jahre waren die Hoffnungen auf einen wirtschaftlichen Aufschwung in Aserbaidschan relativ hoch, da aus der Erschließung der reichen Rohstoffvorkommen hohe Exporte und Devisenzuflüsse erwartet wurden, zumal mit der Preisliberalisierung und Öffnung des Marktes gegenüber dem Ausland wesentlich höhere Rohstoffpreise als in der Sowjetunion erzielt werden konnten. Damit die Öleinnahmen (und die Einnahmen aus anderen Rohstoffexporten) nicht in das Unionsbudget fließen, dem die staatlichen Ölkonzerne unterstellt waren, hatten nationale Kräfte in Aserbaidschan sowie einflußreiche Wirtschaftsverwalter und Politiker ein Interesse daran, die Autonomie der Republik zu forcieren. Diese Autonomiebestrebungen wurden durch das wachsende

---

[22] Zu den statistischen Quellen und ihrer Plausibilität siehe: PlanEcon Report, Vol.VIII (1992), No.11-13, S.2f., S.15, S.27.

[23] Ebd., S.34.

[24] Ebd, S.13f.; Tab.7, S.16; Tab.14, S.34.

[25] Siehe auch Tabelle 2.2 in Kapitel II, Abschnitt 3.2.2.

Nationalbewußtsein sowie den Unmut der Bevölkerung über die schlechte Versorgungslage bestärkt, denn die Verantwortung dafür wurde der zentralen Regierung in Moskau zugeschrieben. Bevor auf die nationale Aufbruchstimmung in Aserbaidschan und die politischen Ereignisse vor und zu Beginn der Unabhängigkeit eingegangen wird, soll in einem Vorgriff anhand einiger Daten zur wirtschaftlichen Entwicklung im unabhängigen Aserbaidschan gezeigt werden, daß sich die erhoffte wirtschaftliche Besserung zunächst nicht eingestellt hat.

1.4 Wirtschaftliche und soziale Situation seit der Unabhängigkeit

Nach der ersten Preisliberalisierung in der Sowjetunion im April 1991 wurden in Aserbaidschan im Januar 1992 etwa Dreiviertel der Preise freigegeben und seither die noch staatlich administrierten Preise in mehreren Etappen angehoben[26]. Ein Einzelhandelspreisindex wird seit 1990 erstellt (siehe Tab. 1.5, Zeile 1); es muß jedoch beachtet werden, daß die Gewichtung der darin enthaltenen Produkte ständig variiert, in Abhängigkeit des jeweiligen Anteils des Produkts am Gesamtumsatz, so daß darin nicht die Preissteigerung *desselben* Warenkorbs wiedergegeben wird.

Je nachdem, welchen Preisindex man bei der Deflationierung des Bruttoinlandsprodukts heranzieht, lassen sich unterschiedliche reale Wachstumsraten berechnen, wobei stets reale Rückgänge im Inlandsprodukt von 1991 bis 1994 verzeichnet wurden (siehe Tab. 1.5, Zeile 3). Sie sind darauf zurückzuführen, daß die Staatsaufträge zurückgingen und der private Konsum wegen der sinkenden

[26] Die schrittweise Preisanhebung erfolgte 1992 im April, September und Dezember. Siehe: IMF, Economic Reviews 1993. ..., a.a.O., S.13. Das folgende statistische Material stammt hauptsächlich aus den Jahrbüchern des *Staatlichen Statistikkomitees* Aserbaidschans. Bei deren Interpretation muß berücksichtigt werden, daß einige Daten erst seit den 90er Jahren erstellt werden, weil in der ehemaligen Zentralverwaltungswirtschaft ein anderes System der Wirtschaftsrechung galt. Da einige Indizes (wie beispielsweise Preisindizes oder das Bruttosozialprodukt) erst neu gebildet werden und teilweise noch Änderungen unterliegen, können Sprünge in den Werten durch methodologische Umstellungen verursacht sein, wie beispielsweise bei der Berücksichtigung ausländischer Investitionen im gesamtwirtschaftlichen Investitionsvolumen seit 1994.

Kaufkraft abnahm. Ferner gab es starke Einbrüche im interrepublikanischen Handel, was Versorgungsengpässe bei den Betrieben verursachte[27]. Hinzu kam die Unsicherheit über die weiteren (wirtschafts-)politischen Entwicklungen, so daß die Investitionstätigkeit beständig abnahm (siehe Tab. 1.5, Zeile 4). Erst 1994, als im Jahrbuch des Statistikkomitees auch die ausländischen Investitionen verzeichnet wurden, stiegen die Investitionen um fast das Doppelte gegenüber dem Vorjahr, was auf die hohen Kapitalzuflüsse nach Abschluß des ersten Vertrags über ein ausländisches Erdölkonsortium im September 1994 zurückgeführt werden kann. Seither gibt es Hoffnungen auf weitere hohe ausländische Direktinvestitionen.

Die Löhne stiegen nicht im gleichen Tempo wie die Einzelhandelspreise, so daß seit der Unabhängigkeit der Lebensstandard der Bevölkerung sank (siehe Tab. 1.5, Zeile 6). Es ist zu beachten, daß in den Durchschnittslöhnen seit 1992 auch materielle Hilfen und andere Sozialhilfen enthalten sind, die Flüchtlinge oder sozial schwach gestellte Personen erhalten. Die Löhne in Staatsbetrieben wurden nach unten durch staatlich fixierte Mindestlöhne begrenzt, die unregelmäßig an die Inflationsrate angepaßt wurden[28].

Die Einkommen in der Industrie und der Bauwirtschaft lagen über dem durchschnittlichen Monatslohn, die in der Landwirtschaft und im Einzelhandel darunter. Im öffentlichen Dienst lagen die Löhne ebenfalls über dem Durchschnittslohn, allerdings unter den in der Industrie erzielbaren Löhnen.[29]

---

[27] Zu Absatzrückgängen der Betriebe siehe auch Kapitel II, Abschnitt 3.3.1; zu Zahlungsschwierigkeiten siehe auch Kapitel II, Abschnitt 3.3.5 sowie Kapitel IV, Abschnitt 2.2.1.

[28] Zur Lohn- und Kaufkraftentwicklung sowie deren Folgen siehe Kapitel II, Abschnitt 3.3.1 und Abschnitt 3.3.6.

[29] DSK, Azärbaycan räqämlärdä 1994 (Aserbaidschan in Zahlen 1994), Baku: DSK 1995, S.48f.

Tabelle 1.5: Ausgewählte Wirtschaftsindikatoren Aserbaidschans, 1990-1994

	1990	1991	1992	1993	1994
1. Steigerung des Einzelhandelspreises gegenüber dem Vorjahr	.	206,6%	1.012,3%	1.229,1%	1.763,5%
2. BIP in Mill. Manat	1.466	2.668	24.101	175.082	1.676.423
3. Reales Wachstum des BIP, unter Berücksichtigung der Veränderungen des Einzelhandelspreises[30]	.	-11,9%	-10,8%	-40,9%	-45,7%
4. Investitionstätigkeit gegenüber dem Vorjahr	96%	79%	60%	61%	52% 189%[a)]
5. Durchschnittl. Monatslohn in Manat	19,5	31,8	270,3	2.184,7	14.798,9
6. Steigerung des Monatslohns gegenüber dem Vorjahr	.	163,1%	850,0%	808,3%	677,4%
7. Staatsbudgetüberschuß (+) bzw. -defizit (-), in % vom BIP	.	+3,0%	+1,5%	-7,1%	-12,0%

a) unter Berücksichtigung ausländischer Investitionen

Quelle: DSK, Azärbaycan räqämlärdä 1994 (Aserbaidschan in Zahlen 1994), Baku: DSK 1995, S.4f., S.8f., S.10f., S.12f., S.48; eigene Berechnungen

[30] Die neuesten Berechnungen der Weltbank zu den Wachstumsraten des Bruttoinlandsprodukts in Aserbaidschan weichen von den hier angegebenen, aus den Daten des Staatlichen Statistikkomitees Aserbaidschans berechneten Werten ab. Der jährliche Rückgang des Bruttoinlandsprodukts betrug laut Weltbank -0,7% (1991), -35,2% (1992), -23,1 (1993), -21,9% (1994). Siehe hierzu: World Bank, Weltentwicklungsbericht 1996. Vom Plan zum Markt, Washington: World Bank 1996, Tab.A.2, S.207. Diese Abweichungen sind wahrscheinlich auf die unterschiedliche Zusammenstellung der Wertschöpfung und der Verbraucherpreisindizes zurückzuführen. Siehe beispielsweise: ebd., Sonderbeitrag 1.3, S.23.

Der größte Teil der Arbeitskräfte war in der Landwirtschaft beschäftigt: 1990 waren das 32,2%, 1994 37,8% aller Beschäftigten. In der Industrie waren 16,5% (1990) bzw. 13,1% (1994), im Bildungs- und Kulturwesen 12,1% (1990) bzw. 14,0% (1994) und im Einzelhandel 6,3% (1990 und 1994) der arbeitenden Bevölkerung tätig[31]. Anhand der Beschäftigtenzahlen in den verschiedenen Betriebs- bzw. Organisationsformen läßt sich erkennen, daß der Staat weiterhin der wichtigste Arbeitgeber ist: 1994 waren noch 69,9% aller Beschäftigten im Staatssektor beschäftigt (1990: 77,9%). Kooperativen (auch: Genossenschaften), die mit dem 1988 verabschiedeten Gesetz über Genossenschaften die ersten staatlich anerkannten privaten Betriebsformen in der Sowjetunion wurden, beschäftigten 1994 'nur' 13,6% aller Berufstätigen (1990: 14,2%). Im privaten Sektor arbeiteten 1990 7,9%, und 1994 erst 13,2% aller Beschäftigten[32].

Zum Außenhandel wurden in Aserbaidschan bisher nur sehr wenig Daten veröffentlicht, so daß im folgenden nur ein Trend in den Außenhandelsbeziehungen dargestellt werden kann. 1992 und 1993 erzielte Aserbaidschan jeweils einen leichten Handelsüberschuß (+544,1 Mill. US-$ bzw. +95,8 Mill. US-$), und machte 1994 erstmals ein Defizit in Höhe von -141,1 Mill. US-$[33].

Der bisher zu über 90% mit der ehemaligen Sowjetunion stattfindende Handel nahm 1992 ab, weil einerseits durch vermehrte Bartergeschäfte das Volumen des Warenaustauschs eingeschränkt wurde, und andererseits die Preise für aserbaidschanische Exportgüter (insbesondere Ölprodukte) in den Nicht-GUS-Staaten (dem sogenannten "fernen Ausland") höher waren[34]. 1991 wurden noch über 90% der Ausfuhren in die GUS geliefert, 1992 und 1994 nur noch knapp 43%, weil für die Exporte in das "ferne Ausland" höhere Preise und konvertible Währungen erzielt wurden[35]. Bis 1993 war das Saldo der Handelsbilanz mit der GUS noch positiv, kehrte sich aber 1993 um und betrug 1994 -211,6

---

[31] Ebd., S.29f.

[32] Ebd., S.31.

[33] Ebd., S.8f.

[34] IMF, Economic Reviews 1993. ..., a.a.O., S.31.

[35] Ebd., Tab.33f., S.75f. und DSK, Azärbaycan räqämlärdä 1994 ..., a.a.O., S.237, S.240f.

Mill. US-$[36]. Den größten Posten nahmen darin die Gasimporte aus Turkmenistan ein, die für den Energiesektor Aserbaidschans unerläßlich waren, deren Preise aber durch die Öffnung der Märkte gestiegen sind.

Im Handel mit dem "fernen Ausland" (Nicht-GUS) erzielte Aserbaidschan 1994 einen Handelsüberschuß in Höhe von 70,5 Mill. US-$[37]. Während mit dem Iran und zu geringerem Maße mit Großbritannien ein Handelsüberschuß erzielt wurde, hat Aserbaidschan mit dem zweitgrößten Handelspartner Türkei 1994 ein Defizit erwirtschaftet[38].

Ende der 80er Jahre war der Staatshaushalt noch nahezu ausgeglichen, da aus dem Haushalt der Sowjetunion Transferzahlungen an die Republik geleistet wurden. Auch 1991 und 1992 war der Haushalt noch nicht defizitär - es wurden Überschüsse in Höhe von 3,0% bzw. 1,5% des Bruttoinlandsprodukts ausgewiesen (siehe Tab. 1.5, Zeile 7)[39]. 1993 betrug das Defizit 7,1% und 1994 12,0% des Bruttoinlandsprodukts, was 1994 einem Betrag in Höhe von 41,0% der Staatsausgaben entsprach[40].

Die Staatseinnahmen basieren hauptsächlich auf der Gewinnsteuer, der Mehrwertsteuer, den indirekten Verbrauchssteuern und der Umsatzsteuer. Nach der Beseitigung der Gewinntransfers von Staatsunternehmen, die in der Sowjetunion

---

36 DSK, Azärbaycan räqämlärda 1994 ..., a.a.O., S.237. Siehe auch Kapitel IV, Abschnitt 2.1.

37 DSK, Azärbaycan räqämlärda 1994 ..., a.a.O., S.243.

38 Ebd., S.234ff.

39 Der Budgetüberschuß im Staatshaushalt Aserbaidschans 1991 ist lt. Internationalem Währungsfonds ausschließlich auf die hohen Transferzahlungen aus dem Unionsbudget zurückzuführen, die in diesem Jahr sechsmal höher als im Vorjahr ausfielen. Würden diese Zuwendungen aus dem Budget herausgerechnet werden, dann wäre ein Defizit über 11% des Bruttoinlandsprodukts angefallen. IMF, Economic Reviews 1993. ..., a.a.O., S.18.

40 DSK, Azärbaycan räqämlärda 1994 ..., a.a.O., S.8f. Anderslautende Angaben wurden in einem 1995 von der Nationalversammlung verabschiedeten Gesetz bekanntgegeben, in dem angegenben wurde, daß das Haushaltsdefizit 1994 eine Höhe 32,3% der Staatsausgaben entgegen der vorher anvisierten 20% erreicht hat. "A.R.nın 1994-cü il respublika büdcäsi göstäricilärinin yeniden dürüstläşdirilmäsi haqqında A.R.nın Qanunu" (Korrektur der Kennziffern des Staatshaushalts von 1994), Nr.1016, 4.4.95, in: ASM, Nr.7, 1995.

den größten Teil der Staatseinnahmen darstellten, wird nun in Aserbaidschan ein neues Steuersystem aufgebaut. Da jedoch eine niedrige Steuermoral herrscht und die Realeinkommen und Umsätze der Betriebe sinken, ließen sich die Staatseinnahmen bis Mitte der 90er Jahre nicht steigern.[41]

Die hohen Staatsausgaben sind zum großen Teil auf den Konflikt um Berg Karabach zurückzuführen, weil er einerseits die Militärausgaben, andererseits die Sozialausgaben für Flüchtlinge in die Höhe trieb. In den Haushaltsplänen für 1994 und 1995 wurde ein Fünftel bis ein Viertel der Staatsausgaben für sozio-kulturelle Maßnahmen veranschlagt, insbesondere für die Sozialversicherung. Wegen der Umstrukturierung der Staatsbetriebe werden in Zukunft weitere Sozialaufgaben an den Staat übergehen, die bisher Staatsbetriebe übernommen hatten (insbesodere die Schaffung diverser Sozialeinrichtungen, wie betriebliche Kindergärten u.ä.). An zweiter Stelle folgten die Rüstungsausgaben mit 18,5% bzw. 16,6%. Die staatliche Subventionierung der Wirtschaft kann an dem drittgrößten Ausgabenposten im Staatshaushalt abgelesen werden: Die Ausgaben für den "volkswirtschaftlichen Komplex", bestehend aus den Ausgaben für "wirtschaftliche Aktivitäten von Ministerien, Komitees, Unternehmen, Verwaltungen" und für staatliche Investitionen (v.a. im Bau- und Konstruktionswesen) betrugen 1994 18,2% der Gesamtausgaben und wurden für 1995 auf 13,7% angesetzt[42].

Anhand der negativen Wirtschaftsindikatoren wird deutlich, daß nach der Unabhängigkeit Aserbaidschans der erhoffte wirtschaftliche Aufschwung vorerst

---

[41] Die niedrige Steuermoral ist einerseits darauf zurückzuführen, daß in der Sowjetunion relativ wenige Steuern existierten, die erst in Aserbaidschan eingeführt wurden. Andererseits sind die aserbaidschanischen Steuersätze relativ hoch und die Steuerbemessungsgrundlagen unterliegen häufigen Änderungen, was die Planungen von Wirtschaftssubjekten erschwert. Die Folge sind Steuerhinterziehungen und Verzug bei der Steuerabführung (wegen der anfallenden Inflationsgewinne). Zur ebenfalls niedrigen Steuermoral in Osteuropa siehe beispielsweise: A. Klesse, Die Transformation von Unternehmen in den osteuropäischen Staaten: eine institutionenökonomische Analyse, Frankfurt: Lang 1996, S.69f.

[42] Daten für 1994 aus "A.R.nın 1994-cü il respublika büdcäsi haqqında A.R.nın Qanunu" (Gesetz über das Staatsbudget der Aserbaidschanischen Republik für 1994), Nr.805, 26.5.94, in: ASM, Nr.11, 1994, S.7-15; Daten für 1995 aus "A.R.nın 1995-ci il respublika büdcäsi haqqında A.R.nın Qanunu" (Gesetz über das Staatsbudget der Aserbaidschanischen Republik für 1995), Nr.980, 24.2.95.

ausblieb. Als ein Grund muß der Zerfall der politischen Einheit der Sowjetunion und der Aufbau eines eigenen, neuen Staatsgefüges angesehen werden, die Instabilitäten auslösen und Unsicherheiten für Investoren darstellen. Im folgenden werden die politischen Ereignisse, die die Ablösung Aserbaidschans von der Union forciert haben, und die politischen Unruhen in den ersten Jahren der Unabhängigkeit dargestellt.

2 Zur Unabhängigkeit Aserbaidschans

2.1 Wirtschaftsreformen in der Endphase der Sowjetunion

In der Sowjetunion existierte seit den 20er Jahren ein Wirtschaftssystem, das auf Staatseigentum und zentraler Wirtschaftsplanung basierte. Als in den 60er Jahren die Produktivität im Vergleich zu der in den kapitalistischen Ländern abnahm, wurde versucht, durch Reformen im Wirtschaftssystem Produktionsanreize in den Betrieben zu setzen; Arbeitskräfte wurden als "Held der Arbeit", Betriebe, die ihr Plansoll überschritten hatten, als "Musterbetriebe" ausgezeichnet. Die zentrale Planung der Produktion blieb jedoch weiterhin alleiniger Allokationsmechanismus. Die Betriebe wurden in erster Linie für die Einhaltung oder Überschreitung des Plansolls belohnt und trugen keinerlei Liquiditätsrisiko. Zudem unterlag die Produktion keinen allzu hohen Qualitätsstandards, denn die Kunden hatten zumeist keine Alternative, als von einem staatlichen Monopolisten auch mangelhafte Zwischenprodukte abzunehmen. Die Betriebe unterlagen keinem unternehmerischen Risiko und waren keinem Wettbewerb ausgesetzt, der zu kostenminimalem und nachfragegerechtem Wirtschaften gezwungen hätte[43].

Mitte der 80er Jahre wurden in der Sowjetunion erstmals grundlegende Mängel des Wirtschaftssystems diskutiert[44] und Programme entworfen, mit denen

---

[43] Zu den Fehlanreizen siehe auch Kapitel III, Abschnitt 1.1.

[44] Zur Kritik am sowjetischen Wirtschaftssystem erschien die "Studie von Novosibirsk" von 1984. Siehe beispielsweise: R. Peterhoff, "Theoretische Grundlagen des Reformprozesses in der UdSSR: ordnungspolitischer Konzeptionswandel als Reflex politökonomischen Umdenkens?", in: D. Cassel (Hrsg.), Wirtschaftssysteme im Umbruch, München: Vahlen 1990,

marktwirtschaftliche Elemente eingeführt werden sollten[45]. Die unter Gorbatschows Präsidentschaft eingeleitete Wirtschaftspolitik - unter der Bezeichnung *Perestroika* (= Umbau) bekannt geworden - sollte das Planungssystem verbessern, eine nachfragegerechte Produktion anregen, kostensparende Wirtschaftsweisen etablieren und technischen Fortschritt stimulieren. Es wurden verschiedene Reformen eingeleitet, die wiederum nur die Mängel des Wirtschaftssystems lindern, nicht jedoch beseitigen konnten. Dazu wurden Mitte der 80er Jahre folgende "Kampagnen" eingeleitet[46]:

1. Die technische Ausstattung der Betriebe sollte erneuert werden, damit die Qualität der Produkte verbessert und die Technik auf den neuesten Stand gebracht werden konnte. Zudem sollten die Investitionen im zivilen Maschinenbau enorm erhöht werden. Jedoch ließen sich Maschinen und Ausrüstung nicht sofort in der gesamten Volkswirtschaft erneuern, vor allem da auch in der Maschinenbauindustrie selber zunächst eine technische Überholung nötig war. Während 1987 die gesamtwirtschaftlichen Investitionen zunahmen, blieb die Erneuerung der Ausrüstung in der Maschinenbauindustrie nur ungenügend, um die Produktivität im gewünschten Maße zu erhöhen.

2. Eine neu geschaffene Behörde sollte die Einhaltung von Qualitätsstandards für die Produktion überwachen. Da es jedoch nicht im Interesse der Betriebsleitung lag, qualitativ hochwertige, dafür aber kostenintensive Produkte zu erstellen, und auch die Branchenminister selber nicht bereit waren, allzu großen Einschränkungen der ihnen unterstellten Betriebe hinzunehmen, stieß die Behörde auf zunehmende Hindernisse. Zudem konnten die Qualitätsanforderungen in den Betrieben häufig auch aufgrund der Minderwertigkeit der gelieferten Zwischenprodukte nicht eingehalten werden. Alsbald mußten die Qualitätskontrollen wieder gelockert werden.

S.153-172, insbes. 154-156.

[45] Für eine ausführliche Darstellung zu den wirtschaftlichen Entwicklungen und Reformbemühungen in der Sowjetunion seit 1985 siehe: IMF, World Bank, OECD, EBRD (Hrsg.), A Study of ..., a.a.O., Vol.1, S.19-59. Zu Reformen, die die Ausweitung von Handlungsrechten und die *Kommerzialisierung* noch in der Sowjetunion betreffen, siehe auch Kapitel III, Abschnitt 1.2.

[46] Zum folgenden siehe: Ebd., S.19ff.

3. Die Anti-Alkohol-Kampagne sollte dazu beitragen, daß alkoholbedingte Arbeitsunfälle und Krankheitsfälle gesenkt und die Produktivität in den Betrieben gesteigert werden könnte. Da mit der Einschränkung des Alkoholverkaufs nicht die Ursachen für Alkoholismus beseitigt wurden und die Unzufriedenheit in der Bevölkerung einerseits und Schwarzbrennerei andererseits zunahmen, blieben die erhofften Wirkungen aus. Statt dessen sanken die Staatseinnahmen aus der beim Verkauf von Alkoholika erhobenen Mehrwertsteuer, und das Haushaltsdefizit nahm zu.

4. Die Ansätze, privatwirtschaftliche Tätigkeiten zu legalisieren, wurden durch die lokalen Behörden, die den neuen Unternehmern Hindernisse in den Weg stellten, blockiert. Viele ökonomisch relevanten Handlungsrechte waren nicht klar definiert, wie beispielsweise die Frage, wie im privaten Sektor Preise gesetzt werden sollten, so daß die Aktivität privater Wirtschaftssubjekte wegen der hohen Unsicherheit gering blieb.

1987 und 1988 wurden zwei wichtige Gesetze verabschiedet, die die Handlungsspielräume der staatlichen Betriebe ausweiten und privatwirtschaftliche Tätigkeit zulassen sollten: das Gesetz über die staatlichen Unternehmen und Vereinigungen (1987)[47] und das Genossenschaftsgesetz (1988). Sowohl die teilweise schwammigen Formulierungen in den Gesetzen, als auch die weiterhin üblichen staatlichen Eingriffe in die Geschäfte von Staatsbetrieben und Genossenschaften verhinderten eine reale Ausweitung privater Handlungsrechte[48].

Die Reformen stießen zudem auf den Widerstand verschiedener Akteure. Beispielsweise wurden Ministerien zusammengelegt oder aufgelöst und ihre Kompetenzen und Kontrollmöglichkeiten eingeschränkt, da eine Dezentralisierung der Entscheidungsfindung vorgesehen war. Branchenminister und Angestellte in regionalen Behörden mußten um ihre Positionen bangen, so daß sie ihre diskretionären Eingriffsrechte nutzten, um ihren Einfluß auf die Betrie-

---

[47] Siehe hierzu: Kapitel III, Abschnitt 1.2.

[48] Zu den Gesetzen und der staatlichen Praxis siehe beispielsweise: M. Trapp, Der dekretierte Markt. Die sozialistische Wirtschaftsordnung und ihre Transformation in der Sowjetunion und der Russischen Föderation 1985-1992, Baden-Baden: Nomos 1994, insbes. Kap.10 und Kap.11.

be zu bewahren und daraus noch einen eigenen Nutzen (durch persönliche Bereicherung am Betriebsvermögen[49]) zu ziehen.

Betriebsrelevante Entscheidungen wurden teilweise dezentralisiert - beispielsweise durften seit Oktober 1989 die örtlichen Exekutivorgane Preisobergrenzen für die Produkte von Kooperativen setzen -, es wurden aber keine eindeutigen Kompetenzabgrenzungen vorgenommen, so daß auf Unions-, Republiks- und Betriebsebene "nicht mehr nach einheitlichen Systemkriterien geplant und gelenkt"[50] wurde. Dadurch ging der Einfluß der zentralen Instanzen verloren und ihnen entglitt die Kontrolle über das Wirtschaftsgeschehen, ohne daß anstelle des zentralen Planungsmechanismus legalisierte marktwirtschaftliche Institutionen treten konnten.

Wie bereits gezeigt, sind bis 1990 massive Rückgänge in der sowjetischen Produktion zu beobachten[51]. Gleichzeitig nahm das Haushaltsdefizit von 2,4% des Bruttoinlandsprodukts 1985 auf 11,0% in 1988 zu[52]. Es wurde mit Zentralbankkrediten finanziert, wodurch die (noch versteckte) Inflation angeheizt wurde. Dies äußerte sich in zunehmender Warenknappheit. Infolge der beginnenden Dezentralisierung funktionierte der bisher übliche Allokationsmechanismus nicht mehr. Es traten in allen Zweigen Versorgungsengpässe auf, die auf verschiedene Gründe zurückgeführt werden können[53]: Zum einen gab es Verzögerungen im Transportwesen, die 1989 durch die Wirtschaftsblockade Aserbaidschans gegen Armenien noch zunahmen. Zum anderen wurde die Produktion von Betrieben durch Streiks lahmgelegt, in denen nicht nur die

---

[49] Die Versuche der Wirtschaftssubjekte, sich vor dem Verlust des eigenen Einflußbereichs noch Vermögen anzueignen, werden auch als "end games" bezeichnet. Siehe beispielsweise: H. Schmieding, M.J. Koop, Privatisierung in Mittel- und Osteuropa: Konzepte für den Hindernislauf zur Marktwirtschaft, Kiel: Institut für Weltwirtschaft 1991, S.4.

[50] R. Peterhoff, "Wirtschaftsreformen als Krisenmanagement: Systemerhaltung durch 'muddling through'?", in: K.H. Hartwig, H.J. Thieme (Hrsg.), Transformationsprozesse in sozialistischen Wirtschaftssystemen. Ursachen, Konzepte, Instrumente, Berlin: Springer 1991, S.191.

[51] Siehe Tabelle 1.4 in Abschnitt 1.3.

[52] IMF, World Bank, OECD, EBRD (Hrsg.), A Study of..., a.a.O., Vol.1, Tab.II.2.3, S.55.

[53] Siehe im Detail: Ebd., S.33-47.

Zahlung von Löhnen, die sich wegen der Liquiditätsengpässe der Betriebe verzögerten, gefordert, sondern auch ethnische und regionale Konflikte ausgetragen wurden (politische Streiks). Daneben verschlechterte sich die Versorgungslage im Energiewesen, besonders in der Ölförderung und dem Transport, weil die Technologie veraltet war, und die Unruhen in Aserbaidschan die Belieferung der Ölindustrie in den übrigen Republiken verhinderten. Die Ölknappheit wirkte sich auf alle anderen Wirtschaftszweige negativ aus. Die Ölexporte nahmen ebenfalls ab, so daß die Währungsreserven für bereits abgeschlossene Importverträge abgebaut werden mußten. Wegen des wachsenden Mißtrauens in die Zahlungsfähigkeit der Betriebe sanken die zwischenbetrieblichen Lieferungen oder machten reziproken Lieferverträgen (Bartergeschäften) Platz. Die Unsicherheit über das Warenangebot äußerte sich in Panikkäufen und Hortung, was die Versorgungslage weiter verschlechterte. Und in der Bevölkerung wuchs der Unmut über die sinkenden Realeinkommen. Der ökonomische Niedergang und die damit zusammenhängende Kritik an der zentralen Wirtschaftspolitik traten gleichzeitig auf, als ein nationales Bewußtsein in den einzelnen Republiken wuchs. Im folgenden wird die nationale Aufbruchstimmung in Aserbaidschan dargestellt, die in die formale Ablösung der Republik von der Union mündete.

2.2 Nationaler Aufbruch in Aserbaidschan

Die mit der Unabhängigkeit Aserbaidschans zusammenhängenden Ereignisse sind eng verwoben mit dem Konflikt zwischen der armenischen und der aserbaidschanischen Bevölkerung um die politische Zugehörigkeit von Berg Karabach[54]. 1988 äußerten Armenier auf Demonstrationen in Armenien und Berg Karabach den Wunsch, daß die Region Berg Karabach der aserbaidschanischen Verwaltung entzogen und dem Nachbarland angegliedert werden soll. Diese

[54] Zum folgenden siehe insbesondere: A. Altstadt, The Azerbaijani Turks, a.a.O, Kap.12; E.M. Auch, "Ewiges Feuer" in Aserbaidschan, Köln: Bundesinstitut für ostwissenschaftliche und internationale Studien 1992; dies., Aserbaidschan: Demokratie als Utopie?, Köln: Bundesinstitut für ostwissenschaftliche und internationale Studien 1994; Eastern Europe and ... a.a.O., S. 145-158; E. Stölting, Nationalitäten und Religionen der UdSSR, Frankfurt/M.: Eichborn 1991, S.260-278.

Forderung wurde im Februar des Jahres offiziell durch die Anfrage des Obersten Gebietsorgans in Berg Karabach beim Obersten Sowjet in Armenien und dem in Aserbaidschan zum Ausdruck gebracht. Die sowjetische Führung in Moskau und die aserbaidschanische Regierung gaben dem nicht statt, und es folgten - zum Teil blutige - Demonstrationen in Armenien, Berg Karabach und schließlich auch in Aserbaidschan. Ende 1988 fanden in Baku Kundgebungen und Streiks statt, die ursprünglich Fragen über den Status von Berg Karabach und Nachitschewan galten, in denen jedoch bald auch die Unzufriedenheit mit der Wirtschaftspolitik der moskauer Zentrale und besonders mit den Versorgungsproblemen geäußert, und eine größere Autonomie der aserbaidschanischen Betriebe, die zum großen Teil Allunionsministerien unterstellt waren, gefordert wurde.

Mitte 1989 sammelten sich die politischen Oppositionskräfte in der Volksfront Aserbaidschans (*Halq Cäphäsi*), die die politische, ökonomische und kulturelle Souveränität Aserbaidschans forderte, und dies in erneuten Demonstrationen kundtat. Die Volksfront besaß eine breite Unterstützung in der Bevölkerung, so daß sie im September des Jahres ihre offizielle Registrierung als politische Partei durchsetzen konnte. Von ihr wurde die Diskussion über die politische Souveränität Aserbaidschans aufgeworfen und in den Obersten Sowjet Aserbaidschans eingebracht, wo am 23. September 1989 eine Resolution über die aserbaidschanische Souveränität verabschiedet wurde. Damit wurden insbesondere in politischer und ökonomischer Hinsicht in größerem Umfang Entscheidungsrechte auf die republikseigene Führung übertragen, die im Widerspruch zur bisherigen sowjetischen Verfassung standen[55].

Die nationale Aufbruchsstimmung äußerte sich beispielsweise im Durchbrechen der Grenzzäune nach Südaserbaidschan, das seit 1828 zum Iran gehört, oder in öffentlichen Versammlungen. Im Januar 1990 wurde diese Stimmung jedoch von sowjetischen Truppen des Innenministeriums jäh gedämpft. Der Einmarsch dieser Spezialtruppen in Aserbaidschan fand vor dem Hintergrund der für Februar 1990 angesetzten Wahlen des Aserbaidschanischen Obersten Sowjet

---

[55] Das betraf beispielsweise die Möglichkeit, "autonome Gebiete" auf aserbaidschanischem Territorium einzurichten. Siehe beispielsweise: E. Stölting, Nationalitäten und Religionen ... a.a.O., S.276f.

statt. Da die Kommunistische Partei starker Kritik ausgesetzt war und auch die Volksfront zu den Wahlen antrat, waren Verluste der Kommunisten abzusehen. Als Anlaß bzw. Vorwand für das Einschreiten sowjetischer Truppen wurden jedoch die Unruhen zwischen Aserbaidschanern und Armeniern genannt. Denn am 1. Dezember 1989 hatte der Armenische Oberste Sowjet die Region Berg Karabach als zu Armenien gehörig proklamiert und die Empörung unter der aserbaidschanischen Bevölkerung äußerte sich unter anderem in tätlichen Übergriffen auf noch in Aserbaidschan lebende Armenier. In der Nacht vom 19. auf den 20. Januar 1990 marschierten die Truppen des sowjetischen Innenministeriums in Baku ein, wobei weit über 100 aserbaidschanische Zivilpersonen getötet und über 750 Personen schwer verletzt wurden. Der Ausnahmezustand wurde verhängt, Oppositionsführer verhaftet und andere Aktivitäten der Volksfront, wie die Veröffentlichung ihrer Zeitung, behindert. Das in diesem blutigen Übergriff zum Ausdruck gekommene sowjetische (moskauer) Gewalt- bzw. Herrschaftsmonopol - auch als "the second invasion of Baku by the Red Army" bezeichnet[56] - war für die aserbaidschanische Bevölkerung ein traumatisches Ereignis. Die Opfer stehen heute noch als Symbol für die Unterdrückung durch die moskauer Zentralregierung und wurden auf einem eigens dafür eingerichteten Friedhof (heute: *Şähidlär xiyabanı* = Märtyrerplatz/ Märtyrerfriedhof) in einem Park neben der Nationalversammlung begraben, der inzwischen für die Opfer des Berg-Karabach-Konflikts wesentlich vergrößert wurde.

Bei der ursprünglich auf Anfang des Jahres angesetzten, angesichts der Ereignisse jedoch auf September 1990 verschobenen Wahl des Obersten Sowjet erzielte die Kommunistische Partei Aserbaidschans die Mehrheit, obwohl sie bereits breiter Kritik ausgesetzt war. Dies kann sowohl auf ihre von der Volksfront übernommene nationalistische Rhetorik, die nationale Anhänger auf ihre Seite brachte, als auch auf Unstimmigkeiten bei den Wahlen zurückgeführt werden.

Im August 1991, als das Staatskomitee für den Staatlichen Notstand in Moskau gegen Präsident Gorbatschow einen Staatsstreich verüben wollte, bezog der kommunistische aserbaidschanische Parteisekretär (und Ministerratsvorsitzende)

---

[56] A. Altstadt, The Azerbaijani Turks, a.a.O., S.216.

Ayaz Mütällibov zunächst keine Stellung und verhielt sich abwartend. Nach dem Scheitern des Putsches stieg der Druck der aserbaidschanischen Bevölkerung auf die kommunistische Regierung, die schließlich den seit Januar 1990 verhängten Ausnahmezustand in Aserbaidschan aufhob und die Unabhängigkeit der Republik erklärte. Zum 18. Oktober 1991 trat die Unabhängigkeitserklärung der Aserbaidschanischen Republik in Kraft.

2.3 Politische Instabilität und Konsolidierung in der unabhängigen Republik

Während der Amtszeit des ersten aserbaidschanischen Präsidenten *A. Mütällibov* (September 1991 bis März 1992) wurden als wichtige gesetzliche Grundlagen für die Etablierung einer Marktwirtschaft das Eigentumsgesetz, der Bodenkodex (beide November 1991) und ein Gesetz zum Schutz ausländischer Investitionen (Januar 1991) verabschiedet. Diese sollten allesamt der privaten Wirtschaftsaktivität eine größere Bedeutung einräumen[57].

Dennoch waren in diesen ersten Monaten der Unabhängigkeit die politischen Kräfte auf den Konflikt um Berg Karabach konzentriert. Das Oberste Gebietsorgan Berg Karabachs erklärte sich im Dezember 1991 von Aserbaidschan unabhängig, worauf der aserbaidschanische Präsident die Region im Januar 1992 unter seine direkte Kontrolle stellte. Nach militärischen Verlusten trat der aserbaidschanische Präsident *Mütällibov* im März 1992 zurück, wurde aber im Mai vom Obersten Sowjet wieder ins Amt eingesetzt. Die Volksfront hatte inzwischen genug politischen Einfluß gewonnen, um einen Tag später *Mütällibov* wieder abzusetzen, den Obersten Sowjet aufzulösen und an seiner Stelle als Legislativorgan die Nationalversammlung *Milli Mäclis* aus je 25 Abgeordneten der Kommunistischen Partei und der Volksfront zu bilden. In den Präsidentschaftswahlen im Juni 1992 wurde der Parteichef der Volksfront, *Äbulfäz Elçibäy*, zum Präsidenten gewählt.

---

[57] Zum Eigentumsgesetz siehe Kapitel III, Abschnitt 2.1; zum Bodenkodex siehe Kapitel III, Abschnitt 2.3.3; zum Gesetz zum Schutz ausländischer Investitionen siehe Kapitel IV, Abschnitt 3.1.

Während der Präsidentschaft *Elçibäys*, die nur ein Jahr dauerte, wurde die Schaffung einer dezentralen Wirtschaft vorangetrieben, indem beispielsweise das Gesetz über Unternehmertum (Dezember 1992) und das Privatisierungsgesetz (Januar 1993) verabschiedet wurden. Es lag aber kein Wirtschaftskonzept vor: für die Privatisierung wurde keine Durchführungsverordnung erstellt und die Kompetenzen von Präsident und *Milli Mäclis* waren nicht eindeutig geklärt, vielmehr setzte wiederum ein Ringen um Machtpositionen und Korruption ein. In der Volksfront hatten sich inzwischen verschiedene politische Gruppen herausgebildet (und sich teilweise schon abgespalten). *Elçibäy* konnte sich die Loyalität einiger dieser führenden Persönlichkeiten nur sichern, indem er ihnen politische Positionen einräumte.[58]

Wieder scheint der Berg Karabach-Konflikt einen wesentlichen Beitrag bei der Entscheidung über die weitere politische Machtkonstellation gespielt zu haben. Der bisherige Sonderbevollmächtigte für Karabach, *Surät Hüseinov*, wurde im Februar 1993 aufgrund von Putschgerüchten seiner Position enthoben. Als die russischen (vormals sowjetischen) Truppen auf Beschluß der aserbaidschanischen Regierung die Republik und damit ihr Hauptquartier Gence verlassen mußten, weil befürchtet wurde, sie unterstützen *Hüseinov* und seine ihm loyal gebliebene Truppe, ließen sie einen Großteil der Ausrüstung zurück, auf die nun *Hüseinov* tatsächlich Zugriff hatte. Darum beorderte *Elçibäy* im Juni die Entwaffnung von dessen Truppe, was blutige Auseinandersetzungen in Gence auslöste. Allerdings konnte *Hüseinov* seine Stellung in der Stadt halten, forderte den Rücktritt des Präsidenten und marschierte mit seinen Einheiten in Richtung Baku. *Elçibäy* floh aus der Hauptstadt und der *Milli Mäclis* übergab die Aufgaben des Präsidenten an *Heydär Äliyev*, der von *Hüseinov* unterstützt wurde, und der diesem die Position des Premierministers einräumte. Im September/-Oktober 1993 wurden die neuen politischen Machtverhältnisse durch Präsidentschaftswahlen bestätigt.

Mit *Äliyev* wurde ein ehemaliger Kommunist Präsident, der schon von 1969 bis 1987 eine führende Position in Aserbaidschan innehatte: Er arbeitete in den

---

[58] Für eine Bewertung der Ära *Elçibäy* siehe: E.M. Auch, Aserbaidschan: Demokratie ..., a.a.O., S.19ff.

50er und 60er Jahren im Sicherheitsapparat der Sowjetunion und avancierte zum Chef des Komitees für Staatssicherheit (KGB) Aserbaidschans. 1969 wurde er Generalsekretär der Kommunistischen Partei Aserbaidschans und hatte die Position des Stellvertretenden Vorsitzenden im Ministerkabinett von 1982 bis 1987 inne[59]. Infolge des blutigen Einmarsches sowjetischer Truppen in Baku im Januar 1990 hat er sich von der moskauer Regierung distanziert und ist aus der Kommunistischen Partei ausgetreten[60]. In seinem Wahlprogramm erklärte er ausdrücklich, die staatliche Unabhängigkeit Aserbaidschans und Einheitlichkeit des Territoriums (einschließlich Berg Karabachs) zu bewahren, ein Wiederentstehen der Sowjetunion und die Rückkehr zum Kommunismus zu verhindern und einen Rechtsstaat sowie die Entwicklung einer freien Marktwirtschaft zu fördern[61].

Unter *Äliyev* wurde der ökonomischen Notwendigkeit Rechnung getragen, wieder engere Beziehungen mit den ehemaligen Sowjetrepubliken aufzunehmen, als es in der Ägide *Elçibäys* der Fall war. Dies betrifft beispielsweise die Stellung Aserbaidschans gegenüber der Gemeinschaft Unabhängiger Staaten (GUS): Während der *Elçibäy*-Regierung war Aserbaidschan aus der GUS ausgetreten, die als Nachfolgeverbund der Sowjetunion am 21. Dezember 1991 von den Republiken Rußland, Ukraine, Weißrußland, Moldawien, Aserbaidschan, Armenien, Kasachstan, Usbekistan, Kirgistan, Turkmenistan, und Tadschikistan gegründet wurde[62]. Aserbaidschan ratifizierte zu diesem Zeitpunkt den Gründungsvertrag der GUS nicht, und trat im Oktober 1992 offiziell aus der Gemeinschaft aus. Nicht nur die wirtschaftliche Zusammenarbeit, sondern auch die militärisch und politisch schwächere Position Aserbaidschans im Konflikt um Berg Karabach machte jedoch einen Beitritt in die GUS ratsam, denn aufgrund eines militärischen Beistandspakts innerhalb der GUS konnte

---

[59] 1987 wurde er vom sowjetischen Präsidenten *Gorbatschow* vorgeblich aus "Gesundheitsgründen", tatsächlich wegen Korruptionsvorwürfen abgesetzt.

[60] E.M. Auch, Aserbaidschan: Demokratie ..., a.a.O., S.15. Zum Lebenslauf *Äliyevs* siehe: A. Altstadt, The Azerbaijani Turks, a.a.O., S.177f.

[61] E.M. Auch, Aserbaidschan: Demokratie ..., a.a.O., S.27f.

[62] "Erklärung von Alma-Ata, 21.12.91", in: Beilage zur *Sowjetunion heute/Wostok*, No.1, 37.Jg. (1992), S.i.

Armenien russische Unterstützung erhalten. Am 24. September 1993 wurde auf Beschluß der Nationalversammlung (*Milli Mäclis*) das Vertragswerk der GUS unterzeichnet. Von diesem Schritt wurde auf politischer und ökonomischer Ebene eine Verbesserung der Beziehungen zu den GUS-Staaten erwartet.[63]

In der Anfangszeit von *Äliyevs* Präsidentschaft herrschten noch innenpolitische Unruhen, die zumeist zwischen der Sonderpolizei des Innenministeriums und Regierungstruppen ausgetragen wurden. Sie konnten stets beigelegt werden, wobei jeweils einflußreiche Opponenten des Präsidenten 'beseitigt' wurden: Der erste (angebliche) Putschversuch fand im Oktober 1994 statt und ermöglichte *Äliyev* die Entlassung des einflußreichen Premierministers *Hüseinov*; beim zweiten Aufruhr im März 1995 wurde der den Putsch unterstützende stellvertretende Innenminister getötet[64]. Seither hat sich die politische Stellung des derzeitigen Präsidenten gefestigt. Im November 1995 wurden, nachdem bereits im Juni 1992 und im Oktober 1993 Präsidentschaftswahlen durchgeführt wurden, die ersten Wahlen zur Nationalversammlung der unabhängigen Republik abgehalten. Die *Äliyev* nahestehenden Parteien erhielten die Mehrheit, wobei berücksichtigt werden muß, daß im Zuge der Registrierung der Parteien die Teilnahme wichtiger oppositioneller Gruppen verhindert wurde[65]. Gleichzeitig mit diesen Wahlen wurde die aserbaidschanische Verfassung, die dem Präsidenten starke Machtbefugnisse einräumt, mehrheitlich per Referendum angenommen.

[63] R. Götz, U. Halbach, Politisches Lexikon GUS, München: Beck 1992, S.13f. Eine Chronologie zur aserbaidschanschen Geschichte in: Eastern Europe and ..., a.a.O., S.146f.

[64] Im September 1996 ist der langjährige President der Nationalversammlung *Räsul Quliyev* angeblich aus Gesundheitsgründen zurückgetreten. Es wird vermutet, daß er aus seinem Amt zu seinem eigenen Schutz ausgeschieden ist, weil er aufgrund seines Einflusses dem Präsidenten hätte gefährlich werden können.

[65] Zur Rolle von "Autoritarismus" im politischen System Aserbaidschans und dessen Bedeutung für Stabilität einerseits und Demokratie andererseits siehe: H. Gulijev, "Probleme und Perspektiven der Demokratie in Aserbaidschan", in: *Wostok. Informationen aus dem Osten für den Westen*, No.4, 41.Jg. (1996), S.40-43.

2.4 Politische Strukturen in Aserbaidschan

Die wichtigen politischen Organe in der Sowjetunion waren der Oberste Sowjet, der durch das Volk gewählt wurde, sowie der aus dem Obersten Sowjet gewählte Ministerrat. Ebensolche Organe fanden sich auch auf Republiksebene. Die Aufgabe des Obersten Sowjet, Gesetze und Dekrete zu beschließen, wurde durch das Präsidium wahrgenommen. Der Ministerrat durfte im Rahmen der Gesetze und der Verfassung Verordnungen erlassen, konnte aber auch "de-facto-Gesetze"[66] verabschieden, da die jeweils nötige Zustimmung des Obersten Sowjet in der Regel erteilt wurde. Das ist in Anbetracht der Dominanz der Kommunistischen Partei in den Staatsorganen verständlich, denn die Kandidaten für die Wahl zum Obersten Sowjet wurden durch die Partei aufgestellt und alle einflußreichen Posten wurden vom Zentralkomitee der Kommunistischen Partei oder von Parteiausschüssen aus der Nomenklatura besetzt.

Im Mai 1990 wurde in Aserbaidschan ein Präsidialsystem eingeführt, und der Chef der aserbaidschanischen Kommunistischen Partei, *A. Mütällibov*, wurde zum Präsidenten ernannt. Nach der Unabhängigkeit der Republik Aserbaidschan wurde er im September 1991 in allgemeiner Wahl vom Volk in seinem Amt bestätigt. Die Legislativaufgaben des Obersten Sowjet wurden einem Ausschuß aus 50 Abgeordneten, der *Milli Şura* (Nationaler Rat), übertragen. Da diese aus dem Obersten Sowjet stammenden Vertreter nur aus kommunistischen Abgeordneten bestanden, wurde im Mai 1992 die *Milli Şura* von der inzwischen erstarkten Oppositionsbewegung der Volksfront aufgelöst und an dessen Stelle wurde ein vorübergehendes Parlament (*Milli Mäclis* = Nationalversammlung) gegründet, in dem die Kommunistische Partei und die Volksfront paritätisch mit je 25 Abgeordneten vertreten waren.

Im November 1995 wurde gleichzeitig mit der Verabschiedung der Aserbaidschanischen Verfassung[67] die Nationalversammlung (*Milli Mäclis*) gewählt, die

---

[66] A. Nove, Das sowjetische Wirtschaftssystem, Baden-Baden: Nomos 1980, S.21.

[67] "A.R.nın Konstitusiyası, Layihä" (Entwurf zur Aserbaidschanischen Verfassung), in: Azärbaycan, 8.11.95. Der in dieser Ausgabe der Zeitung *Azärbaycan* abgedruckte Entwurf stellt die letzte Version vor dem Volksentscheid dar. Er wurde am 12. November 1995 mehrheitlich (mit über 90% der abgegebenen Stimmen) angenommen. Zum Ergebnis des

sich aus 125 Volksvertretern zusammensetzt. 25 Abgeordnete wurden über Parteilisten, die übrigen 100 Vertreter als Direktkandidaten aus den Wahlkreisen gewählt[68].

Einige wichtige Aufgaben der Nationalversammlung (die nicht den Kriegs- oder Ausnahmezustand betreffen) sind (Art.95 Aserbaidschanische Verfassung):
- die Verabschiedung des Haushaltsplans, den der Präsident vorgeschlagen hat, und dessen Überwachung;
- die Bestätigung der Erlasse (*Färmanlar*) des Präsidenten;
- die Ernennung der Verwaltungsmitglieder (Direktorium) der Zentralbank, die durch den Präsidenten vorgeschlagen werden, und deren Entlassung;
- Zustimmung zur Einberufung des Premierministers, den der Präsident ernennt;
- Ernennnung von Richtern für das Verfassungsgericht, den Obersten Gerichtshof und das Wirtschaftsgericht, die der Präsident vorgeschlagen hat.

Hieraus wird bereits deutlich, daß der Präsident einen großen Einfluß auf die Personalpolitik in den wichtigsten Staatsorganen hat - er beruft mit Zustimmung des *Milli Mäclis* den Oberstaatsanwalt, schlägt dem *Milli Mäclis* die Zusammensetzung des Direktoriums der Zentralbank vor und setzt das Ministerkabinett in sein Amt ein. Zur eigenen fachlichen Unterstützung richtet der Präsident einen Verwaltungsapparat ein (*prezident aparatı*), durch den nötige Expertisen erstellt, Gesetze und Präsidialerlasse entworfen werden. Ferner nimmt der Präsident direkt Einfluß auf die Ausgestaltung des Haushalts, indem er den Haushaltsplan, der vom Ministerkabinett erarbeitet wurde, überprüft und zur Verabschiedung an die Nationalversammlung weiterleitet. Der Präsident bestimmt die Wirtschafts- und Sozialpolitik, indem er entsprechenden Programme für die Regierung (das Ministerkabinett) erstellt, und er unterzeichnet Gesetze und veröffentlicht diese[69].

Referendums siehe: o.V., "Parlamentswahlen und Verfassungsreferendum in Aserbaidschan", in: Neue Kaukasische Post, No.1 (1996), S.36-38.

[68] In den zwei Wahlgängen, die im November 1995 stattfanden, wurden nur 85 der 100 Sitze für Direktkandidaten besetzt, weil in einigen Wahlkreisen die Mindestwahlbeteiligung nicht erreicht wurde oder starke Unregelmäßigkeiten auftraten. Siehe: o.V., "Parlamentswahlen und Verfassungsreferendum ...", a.a.O.

[69] "A.R.nın Konstitusiyası, Layihä", a.a.O., Art.109.

Der Ministerrat (*Nazirlär Kabineti*) besteht aus etwa 20 Ministern[70] und wird vom Präsidenten berufen (und abberufen), wobei für die Ernennung des Premierministers die Zustimmung der Nationalversammlung erforderlich ist. Das Ministerkabinett ist das oberste Vollzugsorgan des Präsidenten, diesem unterstellt und ihm gegenüber rechenschaftspflichtig[71]. Die Befugnisse des Ministerkabinetts umfassen die Erstellung eines Entwurfs für den jährlichen Hauhaltsplan, der dem Präsidenten vorgelegt wird; die Ausführung des Haushaltsplans; die Durchführung der Finanz- und der Geldpolitik, der Wirtschaftsprogramme und der Programme zur sozialen Sicherung[72]. Außerdem können ihm durch den Präsidenten weitere Befugnisse übertragen werden.

Im Staatsapparat übernehmen neben den Ministerien die etwa 15 Staatskomitees, die direkt dem Präsidenten unterstellt sind, wichtige Aufgaben. Zu den Staatskomitees gehören unter anderem das neu eingerichtete "Staatliche Vermögenskomitee" (einer Treuhandanstalt vergleichbar, die die Privatisierungsaufgaben übernimmt), das "Staatskomitee für Antimonopolpolitik und zur Förderung des Unternehmertums" und das "Staatliche Zollkomitee". Die Arbeit dieser Komitees wird allerdings durch finanzielle Engpässe behindert und die Planstellen können zumeist nicht mit kompetentem Personal besetzt werden, weil die staatlichen Gehälter im Vergleich zu den in der freien Wirtschaft erzielbaren Einkommen einen ungenügenden Anreiz für Fachpersonal bieten[73].

Auf regionaler Ebene wird von der Bevölkerung eine Art Stadtparlament (*bälädiyyä*) gewählt, das die örtlichen Selbstverwaltungsaufgaben wahrnimmt. Dazu gehören

- die Bekanntgabe der örtlichen Einnahmen (Steuern) und Ausgaben;
- das Ablegen eines Rechenschaftsberichts über das örtliche Budget;

---

[70] Deren Zahl wurde verschiedentlich verändert. Zum Aufbau der Staatsstruktur und den einzelnen staatlichen Organen siehe: CSIS (Hrsg.), Azerbaijan Year Book 1994. The Economy, Baku: Centre for Strategic and International Studies 1995, S.5ff.

[71] "A.R.nın Konstitusiyası, Layihä", a.a.O., Art.114.

[72] Ebd., Art.119.

[73] Ein Abteilungsleiter erhielt 1995 knapp 20 US-$ im Monat.

- die Verfügungsrechte über das kommunale Eigentum[74];
- die Verabschiedung und Durchführung örtlicher Sozial-, Wirtschafts- und Ökologieprogramme.[75]

Abb. 1.2: Der Staatsaufbau in Aserbaidschan

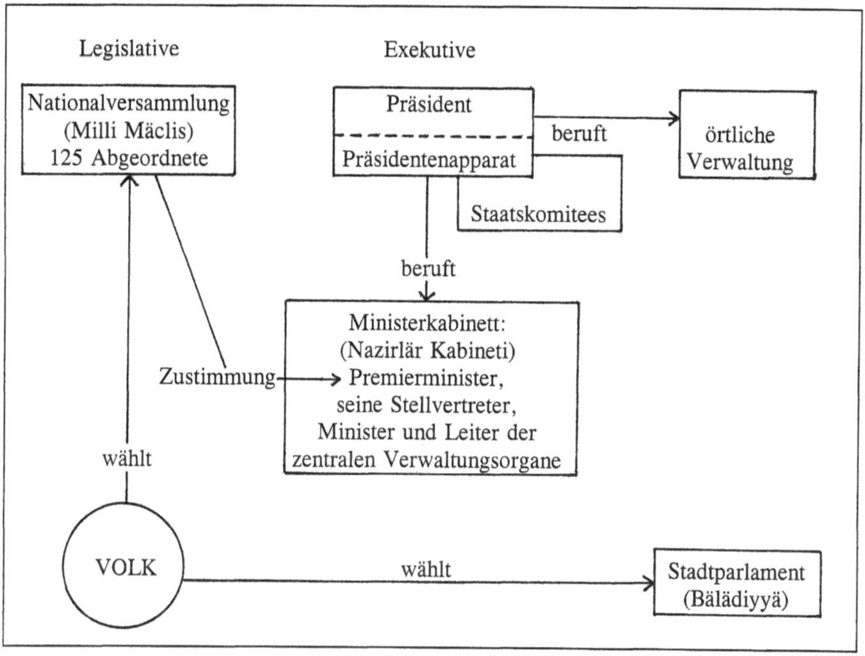

Quelle: zusammengestellt aus "A.R.nın Konstitusiyası, Layihä" (Entwurf zur Aserbaidschanischen Verfassung), in: Azärbaycan, 8.11.1995.

Weitere Befugnisse können dem Stadtparlament über die Gesetzgebung oder die örtliche Exekutivgewalt/örtliche Verwaltung (*yerli icra hakimiyyäti*) eingeräumt

[74] Zur Unterscheidung von nationalem, kommunalem und privatem Eigentum siehe Kapitel III, Abschnitt 2.3.3.

[75] "A.R.nın Konstitusiyası, Layihä", a.a.O., Art.144.

werden. Der Leiter der örtlichen Verwaltung wird durch den Präsidenten ins Amt gesetzt, der auch die Aufgaben und Befugnisse der örtlichen Exektive bestimmt[76].

2.5 Rechtsunsicherheit infolge des institutionellen Wandels

Bis zur Verabschiedung der Verfassung, in der der soeben dargestellte Staatsaufbau festgelegt wurde, haben sich die politischen Strukturen - infolge der Auseinandersetzungen um politischen Einfluß - sukzessive verändert. Das politische System war extrem instabil, da Zuständigkeiten neu verteilt und politische Positionen mit jedem Regierungswechsel neu besetzt wurden. Nach Verabschiedung der Aserbaidschanischen Verfassung wurde zwar eine Stabilisierung im politischen System eingeleitet, indem exekutive und legislative Kompetenzen endgültig festgelegt wurden. Dennoch beinhaltet auch die Verfassung noch Unstimmigkeiten, die zu Kompetenzstreitigkeiten beitragen können. Beispielsweise untersteht den beiden Exekutivorganen (Präsident und Ministerkabinett) jeweils ein eigener Verwaltungsapparat, der Rechtsnormen entwerfen und überarbeiten kann. Das ist zum einen in finanzieller Hinsicht ineffizient, weil die Staatsausgaben durch eine Bündelung des Fachwissens und den Abbau doppelter Strukturen gesenkt werden könnten. Zum anderen sind personelle Streitigkeiten innerhalb der Exekutive vorprogrammiert. In den beiden (angeblichen) Putschversuchen im Oktober 1994 und März 1995, bei denen sich die dem Präsidenten unterstehenden Militäreinheiten und die Sonderpolizei des Innenministeriums gegenüberstanden, haben sich solche Machtkämpfe offenbart.

Parallele Strukturen treten auch auf regionaler Ebene auf, wo die vom Präsidenten eingesetzte örtliche Verwaltung Exekutivaufgaben übernimmt, die vom Präsidenten bestimmt werden. Parallel dazu führt das Stadtparlament die örtlichen Wirtschaftsprogramme durch und verwaltet das kommunale Eigentum. Abgesehen davon, daß die örtliche Verwaltung dem Stadtparlament Befugnisse übertragen kann, ist die Beziehung zwischen diesen beiden lokalen Organen in

---

[76] Ebd., Art.124.

der Verfassung nicht klar definiert. Solche Unklarheiten, die sich in den Formulierungen verschiedener Gesetze widerspiegeln und die insbesondere die Zuständigkeiten in landwirtschaftlichen Belangen (beispielsweise der Verpachtung von Boden) betreffen, schaffen für die Wirtschaftsakteure große Unsicherheiten[77].

Rechtsunsicherheit trat auf, weil die Kompetenzverteilung besonders im Zuge der Dezentralisierung von Entscheidungsbefugnissen häufig unklar blieb und Gesetze oft verändert wurden[78]. Hinzu kommt ein hoher Grad an Korruption in den Staatsorganen, der auf die Beibehaltung staatlicher Reglementierungen bei nur teilweise liberalisierten Handlungsrechten zurückzuführen ist. Denn bei niedrigen staatlich gesetzten Preisen oder künstlicher Verknappung eines staatlichen Angebots werden die Güter von den Nachfragern höher bewertet, so daß die Beschäftigten in der staatlichen Administration (privat) Renten erzielen können, indem sie unter der Hand höhere Preise verlangen[79]. Ein Anreiz zu Korruption entsteht zudem aufgrund der niedrigen Reallöhne der staatlichen Angestellten, so daß diese ihre Dispositionsspielräume zur Erzielung von Renteneinkommen ausnutzen. Zusätzlich wird in der Transformation Korruption noch dadurch erleichtert, daß die gesetzlichen Normen im Wandel begriffen sind, die Betroffenen ihre Rechte nicht zur Genüge kennen und sie aus dieser Unkenntnis heraus auch nicht einklagen können.

Der Versuch von Bürokraten, ihre Positionen zur Rentenerzielung auszunutzen, ist auch deshalb verbreitet, weil seit Beginn der Transformation und der Unabhängigkeit politische Positionen häufig neu besetzt wurden. In Aserbaidschan scheint Korruption bis in die obersten Staatsorgane verbreitet zu sein, was zu

---

[77] Zu den Kompetenzen bei der Bodenzuteilung siehe Kapitel III, Abschnitt 2.3.3.

[78] Durch die Dezentralisierung fielen traditionelle Versorgungs- und Absatzwege weg. Als Reaktion auf die hohen Transaktionskosten infolge von Marktunvollkommenheiten und die instabile Umwelt entstand in verschiedenen Transformationsländern eine vertikale Integration der Betriebe, beispielsweise in Form eigener Bankgründungen (siehe Kapitel II, Abschnitt 3.3.3). Siehe hierzu: A. Klesse, Die Transformation von Unternehmen ..., a.a.O., S.163ff.

[79] N. Sanchez, A.R. Waters, "Controlling Corruption in Africa and Latin America", in: E.G. Furubotn, S. Pejovich (Hrsg.), The Economics of Property Rights, Cambridge, Mass.: Ballinger 1974, S.279-295.

einer sinkenden Akzeptanz der Exekutiv-, Legislativ- und sogar Judikativorgane geführt hat[80]. Je weiter die Korruption verbreitet ist, desto mehr sinkt die moralische und materielle Sanktionierung dieses Verhaltens, und die Kosten (aus dem Risiko, sanktioniert zu werden) liegen unter dem Einkommensnutzen. Dadurch nimmt aber die Verläßlichkeit staatlich gesetzter Regeln ab, und der Übergang zu einem neuen institutionellen Rahmen wird behindert.[81]

Unsicherheit herrscht auch über die Funktionsfähigkeit des Rechtssystems, weil für neue Streitigkeiten noch keine Rechtsnormen (oder Präzedenzfälle) vorliegen, auf die die Richter ihren Schiedsspruch gründen können. Aber auch im Fall bereits existierender positiver Regeln können diese unwirksam bleiben[82]:

1. In der Systemtransformation können widersprüchliche Regeln über einen Sachverhalt existieren, wenn alte (beispielsweise sowjetische) Gesetze nicht außer Kraft gesetzt, neue (aserbaidschanische) aber schon verabschiedet wurden, so daß keine Klarheit über die aktuelle Rechtslage herrscht. Das galt in Aserbaidschan beispielsweise für die fiskalischen Zuständigkeiten: Nach sowjetischen Gesetzen durfte die Gendarmerie die Einhaltung staatlicher Auflagen und der Steuergesetze kontrollieren, nach aserbaidschanischem Recht sind Beamte der Steuerbehörde und des Finanzministeriums für die Einhaltung steuerlicher Bestimmungen zuständig. Die Gendarmerie kann jedoch als Re-

---

[80] Die Stellen für Staatsanwälte oder Richter werden laut vertraulichen Aussagen 'teuer verkauft': Ende 1994 sprach man von 20 - 25.000 US-$, die ein Anwärter für einen Staatsanwaltsposten zahlen mußte, um diesen zu erhalten.

[81] **Institutionen** werden im folgenden im Sinne von Regeln (Spielregeln, Mechanismen) verwendet, die die soziale Interaktion zwischen zwei oder mehreren Individuen bestimmen. Sie "strukturieren insofern unser tägliches Leben und reduzieren Unsicherheit". R. Richter, U. Bindseil, "Neue Institutionenökonomik", in: Wirtschaftswissenschaftliches Studium, 24.Jg. (1995), S.132-140; Zit. S.133. Entgegen anderer Abgrenzungen sollen unter Institutionen in der vorliegenden Arbeit nicht Organisationen subsumiert werden, sondern: "**Organisationen** sind Institutionen mitsamt ihren Benutzern". Ebd., S.133. Zu Institutionen siehe auch: D. North, "Institutions", in: Journal of Economic Perspectives, 1991, S.97-112; L.M. Lachmann, "Wirtschaftsordnung und wirtschafliche Institutionen", in: ORDO, Jahrbuch für die Ordnung von Wirtschaft und Gesellschaft, 14.Bd. (1963), S.63-77.

[82] Siehe im folgenden: S. Voigt, D. Kiwit, Black Markets, Mafiosi and the Prospects for Economic Development in Russia - Analyzing the Interplay of External and Internal Institutions, Jena: Max-Planck-Institut 1995, S.8f.

präsentant des staatlichen Machtmonopols an der alten Regelung festhalten und auf den Kontrollgängen Bestechungsgelder erheben.

2. Die neuen Bestimmungen können den betroffenen Personen in ihren Inhalten unbekannt sein, so daß unwissentlich Verstöße dagegen erfolgen, oder die Behörde bewußt das Unwissen der Bevölkerung zur Rentenerzielung ausnutzt. Dazu gehört auch, daß der Inhalt von Verordnungen und Gesetzestexten häufig verändert wird, um die Rechtsunsicherheit bewußt zu fördern. Die Betroffenen weichen dann möglicherweise bestimmten Handlungen generell aus - beispielsweise durch Vermeidung von Investitionen in einer instabilen Umwelt aufgrund mangelnder Voraussicht über staatliche Regulierungen -, oder die Inhalte der Gesetze werden ignoriert.

3. Auch wenn die Regeln stabil bleiben und bekannt sind, wirken sie nicht in der beabsichtigten Weise, wenn die Kontrollorgane sie nicht durchsetzen und deren Übertretung nicht sanktionieren. Dies ist beispielsweise der Fall, wenn eine neues Gesetz gegen 'übergeordnete' (sogenannte interne) Institutionen verstößt, die allgemein gesellschaftlich anerkannt sind[83]. Darunter fällt beispielsweise auch die Akzeptanz der politischen Ordnung und der Staatsorgane. Verliert der Staatsapparat jedoch infolge der vorherrschenden Korruption an Glaubwürdigkeit, dann lassen sich staatlich gesetzte Regeln schwieriger durchsetzen. In Aserbaidschan beispielsweise leidet die Rechtsstaatlichkeit darunter, daß die Gerichte nicht als unabhängig eingeschätzt werden. Für Streitigkeiten zwischen Betrieben existieren sogenannte "Arbitrage"-Gerichte, die schon in der Sowjetunion für Schlichtungsverfahren zuständig waren und in jener Zeit unter dem Einfluß der Regierung standen[84]. Da sich an ihrer Organisation wenig geändert hat, gelten sie immer noch als regierungsloyal und wenig vertrauenswürdig.

---

[83] 'Übergeordnete' (interne) Institutionen sind beispielsweise ethische Regeln. Eine Systematisierung von Institutionen anhand ihres "Überwachungsmechanismus'" geben: D. Kiwit, S. Voigt, Überlegungen zum institutionellen Wandel unter Berücksichtigung des Verhältnisses interner und externer Institutionen, Jena: Max-Planck-Institut 1995, insbes. S.2-10.

[84] World Bank, Weltentwicklungsbericht 1996. Vom Plan zum Markt, Washinton: World Bank 1996, S.115.

Anhand der dargestellten Aspekte wurden einige Gründe für die Instabilität von staatlich gesetzten Institutionen in der Wirtschaftstransformation Aserbaidschans aufgezeigt, die die Unsicherheit für Wirtschaftssubjekte erhöht. Eine Folge der Unsicherheit ist das Streben der Wirtschaftsakteure nach kurzfristigen Gewinnen. Ferner steigen die Kosten bei der Ermittlung von Handlungsmöglichkeiten (Transaktionskosten) und tragen dazu bei, daß bestimmte Handlungen entweder vollständig unterlassen werden, oder daß Wirtschaftsaktivitäten in den sogenannten schattenwirtschaftlichen Bereich umgelenkt werden. Dort haben nichtstaatlich gesetzte, privat ausgehandelte Regeln (Institutionen) eine größere Relevanz. Das Entstehen eines eigenen institutionellen Rahmens außerhalb oder am Rande des staatlichen Regelsystems kann als "Reaktion rational handelnder Akteure auf die Transaktionskosten im offiziellen Markt"[85] gewertet werden. Häufig wird dieses institutionelle Gefüge dann "Schattenwirtschaft" oder "Schwarzmarkt" genannt. In den folgenden Kapiteln wird aufgezeigt, inwieweit in Aserbaidschan in den ersten Jahren der Transformation (1991-1995) wirtschaftliche Aktivität liberalisiert wurde und in welchen Bereichen weiterhin staatliche Reglementierung vorherrschte, in denen dann eine Marktspaltung (in offiziellen und Schwarzmarkt) mitsamt ihren negativen Effekten begünstigt wurde.

---

[85] B. Krug, "Die Transformation der sozialistischen Volkswirtschaften in Zentraleuropa: Ein Beitrag der Vergleichenden Ökonomischen Theorie von Institutionen", in: H.-J. Wagener (Hrsg.), Anpassung durch Wandel. Evolution und Transformation von Wirtschaftssystemen, Berlin: Dunker & Humblot 1991, S.39-60, Zit. S.52.

II. KAPITEL: DIE WÄHRUNGSORDNUNG UND DAS BANKENSYSTEM IN ASERBAIDSCHAN

1 Währungsordnung in der Sowjetunion

1.1 Das Bankensystem

Dem Geld kommt in Marktwirtschaften eine wichtige Funktion zur Senkung von Transaktionskosten zu: Es erleichtert als Rechenmittel den Vergleich des Wertes (bzw. der Wertschätzung) von Gütern und Dienstleistungen und senkt daher die Kosten der Informationsbeschaffung. Für Tauschzwecke läßt sich Geld als 'Zwischenmedium' einsetzen, so daß die Suche nach Tauschpartnern erleichtert wird, weil keine bilaterale Übereinstimmung der materiellen Wünsche vorliegen muß. Dadurch sinkt die Zahl der relativen Preise und auch die Transaktionskosten nehmen ab. Geld dient ferner der Wertaufbewahrung und ermöglicht intertemporale Tauschakte. Obwohl in idealtypischen sozialistischen bzw. marxistischen Wirtschaftssystemen die Existenz von Geld als unnötig und unerwünscht galt, blieb es in den realexistierenden sozialistischen Volkswirtschaften unverzichtbar. Denn in jeder arbeitsteiligen Wirtschaft, so auch in einem Gesellschaftssytem, in dem die komplexen Wirtschaftsbeziehungen zentral geplant werden, kommen dem Geld die genannten transaktionssenkenden Funktionen (Rechen-, Tausch- und Wertaufbewahrungsmittel) zu[1].

Wird als geldpolitisches Ziel ein proportional zum Zuwachs des realen Sozialprodukts (bzw. in sowjetischer Terminologie: Nettomaterialprodukts) verlaufendes Geldmengenwachstum postuliert, dann könnte erwartet werden, daß für die Geldpolitik in einer Zentralverwaltungswirtschaft bessere Bedingungen vorliegen als in einer Marktwirtschaft. Unter der Annahme, daß die Umlaufgeschwindigkeit des Geldes (V) langfristig relativ konstant bleibt, ließe sich die Geldmenge M durch die vorab geplante Produktionsmenge Q unter festgesetz-

---

[1] Siehe hierzu: K.-H. Hartwig, Monetäre Steuerungsprobleme in sozialistischen Planwirtschaften, Stuttgart: Gustav Fischer 1987, S.22ff. sowie M. Kremer, M. Gilles, J. Zdrazalka, "The Role of Monetary Policy for the Polish Economy in Transition", in: M. Kremer, M. Weber (Hrsg.), Transforming Economic Systems: The Case of Poland, Heidelberg: Physica 1992, S.90-119, insbes. S.93ff.

ten Preisen P eindeutig bestimmen. Die Gültigkeit dieses Zusammenhangs in einer Zentralverwaltungswirtschaft läßt sich als "normative Interpretation"[2] der in der klassischen und monetaristischen Wirtschaftstheorie angewandten Verkehrsgleichung $M \cdot V = Q \cdot P$ bezeichnen. Daß sich die Proportionalität zwischen Sozialprodukt und Geldmengenwachstum in der Sowjetunion dennoch nicht beibehalten ließ, sondern eine dauerhafte monetäre Überversorgung herrschte, ist unter anderem auf Fehlanreize im Bankensektor zurückzuführen.

In der Sowjetunion existierte ein einstufiges Bankensystem, auch "Monobanksystem" genannt, in dem die *Staatsbank* (russisch: *Gosbank*) sowohl Zentralbank als auch Geschäftsbankaufgaben wahrnahm. Es gab einige Filialen (Spezialbanken) mit klar abgegrenzten Arbeitsgebieten: beispielsweise stellten die Sparkassen Dienstleistungen für die Bevölkerung bereit und die Agro-Industrie-Bank war für die Betriebe im landwirtschaftlichen Sektor zuständig. Sie waren der *Staatsbank* direkt unterstellt und wurden von dieser kontrolliert. Die *Staatsbank* war eine administrative Stelle der Regierung, die die Abwicklung des Zahlungsverkehrs, die Durchführung der im Kreditplan erarbeiteten Kreditpolitik und die Kontrolle der Betriebe, die Einhaltung ihrer finanziellen Pläne betreffend, durchführen mußte.

Staatsbetriebe waren verpflichtet, ihre Betriebskonten bei der jeweils zuständigen Filiale zu führen und alle Finanztransaktionen (bargeldlos) über diese Zweigstelle abzuwickeln[3]. Alle Finanzströme der Betriebe waren im Kreditplan festgelegt, der in Anlehnung an den Produktionsplan erstellt wurde. Das Ein-

---

[2] K.-H. Hartwig, Monetäre Steuerungsprobleme ..., a.a.O., S.44f.

[3] Da es in der Sowjetunion offiziell keine privaten Betriebe gab, genügt hier der Verweis auf Staatsbetriebe. In anderen sozialistischen Ländern, in denen auch private Betriebe ein Existenzrecht hatten, unterlagen sie im finanzwirtschaftlichen Bereich in der Regel den gleichen Bedingungen wie Staatsbetriebe. Verrechnungen konnten über das *Rechnungseinzugsverfahren* erfolgen, in dem der Verkäufer seiner Bank einen Lastschriftauftrag vorwies, und der Betrag seinem Konto sofort gutgeschrieben wurde. Der Käufer war dadurch sofort zur Deckung der Verbindlichkeit gezwungen; es konnten keine Lieferantenkredite eingeräumt werden. Ende der 80er Jahre dominierte in der Sowjetunion das *Überweisungsverfahren*, bei dem der Käufer seiner Bank einen Zahlungsauftrag gab. Siehe hierzu: K.-H. Hartwig, Monetäre Steuerungsprobleme ..., a.a.O., S.59f.

räumen von Lieferantenkrediten war verboten, und Bargeld durfte nur in geringen Mengen in der Betriebskasse (sogenannte Portokasse) gehalten werden.

Banknoten wurden von der *Staatsbank* nur für Lohnzahlungen und sonstige Einkommensbezüge ausgegeben. Staatsbetriebe, die durch den direkten Verkauf an Privatpersonen Banknoten einnahmen (insbesondere der staatliche Einzelhandel), waren verpflichtet, diese an die Bank abzuführen. Betriebe durften ihre Finanztransaktionen, die ohnehin über den Produktionsplan vorab feststanden, nur über ihre Bankkonten tätigen. Der Betrieb durfte über die Guthaben nicht frei verfügen. Privatpersonen konnten demgegenüber nur Banknoten als Zahlungsmittel verwenden oder ihre Ersparnisse als Depositen bei der Sparbank anlegen. Es existierten mithin zwei strikt voneinander getrennte Geldkreisläufe - ein Bargeld- und ein Buchgeldkreislauf (Bar- und Buchgeld konnten einander nicht substituieren)[4].

Die Gewinne von Staatsbetrieben wurden an den Staatshaushalt abgeführt und Verluste durch die Regierung gedeckt. Daher hatten die Betriebe implizit eine Bestandsgarantie. War ein Staatsbetrieb illiquide, wurde er üblicherweise mit kurzfristigen Umlaufmittelkrediten von der zuständigen Bank versorgt. Denn die Banken waren staatliche Finanzierungseinrichtungen, die als Vertreter/ Agenten der zentralen Planungsorgane dafür zuständig waren, die Erfüllung der quantitativen Planvorgaben für die Betriebe zu ermöglichen. Da sämtliche Finanztransaktionen eines Betriebes von einer einzigen Bankfiliale übernommen wurden, hatte diese stets die nötigen Informationen, um die Einhaltung der Planvorgaben für den Betrieb zu kontrollieren.

Neben der Durchführung des Zahlungsverkehrs und Bereitstellung kurzfristiger Umlaufmittelkredite versorgten die Banken die Betriebe auch mit Investitionskrediten. Die Investitionsprojekte wurden von den Betriebsleitern und Wirtschaftsplanern erarbeitet, und teils aus Eigenmitteln des Betriebs, teils mit Hilfe

[4] IMF, World Bank, OECD, EBRD (Hrsg.), A Study of the Soviet Economy, Vol.1, Paris: OECD 1991, S.359f.; F. Haffner, "Monetäre Zentralplanung und Volkswirtschaftplanung", in: H.J. Thieme (Hrsg.), Geldtheorie: Entwicklung, Stand und systemvergleichende Anwendung, Baden-Baden: Nomos 1987, S.194-215, insbes. S.203ff.

von Krediten finanziert[5]. Ferner konnten den Betrieben von den Banken Finanzmittel zur Verfügung gestellt werden, wenn unvorhergesehene Liquiditätsengpässe auftraten. Dann wurden "außerplanmäßige" Kredite eingeräumt, die allerdings höher verzinst wurden, als die planmäßigen.[6]

Die dritte Aufgabe der Banken bestand in der Kontrolle und Sanktion der Staatsbetriebe. Wegen der Verpflichtung der Betriebe, alle Konten bei der für sie zuständigen Bankfiliale zu führen, konnte in dieser Filiale die Einhaltung der Zahlungspflichten, die ordnungsgemäße Bildung von Reserven (*Fonds*) und die Einhaltung der vertragsmäßigen Kreditnutzung überwacht werden[7]. Ein Verstoß gegen die betrieblichen Pflichten konnte mit verschiedenen Kreditsanktionen (Strafzinsen, Kreditkürzungen, Kreditauflagen etc.) geahndet werden[8].

Der Geldschöpfungs- und -vernichtungsprozeß wurde durch die zentrale *Staatsbank* vorgenommen und umfaßte einerseits die Emission von Banknoten (den in kapitalistischen Volkswirtschaften üblicherweise als Zentralbankgeld bezeichneten Geldmitteln), andererseits die Kreditbereitstellung. Dem Geldschöpfungsprozeß waren keine Grenzen gesetzt; die Banken konnten unbegrenzt durch die Verlängerung der Kreditbilanz Geld produzieren[9]. Beispielsweise wurde Geld geschaffen, wenn "Kredite an die sozialistische Wirtschaft"[10] bereitgestellt wurden und die *Staatsbank* (bzw. in der Regel die Außenhandels- oder Inter-

---

[5] Der Eigenmittelanteil an einer Investition war per *Normativ* staatlich festgelegt. Am Ende jeder Periode mußten aus den betrieblichen Überschüssen Rücklagen für verschiedene betriebliche Verpflichtungen, u.a. für die Eigenfinanzierungsanteile, gebildet werden, die in Bestandskonten (sogenannten *Fonds*) angelegt wurden.

[6] Weiteres zur Kreditallokation siehe Abschnitt 1.2.

[7] *Fonds* ist die in der sozialistischen Ausdrucksweise übliche Bezeichnung für materielle oder finanzielle Bestände. Fondskonten stellen demzufolge in Abgrenzung zu laufenden (Verrechnungs-)Konten Bestandskonten (meist für bestimmte Zwecke, beispielsweise *Produktionsfonds*, *Lohnfonds*) dar. Die Höhe der zu bildenden Fonds wird durch *Normative* (beispielsweise in Form eines prozentualen Anteils vom Gewinn) vorgegeben. K.-H. Hartwig, Monetäre Steuerungsprobleme ..., a.a.O., S.28, Fn.6.

[8] Ebd., S.64.

[9] Ebd., S.42f.

[10] Ebd., S.39ff.; zu geringem Umfang gab es auch "Kredite an Private".

nationale Bank als Spezialbank) Devisen, beispielsweise aus Exporteinnahmen, aufkaufte[11].

Die proportionale Entwicklung zwischen realwirtschaftlichem und monetärem Wachstum war aus systemendogenen Gründen stets gefährdet. Das Auseinanderklaffen der Wachstumsgeschwindigkeit von Geldmenge und Sozialprodukt ließ sich auf Informationsasymmetrien zwischen Betriebsleitung und Bankangestellte bzw. Minister und auf die ungenügende Begrenzung des Kreditangebots durch das Bankensystem zurückführen[12].

1.2 Einflußfaktoren bei der Kreditplanung

Die Planung der Geldemission folgte stets der realen Produktionsplanung. Auf diesen Planungsprozeß nahmen verschiedene Interessengruppen Einfluß. Im folgenden wird dargestellt, warum der beantragte Kreditbedarf der Betriebe sehr hoch ausfiel und zusätzlicher "außerplanmäßiger" Finanzbedarf entstand, warum die Instrumente der Banken ungenügend waren, um das Kreditangebot zu begrenzen, und welche Konsequenzen das in der Volkswirtschaft hatte.

In den staatlichen Betrieben herrschte ein Interesse an leicht erfüllbaren Planauflagen. Dadurch konnten die kurzfristigen Einkommen (inklusive Prämien für die Planerfüllung) gesichert und Zusatzprämien bei der Planübererfüllung erzielt werden. Das Produktionsrisiko infolge von ungeplanten Engpässen (beispielsweise Versorgungsengpässen, qualitativen Mängeln o.ä.) konnte gesenkt werden, wenn die Planvorgaben niedrig und die Inputzuweisungen hoch gehalten wurden. Darum gab es in den staatlichen Betrieben eine Tendenz zum Horten von Inputs, die bei Versorgungsengpässen für Tauschzwecke genutzt

---

[11] Der Verkauf von Deviseneinnahmen aus Exportgeschäften war zumeist verpflichtend und nur wenige Betriebe hatte das Recht, ein eigenes Devisenkonto zu führen. Siehe: Ebd., S.41.

[12] In der folgenden Analyse wird nur auf die Kredite eingegangen, die der staatliche Wirtschaftssektor aufnahm, weil private Wirtschaftssubjekte nahezu keine Kredite erhielten. Das Geldmengenwachstum wurde maßgeblich durch das Kreditangebot an Staatsbetriebe (und durch deren Kreditnachfrage) bestimmt.

werden konnten[13]. Der Bedarf nach einer großzügigen Ausstattung mit Betriebsmitteln induzierte eine hohe Kreditnachfrage der Betriebe. Darum prognostizierte die Betriebsleitung schon in der Planungsphase einen hohen Bedarf an Umlauf- und Investitionsmitteln, der ihnen meist auch eingeräumt wurde, denn die zentralen Organe (insbesondere auch die Bankangestellten) konnten nicht ausreichend prüfen, inwiefern diese Mittel wirklich benötigt wurden. Das lag an der Informationsasymmetrie zugunsten der Betriebsleitung und der Fülle an Kennziffern (*Normativen*), die bei der Prüfung von Plänen beachtet werden mußten, zwischen denen aber teilweise Inkonsistenzen auftraten.

Daneben konnte ein außerplanmäßiger Finanzbedarf entstehen, beispielsweise für ungeplant erforderliche Vorratshaltung, außerplanmäßige Lohnerhöhungen infolge von Prämien, überfällige Forderungen oder Kreditbedarf aufgrund ungeplanter Mindereinnahmen[14]. Damit konnten weitere Kredite, in diesem Fall außerplanmäßig, beantragt werden. Auch die Notwendigkeit dieser außerplanmäßigen Kredite ließ sich wegen der Informationsasymmetrie zwischen Betriebsleitung und Bankangestellten nicht korrekt überprüfen, so daß häufig unter Angabe falscher (weil nicht nachprüfbarer) Gründe außerordentliche Finanzmittel beantragt wurden.

Die Banken selber mußten nicht rentabel wirtschaften, da das Erfolgskriterium primär die "Erfüllung formaler Aufgaben"[15], und nicht die Gewinnerzielung war. Es bestand daher kein Interesse der Bankiers an einer rentabilitätsorientierten Kreditmittelzuteilung. Die Bankiers hatten zwar die Aufgabe, an der Planung des Finanzbedarfs der Betriebe teilzunehmen (insbesondere bei der Erstellung und Betreuung von Investitionsprojekten), in der Durchführungsphase die notwendigen (und planmäßig vorgesehenen) Finanzmittel bereitzustellen und die Planeinhaltung zu kontrollieren. Die Banken trugen jedoch kein eigenes Risiko, denn ihre finanziellen Verluste wurden automatisch durch die *Staatsbank* gedeckt, bei der auch eine jederzeitige Refinanzierung möglich war[16].

---

[13] Generell zum Hortungsstreben in Staatsbetrieben siehe auch: Kapitel III, Abschnitt 1.1.

[14] K.-H. Hartwig, Monetäre Steuerungsprobleme ..., a.a.O., S.79.

[15] Ebd., S.104.

[16] Hartwig bezeichnet diesen Sachverhalt als "Kreditautomatismus"; siehe: ebd., S.104.

An kreditpolitischen Instrumenten standen die Kreditzinsen und die quantitative Kreditrestriktion zur Verfügung. Die Kreditzinsen sollten theoretisch zwar als Instrument zur Steuerung der Kreditnachfrage dienen, weil durch sie der betriebliche Gewinn reduziert, und damit auch die Höhe der Prämien beeinflußt wurde. Allerdings war der Betriebsgewinn nicht die dominante Kennziffer für die Ermittlung der Prämien, und die Realzinsen waren stets sehr niedrig, so daß die restriktive Wirkung der Zinsen auf die Kreditnachfrage der Betriebe ebenfalls gering blieb. Außerdem war der Restgewinn des Betriebs - nach Abführungen an *Prämien- und Investitionsfonds*, nach Steuer- und Zinszahlung - an das jeweils zuständige Ministerium zu überweisen, so daß die Höhe des Restgewinns für betriebliche Entscheidungen sowieso irrelevant war. Zusätzlich konnte die Existenz der *Produktionsfondsabgabe*, die eine Abgabe auf das betriebliche Anlage- und Umlaufvermögen darstellte, eine expansive Wirkung auf die Kreditnachfrage ausüben[17]. Denn die *Produktionsfondsabgabe* lag höher als die Kreditzinsen, und für kreditfinanziertes Vermögen mußte keine *Produktionsfondsabgabe* entrichtet werden; es bestand also eher noch der Anreiz, Kredite aufzunehmen, statt Anlagen und Umlaufmittel aus eigenen Mitteln, den *Fonds*, zu finanzieren.

Mit dem Instrument der quantitativen Kreditrationierung konnten die Bankiers die Kreditmenge auch direkt beeinflussen, jedoch wurde von einer Bank selten eigenständig ein beantragter Kredit abgelehnt. Die Bankiers bekamen demgegenüber sogar häufig gerade gegenteilige Signale, die der Kreditexpansion eher förderlich waren. Denn die Instanzen der mittleren administrativen Ebene, die den Betrieben übergeordnet waren, und deren Erfolg anhand der Planerfüllung 'ihrer' Betriebe bewertet wurde, verhielten sich ebenso wie die kreditnachfragenden Betriebe. Sie drängten die Bankiers dazu, Kreditmittel bereitzustellen und gaben Sicherheiten oder übernahmen Bürgschaften, auch wenn die Zahlungsunfähigkeit des Betriebs abzusehen war. Von der Möglichkeit der Kreditverweigerung machten Bankiers, zumal sie konfliktscheu waren, darum kaum Gebrauch[18].

---

[17] Die *Produktionsfondsabgabe* stellt eine Art Kapitalzins dar. Ebd., S.96.

[18] Über die Konfliktvermeidungsstrategie von Bankiers in Zentralverwaltungswirtschaften siehe: ebd., S.103f.

Daneben wurde eine Mengenrationierung auch aus volkswirtschaftlichen Gründen vermieden. Denn wenn einem Betrieb außerordentliche Kredite verweigert wurden, dann bestand eine hohe Wahrscheinlichkeit, daß sich der Liquiditätsengpaß über die gesamte Wirtschaft ausbreiten würde, weil die Erfüllung des Produktionsplans eines Betriebs auch die Produktionspläne der anderen Betriebe gefährdet hätte[19].

Der wesentliche Grund für das Scheitern einer Politik der Kreditrationierung muß jedoch in der Eigentumsordnung gesehen werden[20]. Da die Betriebe in staatlichem (bzw. kollektivem) Eigentum standen und die Aufrechterhaltung der volkswirtschaftlichen Produktion wegen der zentralen Planung von der Produktion jedes Betriebs abhing, war es unerläßlich, auch zahlungsunfähige Betriebe lebensfähig zu halten. Sie wurden vorwiegend durch die Bereitstellung außerplanmäßiger Kredite subventioniert (auch wenn sie unter chronischer Zahlungsunfähigkeit litten). Da konkursfähige Betriebe auch durch staatliche Subventionierung und/oder Kürzung oder Löschen von Verbindlichkeiten gestützt wurden, konnte die Geldmengenexpansion nur mangelhaft durch die *Staatsbank* kontrolliert werden.

Die Einflußmöglichkeit der Bankiers bzw. der *Staatsbank* auf das Geldangebot war aus den genannten Gründen begrenzt, und insbesondere wegen der Informationsasymmetrie zwischen Betriebsleitung und übergeordneten Instanzen (einschließlich Banken) "reagiert das Kreditangebot sehr elastisch auf die Kreditnachfrage"[21]. Sofern Haushaltsdefizite über *Staatsbank*kredite finanziert wurden, trug die Regierung noch zusätzlich zu einer Geldmengenausweitung bei, der keine entsprechende reale Wertschöpfung gegenüberstand. Es entstand eine Tendenz zur monetären Überversorgung und damit zu Inflation. Diese kann prinzipiell in einer offenen oder zurückgestauten Inflation auftreten; in der Zentralverwaltungswirtschaft, in der die Preise staatlich fixiert waren, trat entweder eine Kassenhaltungsinflation auf, oder der Nachfrageüberschuß wurde

---

[19] Es sei noch einmal darauf hingewiesen, daß Handelskredite nicht eingeräumt werden konnten.

[20] Siehe hierzu auch Kapitel III, Abschnitt 1.1.

[21] K.-H. Hartwig, Monetäre Steuerungsprobleme ..., a.a.O., S.104.

in der wachsenden Schattenwirtschaft befriedigt, wo sich Preise frei bilden konnten.

Die Kassenhaltungsinflation äußerte sich in Warteschlangen, weil die Güternachfrage nicht mit dem Angebot des sozialistischen Sektors befriedigt werden konnte. Daneben fand eine Flucht in 'Warengeld' statt; und es wurden vorsorglich auch solche Waren gekauft, die ein Kunde momentan gar nicht benötigte[22]. In besonderem Maße stieg die Nachfrage nach Devisen, deren Qualität als Tausch- und Wertaufbewahrungsmittel höher war als die der einheimischen Währung.

Knappheitspreise spiegelten sich in sogenannter Korruption und in der Schattenwirtschaft wider, indem die Beschäftigten in staatlichen Geschäften Waren "unter der Theke" verkauften und illegale Preisaufschläge verlangten. Infolge der höheren Preise (und Löhne) in der Schattenwirtschaft entstand eine Abwanderung aus der offiziellen Wirtschaft, was dort Produktionsrückgänge verursachte und die Diskrepanz zwischen der Entwicklung im realen Wirtschaftssektor und im monetären Sektor vergrößerte.

2 Währungsordnung und Währungspolitik in Aserbaidschan

2.1 Einführung des Manat als nationale Währung

In der Sowjetunion wurde im Dezember 1990 mit der Verabschiedung des Gesetzes über die sowjetische Staatsbank eine Dezentralisierung der währungspolitischen Kompetenzen eingeleitet. Innerhalb der Union wurden neben der zentralen *Staatsbank* (= Notenbank) republikseigene Nationalbanken eingerichtet, die mit der *Staatsbank* ihre Geld- und Wechselkurspolitik abstimmen sollten.

---

[22] Zu den Folgen einer zurückgestauten Inflation und sogenannten "Zwangskäufen" (Kauf eines anderen als des geplanten Produkts) siehe: D. Cassel, "Inflations und Inflationswirkungen in sozialistischen Planwirtschaften", in: H.J. Thieme (Hrsg.), Geldtheorie: Entwicklung, Stand und systemvergleichende Anwendung, Baden-Baden: Nomos 1987, S.217-239; insbes. S.279.

Nach ihrer Unabhängigkeit blieben die ehemaligen sowjetischen Republiken zunächst in der Rubelzone. Wegen des Fehlens konkreter Bestimmungen über die Entscheidungsfindungsprozesse fand jedoch keine mit der zentralen *Staatsbank* koordinierte Kreditpolitik der Nationalbanken statt[23]. Zur Finanzierung des Staatshaushalts (und der Staatsbetriebe) der unabhängigen Republiken wurden umfangreiche Kredite der Nationalbanken vergeben. Zudem konnten die Geschäftsbanken unkontrolliert Geld schöpfen, weil der Mindestreservesatz sehr niedrig, der Geldschöpfungsmultiplikator also unbestimmt hoch war[24]. Infolgedessen stieg innerhalb der gesamten Rubelzone die Inflationsrate. Während die *Staatsbank* in Moskau die Kreditpolitik der Banken kaum kontrollieren konnte, blieb die Emission von Banknoten und deren Verteilung auf die einzelnen Republiken in der Rubelzone weiterhin ihre Aufgabe.

Die Notenemission in Aserbaidschan war 1991 und 1992 sehr niedrig, so daß innerhalb des Bankensektors ein Bargeldengpaß auftrat und die nötigen Bargeldbestände fehlten, um Löhne und Renten auszuzahlen. Der "Cash Crunch"[25] verschlimmerte sich wegen der hohen Inflationsrate, die mit der Preisliberalisierung Anfang 1992[26] einsetzte und durch die Monetisierung der Schulden der Staatsbetriebe mit Hilfe einer expansiven Geldpolitik der Zentralbank angeheizt

---

[23] IMF, World Bank, OECD, EBRD (Hrsg.), A Study of the Soviet Economy, Vol.1, Paris: OECD 1991, S.370f.

[24] Je kleiner der Reservesatz der Banken ist, desto größer ist der Geldschöpfungsmultiplikator. Siehe hierzu beispielsweise: O. Issing, Einführung in die Geldpolitik, München: Vahlen 1990, S.59ff.; M. Neumann, Theoretische Volkswirtschaftslehre, 1. Makroökonomische Theorie; Beschaftigung, Inflation und Zahlungsbilanz, München: Vahlen 1983, S.139ff. Der Geldschöpfungsprozeß wurde in Aserbaidschan noch dadurch angeheizt, daß Kredite nicht fristgerecht zurückgezahlt wurden und kurzfristige Kredite, die der Überbrückung von Liquiditätsengpässen dienen sollten, in langfristige transformiert wurden. Siehe hierzu Abschnitt 3.3.5. Daneben räumten sich die beiden großen halbstaatlichen Banken gegenseitig Kredite ein, die ebenfalls langfristigen Charakter hatten, denn ihre gegenseitigen Schulden wurden nur einmal jährlich durch die Zentralbank verrechnet. Siehe: IMF, Azerbaijan Republic - Recent Economic Developments, unveröff. Bericht 1994, S.18.

[25] World Bank, Azerbaijan. From Crisis to Sustained Growth, Washington: World Bank 1993, S.11.

[26] Zur Preisliberalisierung siehe auch Kapitel III, Abschnitt 2.2.2.

wurde[27]. Dadurch verloren auch die Depositen ihre Wertaufbewahrungsfunktion und der Anreiz, Ersparnisse bei Banken anzulegen, nahm ab und verschärfte deren Liquiditätsprobleme.

Die zunächst noch vorhandenen Kaufkraftüberschüsse der Haushalte waren bald durch die Preissteigerungen aufgezehrt. In Verbindung mit dem Verzug der Regierung, Löhne auszuzahlen, entstand in der Bevölkerung eine breite Unzufriedenheit über die Transformationspolitik. Um die Bargeldknappheit zu entschärfen, wurde im August 1992 der aserbaidschanische Manat als Parallelwährung zum Rubel eingeführt, wobei der Wert eines Manat 10 Rubel entsprach[28]. Gleichzeitig wurde das Gesetz über die aserbaidschanische Nationalbank verabschiedet, auf dessen Grundlage die Nationalbank (*Azärbaycan Respublikasının Milli Bankı*, im folgenden: AMB) eine eigene, von der *Staatsbank* in Moskau unabhängige Geldpolitik betreiben konnte[29].

Bis der Manat alleiniges nationales Zahlungsmittel wurde, vergingen jedoch noch 16 Monate. Im April 1993 wurde die Versorgung Aserbaidschans mit Russischen Rubel gestoppt und der Anteil des Manat an der gesamten Neuemission von Banknoten nahm zu[30]. Zwar war eine Währungsumstellung vorgesehen, aber es herrschte große Unsicherheit darüber, wann der Rubel vom Markt gezogen werden sollte. Zudem wurde der angekündigte Zeitpunkt wegen der innenpolitischen Unruhe und dem Präsidentenwechsel in Aserbaidschan im Juni

---

[27] Die Monetisierung von Unternehmensschulden in Aserbaidschan (und anderen Transformationsökonomien) erfolgte durch die Bereitstellung von (meist zinsgünstigen) Krediten der Zentralbank an die verschuldeten Staatsbetriebe.

[28] "A.R. milli valyutasının dövriyyäyä buraxılması haqqında A.R. Prezidentinin Färmani" (Präsidialerlaß über die Emission der nationalen Währung), Nr.48, 15.7.92.

[29] "A.R.nın Milli Bankı haqqında A.R.nın Qanunu" (Gesetz über die Aserbaidschanische Nationalbank), Nr.261, 7.8.92, in: ASM, Nr.15, 1992, S.19-28; siehe auch Abschnitt 3.1.

[30] Siehe hierzu: IMF, Economic Reviews 1993, Azerbaijan, Washington: IMF 1993, S.25; IMF, Azerbaijan Republic - Recent Economic Developments, unveröff. Bericht 1994, S.14; R. Pomfret, Monetary Reform in Azerbaijan, Adelaide: Department of Economics and Centre for International Economic Studies 1993, S. 11. Als Erklärung für den Lieferstopp von Rubel nach Aserbaidschan müssen vor allem politische Gründe angesehen werden. Dazu zählt der Versuch der russischen Regierung, in Aserbaidschan Einfluß zu behalten und auf den armenisch-aserbaidschanischen Konflikt um Berg Karabach einwirken zu können.

1993 sowie den Lieferverzögerungen der in Frankreich gedruckten Manat-Noten merhmals verschoben. Infolgedessen fand bis Anfang 1994 eine Währungssubstitution statt, bei der neben den westlichen "harten" Währungen auch der Rubel für Wertaufbewahrungs- und Spekulationszwecke nachgefragt wurde und der Manat zunehmend die Zahlungsmittelfunktion übernahm[31]. Infolge der von der *Staatsbank* in Moskau initiierten Rubel-Umtauschaktion (= Einführung neuer Rubelnoten) Ende Juli 1993, an der Aserbaidschan nur bedingt beteiligt war[32], wurden im August und Dezember 1993 in Aserbaidschan die Rubelnoten vom Markt gezogen und der Manat wurde zum 1.1.1994 das alleinige Zahlungsmittel[33].

Nachdem Aserbaidschan also faktisch aus der Rubelzone ausgetreten war, erhielt die Nationalbank die Möglichkeit, eine eigenständige Geldpolitik zur Stabilisierung des Binnenwertes der Währung zu betreiben. Eine stabilitätsorientierte Geldpolitik zeigte jedoch erst Anfang 1995 Erfolg[34].

2.2 Devisenmärkte und der Wechselkurs in Aserbaidschan

2.2.1 Die Entwicklung eines einheitlichen Devisenmarktes

In der Sowjetunion existierte kein formeller Devisenmarkt, vielmehr wurden ausländische Währungen in Anlehnung an die realwirtschaftlichen Pläne zugeteilt[35]. Der größte Teil des Außenhandels wurde innerhalb des "Rats für

---

[31] Laut dem Gresham'schen Gesetz verdrängt bei festen Wechselkursen das schlechte Geld (hier: der Manat) das gute (hier: Devisen) aus dem Verkehr, weil jenes nicht für Zahlungszwecke, sondern für anderweitige Zwecke verwendet wird.

[32] Aserbaidschan unterzeichnete nicht das Abkommen über die neue Rubelzone. Siehe: Deutsches Institut für Wirtschaftsforschung, Berlin; Institut für Wirtschaftsforschung, Halle; Institut für Weltwirtschaft an der Universität Kiel (Hrsg.), Die wirtschaftliche Lage Rußlands. Monetäre Orientierungslosigkeit und realwirtschaftlicher Aktionismus, 3.Bericht, Kiel: Institut für Weltwirtschaft 1993, S.13ff., insbes. Fn.23 und Fn.25.

[33] IMF, Azerbaijan Republic - Recent..., a.a.O., S.75f.

[34] Siehe hierzu Abschnitt 3.2.2.

[35] Siehe dagegen zum Preisbildungsprozeß auf dem Devisenmarkt: K. Rose, Theorie der Außenwirtschaft, München: Vahlen 1989, S.42ff.

Gegenseitige Wirtschaftshilfe" (RGW) in der Währungseinheit des "Transferrubel" getätigt. Konvertible Währungen wurden nur für wenige Zwecke (in Devisenbewirtschaftung) zur Verfügung gestellt. Die Transaktionen mit ausländischen Währungen wurden in der Sowjetunion von der staatlichen Außenwirtschaftsbank (*Vneshekonombank*) getätigt. 1992 wurde deren aserbaidschanische Zweigstelle in die Internationale Bank Aserbaidschans (*Beynälhalq Bank*) umgewandelt, die dann bis 1993 für den aserbaidschanischen staatlichen Devisenhandel zuständig war. Ausländische Währungen wurden dort in einem Tenderverfahren gehandelt. Erst im Mai 1993 beschloß die aserbaidschanische Nationalbank (AMB), einmal monatlich Devisenhandel durchzuführen. Sie verkaufte jedoch nur im Mai und im Juni 1993 Devisen in Höhe von 250.000 bis 300.000 US-$, um dann diese Operationen wieder einzustellen[36].

Im Juni 1993 wurde auf Veranlassung der AMB die Bakuer Devisenbörse (*Baku Banklararası Valyuta Birjası*, im folgenden: BBVB) gegründet, durch die einmal wöchentlich der Handel mit ausländischen Währungen organisiert werden sollte[37]. Wegen der innenpolitischen Unruhen wurden aber vorerst keine weiteren Durchführungsbestimmungen für die Operationen an der Devisenbörse erlassen, und bis Ende 1994 fand kein regelmäßiger Handel statt. Da die Börse selten zusammenkam und die Umsätze niedrig waren, spiegelten sich dort keine Marktverhältnisse wider[38]. In diesem Zeitraum wurde der Devisenhandel daher hauptsächlich am informellen Devisenmarkt ("Devisenschwarzmarkt") organisiert, wo sich die Preise für ausländische Währungen an den Kursen der Moskauer Devisenbörse orientierten.

Bis 1994, als der Manat alleiniges nationales Zahlungsmittel wurde, bestimmte der Moskauer Devisenmarkt die Entwicklungen auf dem Devisenmarkt Aserbaidschans. Seitdem wurde der Devisenhandel neu geordnet und ein autonomer

---

[36] o.V., "Currency exchange markets", in: CSIS (Hrsg.), Azerbaijan: Policy & Economy, No.1, 10.6.94, S.28-29.

[37] Die Gründer der BBVB waren die Zentralbank sowie die vier halbstaatlichen Banken: die Internationale Bank (*Bejnälxalq Bankı*) die Agroindustrie-Bank (*Agrar-Sänaye-Bankı*), die Industrie-Investitions-Bank (*Sänaje-Investisija-Bankı*) und die Sparbank (*Ämanät Bankı*); im Dezember 1993 waren 23 Banken Mitglieder der BBVB. Ebd., S.29.

[38] Ebd., S.29.

Devisenmarkt aufgebaut. Im Mai 1994 wurde der informelle Straßenhandel verboten. Der Handel außerhalb der Börse mußte in neu registrierten Wechselstuben von lizensierten Banken erfolgen. Sie waren verpflichtet, eine 5%-Marge um den offiziellen Kurs einzuhalten. Damit dagegen nicht verstoßen wird, wurden strenge Kontrollen angekündigt und es wurde - um dem noch Nachdruck zu verleihen - ins Strafgesetzbuch ein Straftatbestand eingeführt, nach dem ein Verstoß gegen die derzeitigen Wechselkursbestimmungen geahndet werden kann[39]. Die Zahl der privaten Banken, die mit einer Lizenz berechtigt waren, als "markets makers" im Devisenfreihandel aufzutreten, nahm von nur neun (1993) auf über 44 (1994) zu[40].

Jedoch war der Devisenbestand der Banken relativ gering und der Devisenmarkt nicht sehr liquide, denn der größte Teil der Deviseneinnahmen aus Exporterlösen mußte zum offiziellen Wechselkurs an die Regierung (bzw. den "Einheitlichen Währungsfond") verkauft werden[41]. Für 1994 wurde dieser Betrag auf etwa 60% der gesamten Devisenzuflüsse in Aserbaidschan geschätzt. Als Reaktion auf die Pflichtverkäufe von Deviseneinnahmen, die zu einem überbewerteten Manat getätigt werden mußten, wurden die Einnahmen von den Exporteuren meist niedriger deklariert bzw. erst nach Spekulationsgeschäften am "Devisenschwarzmarkt" verkauft.

Eine weitere Verlagerung des Devisenkassahandels auf den informellen Devisenmarkt wurde dadurch angeregt, daß 1994 die Mindestreserven für Deviseneinlagen, die private Banken unverzinst bei der Nationalbank halten mußten, von 5% auf 25% angehoben wurden[42]. Dadurch nahm die Verzinsung der

---

[39] "A.R.nın 1995-ci il pul-kredit siyasätinin başlıca istiqamätläri" (Hauptrichtung der Geld-Kredit-Politik 1995), o. Datum, S.10.

[40] Ende 1993 hatten 19 Banken, Ende 1994 über 44 Banken und Ende 1995 etwa 180 Banken eine Lizenz für Devisenoperationen. Daten für 1993 und 1994 aus IMF, Azerbaijan Republic - Recent ..., a.a.O., S.78; für 1995 unveröffentlichte Daten der AMB. Siehe auch: IMF, Economic Reviews 1993, ..., a.a.O., S.91.

[41] Mehr zu den Pflichtverkäufen von Deviseneinnahmen aus Exporterlösen siehe Abschnitt 2.2.2.

[42] Dies war eine Reaktion auf die Zahlungsprobleme im Außenhandel. IMF, Azerbaijan Republic - Recent ..., a.a.O., S.16f. Im Dezember 1994 wurde dieser Mindestreservesatz auf 12% gesenkt, im April 1995 auf 15% angehoben und im Mai 1995 auf 10% gesenkt.

Devisenguthaben bei Banken gegenüber der am "Devisenschwarzmarkt" ab. Zudem wurden die auf diesem informellen Devisenmarkt erwirtschafteten Gewinne gegenüber der Steuerbehörde nicht auswiesen, wodurch die 35%-ige Gewinnsteuer hinterzogen werden konnte[43].

Die Nutzung des Dollar als Parallelwährung, die 1993 wegen der hohen Inflationsrate noch üblich war (die Preise vieler Waren wurden in Dollar ausgezeichnet und entprechend dem Tageskurs in Manat umgerechnet), wurde 1994 verboten. Der Zahlungsverkehr innerhalb Aserbaidschans mußte mit Manat durchgeführt werden, und die AMB beabsichtigte, die Einhaltung dieser Bestimmung stärker zu kontrollieren. Nur in begründeten Ausnahmefällen (mit Genehmigung der AMB) durfte mit ausländischen Währungen gezahlt werden[44].

Um illegale Devisentransaktionen zu senken, wurde der Kapitalexport im Oktober 1994 gelockert. 1.000 US-$ durften nun ohne weitere Angaben und weitere 4.000 US-$ nur mit der Bestätigung einer Bank ausgeführt werden, ansonsten waren 2% Kapitalverkehrssteuer zu entrichten. Kapitalexporte über 5.000 US-$ durften auch weiterhin nicht getätigt werden[45].

Mit der Verabschiedung des Gesetzes zur Währungsregulierung im Oktober 1994[46] wurde schließlich auch die Zuständigkeit für die Regulierung der Devisenmärkte klar als Aufgabe der Nationalbank definiert. Für die Kontrolle von Devisenkonten ist sie alleine zuständig, die Bestimmungen über die Ausfuhr

---

"A.R.nın 1995-ci il pul-kredit siyasätinin başlıca istiqamätläri" (Hauptrichtung der Geld-Kredit-Politik 1995), o. Datum, S.5f.

[43] Zum Gewinnsteuersatz siehe: "A.R.nda huquqi şäxslärin mänfäätindän vä gälirlärinin ayrı-ayrı növlärindän vergilär haqqında A.R.nın Qanunu" (Gesetz über die Gewinn- und Einkommensteuer juristischer Personen), 9.11.91, in: Azärbaycan qäncläri, 12.12.91, S.2f., Art.5 a).

[44] Siehe o.V., "Milli Bank lisenziyalar almağın qaydalarını tätbiq etmişdir" (Die Nationalbank hat die Bestimmungen zum Lizenzerwerb angewandt), in: Azärbaycan 11.11.94, S.2.

[45] o.V., "Respublikadan känara valyuta aparılması tänzimlänir" (Der Wärungsexport wird reguliert), in: Azärbaycan, 13.10.94, S.1.

[46] "A.R. valyuta tänzimi haqqında A.R.nın Qanunu" (Gesetz über die Währungsregulierung), Nr.910, 21.10.94.

und Einfuhr von ausländischen Währungen soll sie gemeinsam mit dem Minsiterkabinett erstellen. Mit einer solchen klaren Kompetenzfestlegung, die die neue Version des Gesetzes über die Nationalbank vom Juni 1996 noch unterstreicht[47], wurde die Stabilisierung auf den neu institutionalisierten Devisenmärkten in Aserbaidschan fortgeführt. Inwiefern parallel dazu auch ein einheitlicher Wechselkurs eingeführt wurde, wird im folgenden dargestellt.

2.2.2 Wechselkurspolitik

Bis zur Erklärung des Manat zum alleinigen gesetzlichen Zahlungsmittel 1994 wurden die Paritäten zu anderen Währungen aus dem Verhältnis des Manat zum Rubel (1:10) und den Notierungen an der Moskauer Devisenbörse berechnet ("cross rates"). Die russische Zentralbank verfolgte jedoch seit Mitte 1993 die Auflösung der Rubelzone, indem die Vergabe von Zentralbankkrediten an die anderen Republiken eingestellt und alte Rubelnoten gegen neue ausgetauscht wurden[48]. Aserbaidschan war daran nur bedingt beteiligt und löste daher im November 1993 die Bindung des Manat an den Rubel. Der Manat wurde dann vorerst zum damaligen Wechselkurs von 118 Manat : 1 US-$ an den Dollar gebunden, und erst als der Manat bereits nationales Zahlungsmittel war, wurde er im März 1994 wieder an den Rubel gebunden[49].

Nun wurde eine Flexibilisierung des Wechselkurses eingeleitet. Seit Mai 1994 wurde der offizielle Wechselkurs des Manat gegenüber dem Rubel aus dem Mittelkurs bei den Geschäftsbanken festgelegt. Erst im Dezember desselben Jahres wurden wieder regelmäßig und mit höheren Umsätzen ausländische

---

[47] Hier wird der Währungspolitik als Aufgabe der AMB ein eigenes Kapitel gewidmet. "A.R.nın Milli Bankı haqqında A.R.nın Qanunu" (Gesetz über die Aserbaidschanische Nationalbank), Nr.118-1Q, 10.6.96, in: Biznesmenin Bülleteni, Nr.32 (97), 1996, Art.22ff.

[48] Deutsches Institut für Wirtschaftsforschung, Berlin; Institut für Wirtschaftsforschung, Halle; Institut für Weltwirtschaft an der Universität Kiel (Hrsg.), Die wirtschaftliche Lage Rußlands. Fortsetzung des Niedergangs ohne hinreichenden Strukturwandel. Fünfter Bericht, Kiel: Institut für Weltwirtschaft 1994, S.20.

[49] Dadurch erfuhr der Manat eine Abwertung gegenüber dem Dollar von 32% auf 174 Manat : 1 US-.$ Zu diesem Zeitpunkt betrug der Wechselkurs für Cash-Transaktionen auf dem freien Markt 405 Manat : 1 US-$. IMF, Azerbaijan Republic - Recent ..., a.a.O., S.23.

Währungen an der Börse (BBVB) gehandelt[50]. Daraufhin wurde der offizielle Wechselkurs an die Börsen-Notierungen angepaßt. Daher wurde die Marktspaltung zwischem offiziellem und informellem ("Schwarz"-)Markt aufgehoben und die Wechselkurse haben sich einander angenähert (siehe Tab. 2.1).

Tabelle 2.1: Offizieller und (Schwarz-)Marktkurs an verschiedenen Tagen in 1994 und 1995 (Manat/US-Dollar)

	16.5.94	23.5.94	Jun.-Aug.94	5.9.94	24.10.94	16.1.95
AMB-Kurs	200	ca. 1000	960-1000	1300	2220	4280
(Schwarz-) Marktkurs	ca. 1000	ca. 950	960-1000	ca. 1400	2540	4350

Quelle: CSIS (Hrsg.), Azerbaijan: Policy & Economy, No.1, 10.6.94, S.37; No.21, 28.10.94, S.19, S.21; No.22, 4.11.94, S.19; No.10 (40), 10.3.95, S.15ff.

Dennoch wurde eine Vereinheitlichung der Wechselkurse bis März 1995 nicht vollkommen erreicht, da bis dahin ein Teil der Deviseneinnahmen aus Exportgeschäften zu einem von der Regierung bestimmten Wechselkurs an diese verkauft werden mußte. Die ausländischen Währungen flossen in den "Einheitlichen Währungsfond" (*Vahid Valuta Fondu*, im folgenden: VVF)[51], der im Juni 1992 eingerichtet worden war, um der Regierung für folgende Aufgaben die nötigen Devisen zur Verfügung zu stellen:

- Versorgung der aserbaidschanischen Volkswirtschaft mit notwendigen Importgütern - für die soziale Zwecke (Sicherung der Grundnahrungsmittel) und für strategische Projekte (für die Erstellung oder Beschaffung hochwertiger

[50] Von August bis Dezember 1994 wurde ein Umsatz in Höhe von etwa 13 Mill. US-$, von Januar bis Juni 1995 bereits in Höhe von über 97 Mill. US-$ getätigt. CSIS (Hrsg.), Azerbaijan: Policy & Economy, No.28 (58), 14.7.95, S.24. Siehe auch: IMF, Exchange Arrangements and Exchange Restrictions, Annual Report 1995, Washington: IMF 1995, S.31.

[51] Neben einem Teil der Exporterlöse flossen auch die in ausländischer Währung gezahlten Zollsteuern und von ausländischen Investoren und Staatsbürgern zu entrichtende Gebühren in den VVF.

Technologie, militärischer Ausrüstung u.ä.);
- Finanzierung der laufenden Staatsausgaben (diplomatischer Dienst, Beiträge in internationalen Organisationen);
- Schuldentilgung gegenüber dem Ausland; und
- Stabilisierung der einheimischen Währung; hierfür wurde ein gesondertes Konto (Stabilisierungsfond, *sabitläşdirmä fondu*) eingerichtet.[52]

Wie bereits dargestellt, war der Manat bis Mitte 1994 ohnehin überbewertet, aber auch anschließend mußten die Deviseneinnahmen weiterhin zu einem überbewerteten Kurs an den VVF verkauft werden. Exporteure hatten demnach ein Interesse daran, ihre Deviseneinnahmen der Regierung zu verheimlichen. Exportaktivitäten wurden entweder vollkommen unterlassen oder in die Schattenwirtschaft umgelenkt, um die Pflichtverkäufe an den VVF zu umgehen[53]. Auch wurde ein Großteil des Außenhandels in Form von Bartergeschäften durchgeführt[54]. Es kann demnach davon ausgegangen werden, daß dem VVF nur in geringem Umfang Devisen zuflossen.

Zudem litt die Kontrolle über die Einhaltung der Devisenverkaufspflicht offenbar an den personellen Wechseln infolge der innenpolitischen Instabilität. Um der Abführungspflicht Nachdruck zu verleihen, wurde im April 1994 ein erneutes Dekret des Präsidenten über den VVF erlassen, das jedoch keine wesentlichen Änderungen enthielt[55].

Die Absicht, mit Hilfe der staatlichen Deviseneinnahmen den Außenwert des Manat zu stabilieren, scheiterte an der nur geringen Interventionskapazität der

---

[52] Zu den Bestimmungen des VVF siehe auch den Anhang von: "A.R. Vahid Valyuta Fondunun yaradılması vä ondan istifadä olunması qaydalarının täsdiqi haqqında A.R. Prezidentinin Färmanı" (Präsidialerlaß über die Einrichtung des Einheitlichen Währungsfonds und seine Nutzungsbestimmungen), Nr.135, 25.4.94, in: ASM, Nr.8, 1994.

[53] Siehe auch Kapitel IV, Abschnitt 2.1.

[54] Siehe Kapitel IV, Abschnitt 2.3.

[55] "A.R. Vahid Valyuta Fondunun yaradılması vä ondan istifadä olunması qaydalarının täsdiqi haqqında A.R. Prezidentinin Färmanı" (Präsidialerlaß über die Einrichtung des Allgemeinen Währungsfonds und seine Nutzungsbestimmungen), Nr.135, 25.4.94, in: ASM, Nr.8, 1994.

Nationalbank. Die Devisenreserven Aserbaidschans wurden im Dezember 1993 auf 34 Mill. US-$ geschätzt[56]. Mit diesem Betrag hätten Importe für 3 Wochen finanziert werden können, was bei weitem nicht der üblicherweise empfohlenen Höhe an Devisenreserven (nämlich eines Importwertes von drei Monaten) entspricht[57]. Für die mangelhafte internationale Liquidität Aserbaidschans gelten ähnliche Gründe, wie sie für Rußland angeführt werden: Einerseits wurden in der sowjetischen Ära Außenhandelsaktivitäten vorwiegend innerhalb des "Rats für Gegenseitige Wirtschaftshilfe" (RGW) mit dem "Transferrubel" durchgeführt, so daß kaum Reserven von "harten" (international konvertiblen) Währungen aufgebaut werden konnten. Andererseits befanden sich die Devisenreserven wegen der Zentralisierung des Außenhandels hauptsächlich bei der sowjetischen Staatsbank in Moskau, so daß Aserbaidschan bis zur Unabhängigkeit selber kaum Währungsbestände besaß. Schließlich kann vermutet werden, daß bereits vor dem Beginn der Transformation (bzw. der *Perestroika*) große Teile der Devisenreserven aufgebraucht worden waren, um westliche Güter zu importieren und damit Versorgungsengpässe zu überbrücken[58]. Auch für 1994 kann noch ein größerer Kapitalabfluß aus Aserbaidschan vermutet werden, da die Handelsbilanz defizitär war (-141,1 Mill. US-$)[59] und kaum Kapitalimporte getätigt worden waren.

Weitere Schwierigkeiten bei der Stabiliserung des Wechselkurses entstanden zudem dadurch, daß die Devisenreserven im VVF unter der Verfügungsgewalt des Präsidenten, und nicht der AMB standen. Mit Unterstützung des Ministerkabinetts wurden vom Präsidenten jährlich die Durchführungsbestimmungen für den VVF erarbeitet[60]. Das Direktorium der Nationalbank hatte (offiziell) keine

[56] IMF, Azerbaijan Republic - Recent ..., a.a.O., S.23.

[57] Siehe beispielsweise: P. Wettstein, Wechselkurspolitik beim Übergang von Plan- zu Marktwirtschaften, Chur: Rüegger 1994, S.175.

[58] Ebd., S.174.

[59] Siehe Kapitel IV, Abschnitt 2.1 und Tabelle 4.1.

[60] Siehe: "A.R. Vahid Valyuta Fondunun işinin täkmillaşdırılmäsi haqqında A.R. Prezidentinin Färmanı" (Präsidialerlaß zur Vervollkommnung der Arbeit des Einheitlichen Währungsfonds), Nr.55, 30.11.93.

Möglichkeit, seine Interessen einzubringen[61]. Daneben bergen die Zielsetzungen des VVF Widersprüche in sich; beispielsweise wurden besonders in den Jahren 1992-1994 Devisen für den Kauf von militärischen Gütern für den Krieg in Berg Karabach benötigt, die dann nicht für die Währungsstabilisierung zur Verfügung standen.

Erst am 10. März 1995 wurde der VVF aufgelöst, und die Währungsreserven wurden der Nationalbank übereignet. Ende 1995 hatte die AMB Devisenreserven in Höhe des eineinhalb monatigen Importwertes gebildet[62]. Eine Stabilisierung des Außenwertes des Manat, der Ende 1996 bei einem Dollar-Kurs von 4.200 bis 4.400 Manat notiert wurde, ist vor allem auch auf die Gewährung eines Stabilisierungskredits vom *Internationalen Währungsfond* zurückzuführen, der nach der Auflösung des VVF bewilligt wurde[63]. Zudem wurden zeitgleich mit der Auflösung des VVF von der Nationalbank positive Refinanzierungszinsen für Banken eingeführt[64], was dazu beitragen kann, die Inflationserwartung zu senken und eine Flucht in Devisen aufzuhalten.

Insgesamt kann festgehalten werden, daß der Übergang zu einem flexibilisierten Wechselkurs vorteilhaft für Aserbaidschan war. Erstens stand die Nationalbank dadurch nicht unter der Verpflichtung, zum Erhalt des Kurses Stützkäufe tätigen zu müssen - was ihr schon allein aufgrund der begrenzten Interventionskapazität nicht möglich war. Am Markt bzw. an der Börse bildete sich nun ein

---

[61] Differenzen bei der Durchführung wirtschaftspolitischer Maßnahmen fanden sich nicht nur zwischen dem Präsidenten und der Nationalbank, sondern auch zwischen dem Präsidenten und dem Premierminister, wodurch die Regierungsgeschäfte häufig behindert wurden. Im November 1994 wurde der Premierminister nach einem (angeblichen) Putschversuch vom Präsidenten abgesetzt. Siehe hierzu beispielsweise: o.V., "Successes on curbing the inflation requires an urgent transition to structural transformations in the economy", in: CSIS (Hrsg.), Azerbaijan: Policy & Economy, No.18 (48), 5.5.95, S.15-18, insbes. *Note* auf S.15.

[62] "A.R.nın 1995-ci il pul-kredit siyasätinin başlıca istiqamätläri" (Hauptrichtung der Geld-Kredit-Politik 1995), o. Datum, S.17.

[63] Die Höhe des IMF-Kredits zur Stabilisierung der Währung betrug 170 Mill. US-$, von denen im April 1995 die erste Rate in Höhe von 46 Mill. US-$ bewilligt wurde. CSIS (Hrsg.), Azerbaijan: Policy & Economy, No.17 (47), 28.4.95, S.25f. Siehe auch: o.V., "Manat - National currency of the Azerbaijan Republic", in: CSIS (Hrsg.), Azerbaijan: Policy & Economy, No.24 (54), 16.6.95, S.10-13, insbes. S.13.

[64] Siehe Abschnitt 3.2.2.

einheitlicher Wechselkurs, so daß Arbitragegeschäfte gemindert werden konnten. Dadurch sanken auch die Transaktionskosten für Exporteure und Importeure, die einen einheitlichen Preis für die ausländischen Währungen vorfanden. Zweitens erhielt die Wechselkurspolitik der Nationalbank eine größere Glaubwürdigkeit, weil keine ungeplanten Abwertungen mehr durchgeführt werden mußten.

3 Entwicklung eines Geldmarktes in Aserbaidschan

3.1 Übersicht über den Bankensektor

Im Februar 1992 wurde in Aserbaidschan eine von Moskau unabhängige Zentralbank aus der Zusammenlegung der aserbaidschanischen Abteilungen der sowjetischen *Staatsbank* sowie der beiden in Aserbaidschan tätigen Spezialbanken *Prominvest-Bank* (Industrie-Investitions-Bank) und *Agroprom-Bank* (Agroindustriebank) geschaffen[65]. Im August des gleichen Jahres wurde diese mit Verabschiedung des Gesetzes über die Nationalbank wieder aufgespalten und ein zweistufiges Bankensystem eingeführt[66]. Die *Azärbaycan Respublikasının Milli Bankı* (= *Aserbaidschanische Nationalbank*, AMB) wurde Zentralbank und erhielt die Aufgaben der Notenemission, der Stabilisierung der Währung, der Bankenaufsicht sowie Aufgaben als "Hausbank" der Regierung[67].

---

[65] "A.R. Milli Bankının yaradılması haqqında A.R. Prezidentinin Färmanı" (Präsidialerlaß über die Einrichtung der Aserbaidschanischen Nationalbank), Nr.566, 11.2.92.

[66] "A.R.nın Milli Bankı haqqında A.R.nın Qanunu" (Gesetz über die Aserbaidschanische Nationalbank), Nr.261, 7.8.92, in: ASM, Nr.15, 1992, S.19-28. Infolge der Veränderungen im Bankensystem Aserbaidschans wurde im Juni 1996 ein neues, stark verändertes Gesetz über die Nationalbank verabschiedet. Siehe: "A.R.nın Milli Bankı haqqında A.R.nın Qanunu" (Gesetz über die Aserbaidschanische Nationalbank), Nr.118-1Q, 10.6.96, in: Biznesmenin Bülleteni, Nr.32 (97), 1996.

[67] Art.3, Art.4 "A.R.nın Milli Bankı haqqında A.R.nın Qanunu" (Gesetz über die Aserbaidschanische Nationalbank), Nr. 261, 7.8.92, a.a.O.; siehe auch: "A.R. Milli Bankının Nizamnamäsi" (Satzung der Aserbaidschanischen Nationalbank), Anhang von "A.R.nın Milli Bankının Nizamnamäsinin täsdiq ädilmäsi haqqında A.R. Milli Mäclisin Qärarı" (Beschluß der Nationalversammlung über die Verabschiedung der Satzung der Aserbaidschanischen Nationalbank), Nr.392, 1.12.92, in: ASM, Nr.23, 1992.

Geschäftsbankenaufgaben übernahmen nun ausschließlich halbstaatliche und private Geschäftsbanken. Die halbstaatlichen Banken, die entsprechend ihrer Geschäftsbereiche Agroindustriebank (*Agrar-Sänaye-*, früher Agroprom-Bank), Industrie-Investitions-Bank (*Sänaje-Investisija-*, früher Prominvest-Bank), Sparbank (*Ämanät Bankı*, früher Sberbank) und Internationale Bank (*Bejnälxalq Bankı*) heißen, entstanden aus der Umwandlung der bisherigen aserbaidschanischen Abteilungen der sowjetischen Spezialbanken in aserbaidschanische Kapitalgesellschaften[68]. Sie werden hier als halbstaatliche Banken bezeichnet, da das Finanzministerium über 50% ihrer Anteile hält. Während sie in der Sowjetära nur die Finanztransaktionen für die Staatsbetriebe durchführen durften, für die sie auf Beschluß der Regierung zuständig waren - was eine sektorale Portfoliokonzentration mit sich brachte -, dürfen sie heutzutage eigenständig in verschiedenen Geschäftsbereichen tätig werden. In den ersten Jahren nach ihrer Selbständigkeit blieben ihre Hauptkunden jedoch weiterhin die Staatsbetriebe der entsprechenden Branchen (siehe Abb. 2.1)[69].

Daneben wurden bereits seit der Zulassung privater Bankunternehmen 1988 (mit Verabschiedung des Gesetzes über Kooperativen in der Sowjetunion) von den Leitern der Staatsbetriebe, von verschiedenen privaten Unternehmern und von kommunalen Behörden neue Banken gegründet[70]. Die Zahl der neuen Geschäftsbanken betrug 1992 92, erreichte 1994 einen Höhepunkt mit über 230[71], bevor sie Mitte 1996 auf etwa 140 fiel[72]. Sieben dieser Banken waren

---

68 "'A.R.nın Milli Bankı haqqında A.R. Qanunun' vä 'Banklar vä bank fäaliyyätini haqqında A.R. Qanunun' quvväyä minmäsi barädä A.R. Milli Mäclisinin Qärarı" (Beschluß der Nationalversammlung über das Inkrafttreten des Gesetzes über die Aserbaidschanische Nationalbank und des Gesetzes über Geschäftsbanken und Banktätigkeiten), 7.8.92, in: ASM, Nr.15, 1992, S.29.

69 Zur Kreditpolitik der halbstaatlichen Banken siehe Abschnitt 3.3.2.

70 Aufgrund mangelnden Materials liegen keine genauen Angaben über Organisations- und Eigentumsstrukturen der privaten Banken vor. Zu Eigentumsstrukturen privater Banken in der Sowjetunion Anfang der 90er Jahre siehe: IMF, World Bank, OECD, EBRD (Hrsg.), A Study of the Soviet Economy, Vol.2, Paris: IMF 1991, S.114f.; B.W. Ickes, R. Ryterman, "The Interenterprise Arrears Crisis in Russia", in: Post-Soviet Affairs, Vol.8 (1992), S.331-361, insbes. S.347.

71 IMF, Economic Reviews 1993 ..., a.a.O. S.24; CSIS (Hrsg.), Azerbaijan: Policy & Economy, No.2 (32), 13.1.95, S.23; CSIS (Hrsg.), Azerbaijan: Policy & Economy, No.30 (60), 28.7.95, S.24.

als Joint ventures mit ausländischer Beteiligung gegründet worden (Stand: 1995)[73].

Abb. 2.1: Das Bankensystem in Aserbaidschan

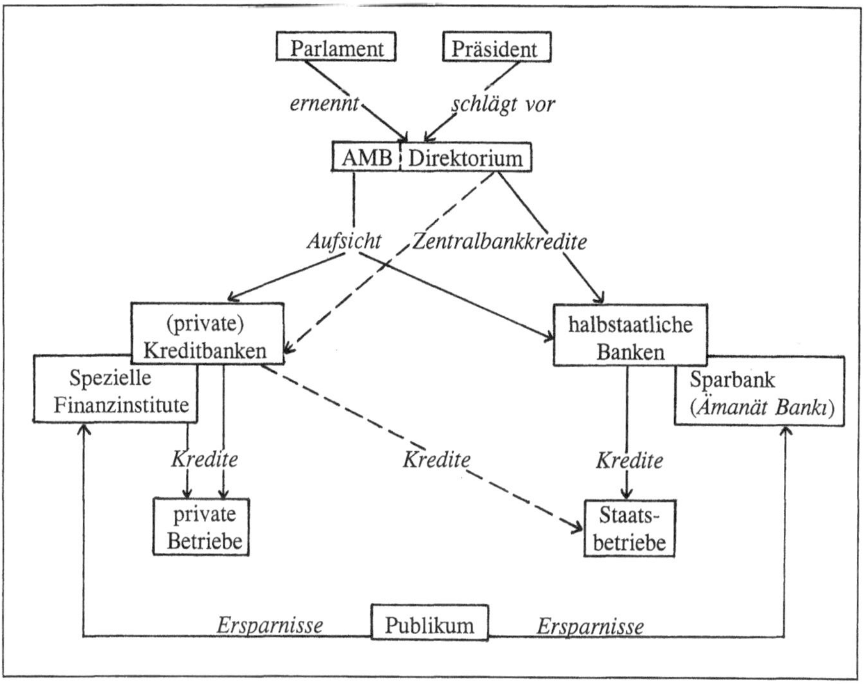

Quelle: eigener Entwurf

---

[72] Angaben aus dem *Staatskomitee für Antimonopolpolitik und zur Förderung des Unternehmertums*

[73] Die Partner der Gemeinschaftsbanken waren bei der *"Özbank"*, *"Hahurbank"* und *"Azär-Türkbank"* aus der Türkei, die der *"ART Bank"* und *"Azakbank"* aus Rußland und der Türkei, bei der *"Qurd Bank"* aus Rußland; die Bank *"Milli Iran"* war eine rein iranische Bank (Stand: Ende 1995). Die Beteiligung ausländischer Banken wurde 1995 erleichtert, indem im Gesetz über ausländische Investitionen Änderungen bezüglich den Bankensektor vorgenommen wurden. Siehe hierzu: Kapitel IV, Abschnitt 3.1. Siehe auch: o.V., "Amendments to the laws should attract foreign capital into the banking sphere and civilize a currency trade in Azerbaijan", in: CSIS (Hrsg.), Azerbaijan: Policy & Economy, No.15 (45), 14.4.95, S.15-16.

Das aserbaidschanische Bankensystem - obwohl offiziell als zweistufig deklariert - wird häufig als dreistufiges Bankensystem bezeichnet, weil den halbstaatlichen Banken gegenüber den privaten Geschäftsbanken ein gesonderter Schutz gewährt wird. Einerseits genießen sie aufgrund ihrer Eigentumsstruktur eine staatliche Bestandsgarantie, andererseits werden sie bei der Zuteilung von Krediten durch die Nationalbank, bei der Ausgestaltung der Kreditverträge und bei der Bankenaufsicht bevorzugt behandelt.[74]

Im folgenden soll auf die Entwicklung eines Geldmarktes[75] in Aserbaidschan eingegangen werden. Es werden die Aufgaben der Nationalbank dargestellt, wobei ihre Möglichkeiten bei der Schaffung stabiler Rahmenbedingungen für Geschäftsbanken berücksichtigt werden sollen. Anschließend werden die Bedingungen am Geldmarkt, nämlich die Kreditnachfrage von Staatsbetrieben, die Kreditpolitik verschiedener Geschäftsbanken[76] und die Transformation des Zahlungssystems analysiert und auf die Entwicklungen im Bereich des Passivgeschäfts gesondert eingegangen.

3.2 Die aserbaidschanische Nationalbank (AMB)

3.2.1 Organisation und Instrumente der Nationalbank

Die Organisationsstruktur und Befugnisse der Zentralbank wurden erstmals im 1992 verabschiedeten Gesetz über die Aserbaidschanische Nationalbank festge-

[74] Siehe hierzu u.a. Abschnitt 3.2.3 und 3.3.2.

[75] Zum Begriff des Geldmarktes und verschiedener Teilmärkte siehe beispielsweise: H.-E. Büschgen, Bankbetriebslehre, Stuttgart: G.Fischer 1989, S.150ff.; D. Duwendag, Geldtheorie und Geldpolitik, Köln: Bund 1977, S.129ff. Die Entwicklung eines Kapitalmarktes (Markt für langfristige Finanzanlagen) wird in der folgenden Analyse ausgespart, weil bis 1995 noch kaum entsprechende Voraussetzungen für einen solchen Markt gegeben waren. Zu nennen ist besonders das Fehlen einer breiten Privatisierung, damit sich ein Markt für Effekten hätte bilden können.

[76] In folgenden wird nicht unterschieden zwischen *commercial banks* und *investment banks*, wenn von Geschäftsbanken die Rede ist, obwohl vieles dafür spricht, daß in Aserbaidschan abgesehen von der halbstaatlichen Sparbank die meisten Banken vorwiegend als Kreditbanken fungieren, die keine Einlagen des Publikums erschließen. Grundsätzlich können die Banken jedoch als Universalbanken - in Abhängigkeit von der beantragten Lizenz - tätig werden.

legt, das jedoch 1996 wesentlich geändert wurde[77]. Das zunächst mit neun, nach der geänderten Fassung des Gesetzes mit sieben Personen besetzte Direktorium der AMB wird für fünf Jahre auf Vorschlag des aserbaidschanischen Präsidenten durch das Parlament ins Amt eingesetzt[78]. Die AMB war anfänglich dem Parlament gegenüber rechenschaftspflichtig und ansonsten organisatorisch, personell und sachlich unabhängig. Die Geschäfte der Nationalbank wurden durch eine vom Parlament eingesetzte Revisionskommission überprüft.

Seit Mitte 1996 steht die AMB unter größerem Einfluß des Aserbaidschanischen Präsidenten, dem gegenüber sie verantwortlich ist. Die Revisionskommission wird nun durch jenen eingesetzt[79]. Die Stabilisierung des Außenwerts der aserbaidschanischen Währung wurde bereits Anfang der 90er Jahre von den Entscheidungen des Präsidenten beeinflußt, denn die Möglichkeit der Nationalbank zur Intervention auf dem Devisenmarkt hing davon ab, in welchem Umfang der Präsident aus dem "Einheitlichen Währungsfond" ausländische Währungen bereitstellte[80]. Auch hinsichtlich der Geldpolitik erhält der Präsident mit Verabschiedung des neuen Nationalbankgesetzes einen größeren Einfluß. Während vorher die von der AMB erarbeiteten "Hauptrichtlinien der Geld-Kredit-Politik" vom Parlament verabschiedet wurden[81], so müssen sie seit 1996 auch vom Präsidenten angenommen werden[82].

---

[77] "A.R.nın Milli Bankı haqqında A.R.nın Qanunu" (Gesetz über die Aserbaidschanische Nationalbank), Nr.261, 7.8.92, a.a.O. "A.R.nın Milli Bankı haqqında A.R.nın Qanunu" (Gesetz über die Aserbaidschanische Nationalbank), Nr.118-1Q, 10.6.96, in: Biznesmenin Bülleteni, Nr.32 (97), 1996.

[78] Art.40 der alten Version, Art.9 der neuen Version des Gesetzes über die Nationalbank, a.a.O.

[79] Art.5 der alten Version bzw. Art.42f. der neuen Version des Gesetzes über die Nationalbank, a.a.O.

[80] Siehe hierzu Abschnitt 2.2.2.

[81] Art.14 der alten Version des Gesetzes über die Nationalbank, a.a.O.. In der aserbaidschanischen Verfassung wird die Geldpolitik neben der Finanzpolitik als eine der Aufgaben der Regierung genannt. Art.119, "A.R.nın Konstitusiyası, Layihä" (Entwurf zur Aserbaidschanischen Verfassung), in: Azärbaycan, 8.11.95.

[82] Zur "Geld-Kredit-Politik" siehe: Art.14; zur Bildung von Währungsreserven siehe: Art.24 der neuen Version des Gesetzes über die Nationalbank, a.a.O.

In den "Hauptrichtlinien der Geld-Kredit-Politik" werden Geldmengenziel, die geplante Geldemission (einschließlich des Rücklaufs von Banknoten an die Nationalbank), die Refinanzierungssätze sowie die Kreditvergabe der Nationalbank an die einzelnen Wirtschaftssektoren und die Aufteilung der bereitgestellten Zentralbankkredite an die verschiedenen Banktypen (halbstaatliche Banken und sonstige, private Banken) festgelegt[83].

Als Instrumente der Geldpolitik stehen der Nationalbank einerseits die Zinspolitik (Festlegung der Refinanzierungssätze, die Banken für Zentralbankkredite zahlen müssen)[84], andererseits die quantitative Kreditpolitik (Bereitstellung von Zentralbankkrediten) zur Verfügung[85]. Die Offenmarktpolitik als Instrument zur Geldmengensteuerung ist (noch) nicht praktikabel, weil sich in Aserbaidschan noch kein Wertpapiermarkt entwickelt hat[86]. Weiterhin kann die Nationalbank über die Festlegung der Mindestreservepflicht die Liquiditätsspielräume der Geschäftsbanken beeinflussen[87].

Die Nationalbank ist weiterhin dafür zuständig, Banklizenzen zu erteilen und die Bankenaufsicht durchzuführen. Sie stellt Sicherheitsvorkehrungen ("prudential regulations") auf, damit ein Gläubigerschutz gewährleistet ist[88]. Im folgenden wird zunächst die Geldpolitik der Zentralbank, anschließend die Politik der Bankenaufsicht untersucht.

---

[83] Art.14 alte Version des Gesetzes über die Nationalbank, a.a.O. Auf die Änderungen in der neuen Version des Gesetzes soll hier nicht weiter eingegangen werden; siehe dazu Art.15 der neuen Version.

[84] Art.15 alte Version, Art.16 neue Version des Gesetzes über die Nationalbank, a.a.O.

[85] Art.18 alte Version, Art.19 neue Version des Gesetzes über die Nationalbank, a.a.O.

[86] Zu der gesetzlichen Grundlage für Wertpapiergeschäfte siehe: Art.19 der alten Version, Art.18 der neuen Version des Gesetzes über die Nationalbank, a.a.O.

[87] Art.32 alte Version, Art.17 neue Version des Gesetzes über die Nationalbank, a.a.O.

[88] Art.25ff. alte Version, Art.30ff. neue Version des Gesetzes über die Nationalbank, a.a.O.

3.2.2 Geldpolitik der Nationalbank

In den ersten Jahren ihrer Tätigkeit basierte die Geldpolitik der AMB auf einer quantitativen Kreditallokation bei real negativen Refinanzierungszinssätzen[89]. Der Kreditzins der Nationalbank lag 1992 bei 12% p.a., ab November 1993 bei 100% p.a. und ab Dezember 1994 bei 200% p.a., und damit weit unter den durchschnittlichen jährlichen Preissteigerungen um das 10-, 12- bzw. 17-fache gegenüber dem Vorjahr (siehe Tab. 2.2).

Tabelle 2.2: Refinanzierungssatz der AMB und jährliche Preissteigerungsrate, 1992-1995 (Prozent)

	Refinanzierungssatz	Preissteigerung gegenüber dem Vorjahr
1992	12%	1.012,3%
1993	20% (ab Nov.) 100%	1.229,1%
1994	(ab Dez.) 200%	1.763,5%
Jan.-März 1995	250% das entspricht unter Berücksichtigung von Zinseszinsen einem monatlichen Zinssatz von 11%	Preissteigerung gegenüber dem Vormonat im Januar 27,8% im Februar 12,5% im März 2,5%

Quelle: DSK, Azärbaycan räqämlärdä 1994 (Aserbaidschan in Zahlen), Baku: DSK 1995, S.132; "A.R.nın 1995-ci il pul-kredit siyasätinin başlıca istiqamätläri" (Hauptrichtung der Geld-Kredit-Politik 1995), o. Datum, S.3, S.11; eigene Berechnungen

[89] Allgemeines zu den geldpolitischen Instrumenten der Notenbank in einer Marktwirtschaft siehe beispielsweise: O. Issing, Einführung in die Geldpolitik, München: Vahlen 1990, S.59-62. Zur Refinanzierungspolitik siehe: ebd., S.63ff.; zur Mindestreservepolitik siehe: ebd, S.93ff; zur Kreditplafondierung siehe: ebd, S.109ff.

1995 stieg der Zentralbankzinssatz auf 250%, was (unter Berücksichtigung von Zinseszinsen) einem monatlichen Kreditzins von 11% entspricht[90]. Damit wurde der Zins erstmals im März desselben Jahres bei einer Preissteigerungsrate von 2,5% gegenüber dem Vormonat real positiv, so daß für Geschäftsbanken, die Kredite bei der Nationalbank aufnehmen konnten, der Kreditpreis in die eigene Rentabilitätsbetrachtung einbezogen werden mußte.[91]

Die Zinspolitik der AMB war demnach nicht geeignet, die Kreditnachfrage zu begrenzen; statt dessen war die Geldnachfrage quasi unendlich hoch (siehe Abb. 2.2). Die Höhe der von der AMB bereitgestellten Zentralbankkredite (*märkäzläşdirilmiş kredit*) wurde daher in den jährlichen "Hauptrichtlinien der Geld-Kredit-Politik" festgelegt. Diese wurden in enger Anlehnung an den Kreditbedarf der Staatsbetriebe erarbeitet, indem Empfehlungen des *Staatlichen Komitees für Wirtschaft und Planung* berücksichtigt wurden, in die die Forderungen der Staatsbetriebsleiter und Branchenminister eingegangen waren. Demnach wurde den halbstaatlichen Banken, die als "channel banks"[92] der Regierung agierten, Zentralbankkredite gewährt, mit dem Ziel, den Finanzbedarf der Staatsbetriebe zu decken. An dem alten Planungsprinzip für die Kreditierung von Staatsbetrieben hatte sich wenig geändert[93]. Der größte Teil der direkt von der AMB bereitgestellten Kredite wurde an die halbstaatlichen Banken *Agrar-Sänaye-* und die *Sänaye-Investisija-Bank* vergeben[94].

---

90 Der monatliche Refinanzierungssatz (m) wurde aus dem Jahressatz (r) unter Berücksichtigung von Zinseszinsen nach folgender Formel berechnet:

$$m=\sqrt[12]{(1+r)}-1$$

91 "A.R.nın 1995-ci il pul-kredit siyasätinin ...", a.a.O, S.3.; IMF, Azerbaijan Republic - Recent ..., a.a.O., S.15.

92 World Bank, Russia: The Banking System during Transition, Washington: World Bank 1993, S.16.

93 IMF, Economic Reviews 1993, ... a.a.O., S.27.

94 1995 sollten Zentralbankkredite in Höhe von 322,8 Mrd. Manat ausgegeben werden, wobei 18,0% an die *Agrar-Sänayä-Bank*, 12,8% an die *Sänayä-Investisiya-Bank*, 8,0% an sonstige Banken und 61,3% (!) an das Finanzministerium gehen sollten. "A.R.nın 1995-ci il pul-kredit siyasätinin başlıca istiqamätläri" (Hauptrichtung der Geld-Kredit-Politik 1995), o. Datum, S.11.

Abb. 2.2: Geldmenge und AMB-Zins

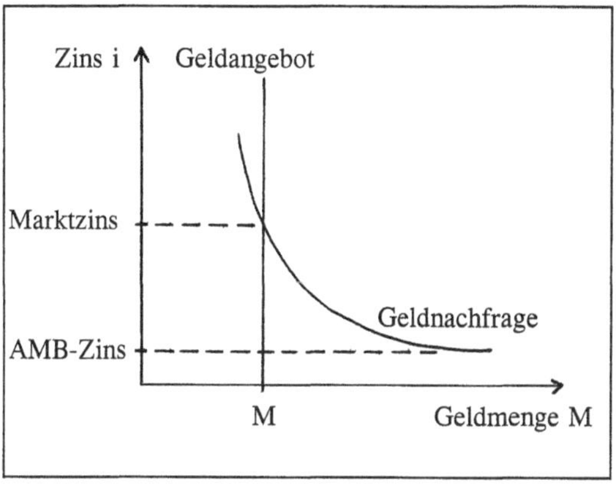

Quelle: eigener Entwurf

Mit der Setzung von Mindestreservesätzen hat die Nationalbank ein weiteres Instrument zur Steuerung der Geldmengenentwicklung zur Verfügung, mit dem sie die Liquidität der Geschäftsbanken und damit deren Kreditspielräume beeinflussen kann. In Aserbaidschan mußten für Depositen unter einem Jahr Laufzeit bis zum Juni 1993 15% Mindestreserve, für Depositen über einem Jahr Laufzeit 12% Mindestreserve gehalten werden. Seit dem Juli 1993 galt eine einheitliche Mindestreservepflicht für Manatkonten in Höhe von 12% und für Devisenkonten in Höhe von 5%[95].

Die Senkung der Mindestreserve Mitte 1993 könnte einen liquiditätserhöhenden Effekt haben. Allerdings wurde bis Ende 1993 nur von privaten Banken das Halten von Mindestreserven verlangt. Sie mußten diese Reserven auf Korrespondenzkonten bei den halbstaatlichen Banken halten, so daß in dem Maße, wie den privaten Banken Liqidität entzogen, diese den halbstaatlichen Geschäftsbanken wieder zugeführt wurde. Als Reaktion auf die Reservehaltungs-

[95] IMF, Azerbaijan Republic - Recent ..., a.a.O., S.16f.

pflicht verlangten die privaten Banken eine entsprechend hohe Komission bei der Gewährung von Krediten[96].

Die Mindestreservepolitik der AMB war daher zunächst kein geeignetes Mittel, um das Kreditschöpfungspotential im gesamten Bankensektor zu beeinflussen. Seit Anfang 1994 unterliegen jedoch auch die halbstaatlichen Banken der Mindestreservepflicht, und die Reserven müssen bei der Nationalbank gehalten werden, so daß dieser nun ein effektiveres Kontrollinstrument für den Geldschöpfungsprozeß durch die Geschäftsbanken zur Verfügung steht.

Das Dilemma der AMB lag jedoch darin, daß neben der Inflationsbekämpfung mit Hilfe einer restriktiven Geldpolitik die Produktion der (Staats-)Betriebe "zumindest auf einem minimalen Niveau erhalten"[97] werden sollte, was aber die Durchsetzung einer (konsequenten) restriktiven Geld-/Kreditpolitik behinderte. Zwar sollte durch die Trennung der Zentralbank von den Geschäftsbanken ein Übergang vom sowjetischen Monobanksystem zu einem zweistufigen Bankensystem stattfinden, in dem die Kapitalallokation von Geschäftsbanken über den Markt (unter Berücksichtigung von Rendite- und Risikogesichtspunkten) vorgenommen wird, während die Zentralbank als "Währungshüterin" den Erhalt geldpolitischer Ziele mit Hilfe ihrer Instrumente zu erreichen versucht. Die Aufrechterhaltung eines Systems der quantitativen Kreditpolitik - über die zentrale Kreditallokation -, und die Vernachlässigung des Zinssatzes als Steuerungsinstrument in der Kreditallokation sorgten jedoch dafür, daß die 'alten' Mechanismen bei der Versorgung der Volkswirtschaft mit Kreditmitteln aufrechterhalten wurden. Die Regierung konnte auf die kreditpolitischen Entscheidungen der Zentralbank Einfluß nehmen und ihr Interesse

[96] Diese in Banknoten zu entrichtende Komission wird als *şapka* bezeichnet, was soviel wie Bestechungsgeld bedeutet. 1994/5 lag der *Şapka*-Betrag zwischen 15% und 30% (bei Kreditzinsen in Höhe von 150-300%).

[97] eigene Übersetzung aus "A.R.nın 1995-ci il pul-kredit siyasätinin ...", a.a.O., S.2.

an der Kreditierung der Staatsbetriebe durchsetzen[98]. Daher wurde die von der AMB angekündigte restriktive Geldpolitik nicht eingehalten[99].

Eine inflationssenkende Geldpolitik wirde zusätzlich dadurch gefährdet, daß die AMB das Haushaltsdefizit der Regierung finanziert. Die Obergrenze für die Plazierung von Staatsanleihen wird der AMB durch das Parlament vorgegeben, da aber in Aserbaidschan (noch) kein Kapitalmarkt entwickelt ist (1991 und 1992 wurden durch die AMB keine Staatspapiere verkauft[100]), wird die Regierung in der Regel direkt mit Zentralbankkrediten versorgt. Das hohe Haushaltsdefizit trägt wesentlich zur Destabilisierung des Preisniveaus bei. Haushaltsdefizite sind in der Wirtschaftstransformation typisch, weil die üblichen Einnahmequellen der Regierung aus den Gewinnabführungen der Staatsbetriebe entfallen, während die neuen Einnahmequellen aus Steuern infolge eines ungenügend funktionierenden Steuersystems und der vorübergehenden sinkenden Wirtschaftstätigkeit im Umbruch vorerst sehr gering sind. Die Ausgaben des Staates lassen sich einerseits aus sozialpolitischen Gründen, andererseits infolge der Verhandlungsmacht von Interessengruppen zumeist nur ungenügend senken. 1993 wurde in Aserbaidschan ein Haushaltsdefizit in Höhe von 11,2 Mrd. Manat (= 7,1% des Bruttoinlandsprodukts), 1994 in Höhe von 193,3 Mrd. Manat (= 12% des Bruttoinlandsprodukts) ausgewiesen, das vorwiegend über Kredite der AMB finanziert wurde[101].

---

98 Seit 1996 wird die Geldpolitik durch den Präsidenten mitbestimmt.

99 o.V., "Comparative analysis of the factors determining the situation at currency markets of Russia and Azerbaijan", in: CSIS (Hrsg.), Azerbaijan: Policy & Economy, No.21, 28.10.94, S.17-21, insbes. S.9.

100 Siehe Tabelle 5-3 im Anhang von: World Bank, Azerbaijan. From Crisis ..., a.a.O. S.193; sowie DSK, Azärbaycan räqämlärdä 1994 (Aserbaidschan in Zahlen 1994), Baku: DSK 1995, S.18.

101 DSK, Azärbaycan räqämlärdä 1994, ..., a.a.O., S.8f. Das Haushaltsdefizit für 1994 wurde in Höhe von 20% der Staatsausgaben prognostiziert; es erreichte dann aber tatsächlich 32,3%. "A.R.nın 1994-cü il respublika büdcäsi göstäricilärinin yeniden dürüstläşdirilmäsi haqqında A.R.nın Qanunu" (Korrektur der Kennziffern des Staatshaushalts von 1994), Nr.1016, 4.4.95, in: ASM, Nr.7, 1995; vgl. auch "A.R.nın 1995-ci il pul-kredit-siyasätinin ..." a.a.O., S.4.

Anfang 1995 konnte dennoch der Binnenwert des Manat allmählich stabilisiert werden, denn der Refinanzierungssatz der Zentralbank war auf einen real positiven Wert angehoben worden. Zudem wurde auch die Bankenaufsicht verschärft, was dazu beitrug, daß "Mitnahmeeffekte" abgebaut wurden, die sich vorher darin geäußert haben, daß Banken gegründet wurden, um Zugang zu billigen Zentralbankkrediten zu bekommen.

3.2.3 Bankenaufsicht

Die Lizenzierung und Aufsicht über die Geschäftsbanken obliegt der Nationalbank. Um eine Lizenz zu erhalten, müssen die Bankgründer ein ausreichendes Eigenkapital vorweisen. Bei einer Mindesthöhe des Grundkapitals von nur 5 Mill. Manat vor 1993 bestand ein großer Anreiz, Banken zu gründen. Wegen der hohen Inflationsrate wurde eine Anpassung der Grundkapitalhöhe nötig. Es galt für das mindestens erforderliche Grundkapital seit

1.6.1993: 20 Mill. Manat;

1.3.1994: 50 Mill. Manat; für bereits bestehende Banken galt noch die Höhe von 20 Mill. Manat Grundkapital;

1.4.1994: 100 Mill. Manat; für bereits bestehende Banken wurde das Grundkapital um 10 Mill. Manat auf 30 Mill. Manat angehoben.

Zum 1.1.1995 ging die Zentralbank dazu über, das erforderliche Grundkapital in Dollar auszuweisen. Bei einer Bankneugründung sollten 0,5 Mill. US-$ Eigenkapital bereitgestellt werden. Bereits existierende Banken mußten zunächst 40 Mill. Manat Grundkapital vorweisen, das allmählich auf den gleichen Dollarbetrag erhöht werden sollte. Ab dem 1.8.1995 wurden kontinuierliche Steigerungen angekündigt, so daß eine größere Voraussicht über das Grundkapitalerfordernis existiert, und langfristige Planungen für Bankiers erleichtert wurden. Das Grundkapital für bereits bestehende Banken sollte zum

1.8.1995 20.000 US-$, zum

1.10.1995 35.000 US-$ und zum

1.1.1996 50.000 US-$ betragen[102].

---

[102] CSIS (Hrsg.), Azerbaijan: Policy & Economy, No.29 (59), 21.7.95, S.29.

Die sinkende Zahl der privaten Geschäftsbanken ist in erster Linie auf die Anhebung des notwendigen Grundkapitals zurückzuführen. Viele Banken mußten ihre Geschäftstätigkeit aufgeben oder fusionieren. Von den 233 registrierten Banken waren Mitte 1995 lediglich etwa 80% tatsächlich im Bankgeschäft tätig; der Rest hatte seine Aktivitäten eingestellt.

Die vier größten Geschäftsbanken hatten Mitte 1995 eine Grundkapitalausstattung, die weit über der minimalen Anforderung für bereits bestehende Banken lag. Aber nur die zwei größten Banken lagen auch über der für Neugründungen als notwendig angesehenen Kapitalausstattung (siehe Tab. 2.3). Die übrigen privaten Geschäftsbanken hatten durchschnittlich ein Grundkapital von 209 Mill. Manat (ca. 46.000 US-$ bei einem Kurs von 4.500 Manat/Dollar). Im Schnitt hatten sie so zwar den für bereits bestehende Banken erforderlichen Grundkapitalbetrag überschritten; sie lagen jedoch weit unter dem als notwendig angesehenen Betrag, der für Bankneugründungen angesetzt wurde, so daß davon ausgegangen werden kann, daß ein Großteil der Banken mit Kapital unterausgestattet war.[103]

Tabelle 2.3: Grundkapitalausstattung der vier größten privaten Geschäftsbanken, Mitte 1995

	Azakbank	Günaybank	Azalbank	Naxçıvan-Türkbank
Grundkapital in Mill. Manat	4.828	2.955	1.601	1.350
(bzw. Mill. US-$)	(= 1,08)	(= 0,66)	(= 0,36)	(= 0,30)

Anmerkung: Die Grundkapitalpflicht für bereits existierende Banken betrug mindestens 40 Mill. Manat; für Neugründungen mindestens 0,50 Mill.US-$.

Quelle: Angaben aus dem *Staatskomitee für Antimonopolpolitik und zur Förderung von Unternehmertum*

[103] Zum 1. September 1996 waren nur noch 141 Geschäftsbanken im aserbaidschanischen Bankensektor tätig. Sie hatten durchschnittlich ein Grundkapital von 0,32 Mill US-$. Angaben aus dem *Staatskomitee für Antimonopolpolitik und zur Förderung von Unternehmertum*.

Bei der laufenden Geschäftstätigkeit müssen von Seiten der Banken Sicherheitsvorkehrungen ("prudential regulations") eingehalten werden, die der Liquiditätsvorsorge der Banken und dem Gläubigerschutz dienen[104]. Diese Bestimmungen wurden 1993 verschärft:

1. Die minimale Eigenkapitalausstattung (Eigenkapital zu Aktiva) wurde 1993 von 5% auf 8% angehoben.

2. Die Kennziffern für die Liquiditätsvorsorge (gestaffelt nach Fristigkeiten) wurde 1993 angehoben, 1994 aber wieder etwas gesenkt (siehe Tab. 2.4).

Tabelle 2.4: Kennziffern zur Liquiditätsvorsorge der Banken gestaffelt nach Laufzeit der Aktiva 1993 und 1994 (Verhältnis der Bankaktiva zu Bankverbindlichkeiten in Prozent)

Laufzeit der Aktiva	ab 1993	ab 1994
bis zu einem Monat	80	50
1-6 Monate	50	30
6-12 Monate	30	20
über 12 Monate	20	20

Quelle: "Banklar fäaliyyätinin tänzim edilmäsi qaydaları" (Bestimmungen der Zentralbank über die Regulierung von Banktätigkeiten), 31.5.93; IMF, Azerbaijan Republic - Recent Economic Developments, unveröff. 1994, S.16f.

3. Großkredite, die vor 1993 in Höhe von bis zu 100% des Eigenkapitals der Bank eingeräumt werden konnten, dürfen seit 1993 nur noch eine Höhe von 50% des Eigenkapitals haben. Dies muß als Reaktion darauf gewertet werden, daß viele private Geschäftsbanken von Unternehmern zu dem Zweck gegründet

[104] Sofern keine anderen Quellen angegeben, stammen die Bestimmungen über die Sorgfaltspflichten der Banken aus: "Banklar fäaliyyätinin tänzim edilmäsi qaydaları" (Bestimmungen der Zentralbank über die Regulierung von Banktätigkeiten), 31.5.93 und IMF, Azerbaijan Republic - Recent ..., a.a.O., S.16f.

wurden, für ihre Gründer Finanzmittel zu erschließen. Banken hatten darum häufig nur einen oder wenige Kunden, so daß sie wegen der fehlenden Risikostreuung in besonderem Maße einem Konkursrisiko ausgesetzt waren.

4. Erstmals wurde 1993 eine Begrenzung der Beteiligung an Nichtbanken eingeführt. Nun darf max. 10% des Eigenkapitals der Bank in einen Betrieb investiert werden, und max. 40% des Kapitals darf insgesamt für Beteiligungsinvestitionen verwendet werden. Auch diese Bestimmung ist als eine Reaktion darauf zu werten, daß viele Banken eng mit einem oder wenigen Handels- oder Produktionsbetrieben verflochten waren.

Die enorme Zunahme der Bankneugründungen seit 1988 muß in erster Linie darauf zurückgeführt werden, daß die Voraussetzungen relativ leicht zu erfüllen waren. Die Verschärfung der Sorgfaltspflichten der Banken sollte dazu beitragen, daß Risiko- und Rentabilitätsüberlegungen in die Entscheidungskalküle der Bankiers einfließen. Allerdings hat die Kontrolle der Banken in Aserbaidschan in den ersten fünf Jahren der Unabhägingkeit (noch) nicht befriedigend funktioniert. Bis 1994 mußten die halbstaatlichen Banken keine Reserven auf Korrespondenzkonten bei der AMB halten und unterlagen daher nicht den Sicherheitsvorkehrungen, was sich in einer unvorsichtigen Kreditvergabe und Verzögerungen im Zahlungsverkehr niederschlug[105]. Zudem war aufgrund des mangelnden Fachwissens der Revisoren der Aufbau einer funktionstüchtigen Bankenaufsicht in der frühen Phase ihrer Einführung noch mangelhaft.

3.3 Determinanten der Kreditallokation

3.3.1 Anmerkungen zur Kreditnachfrage der Staatsbetriebe

Nach dem Zerfall der Sowjetunion litten viele Staatsbetriebe an Liquiditätsengpässen. Während bisher das Produktionsprogramm und der Absatzplan von den zentralen Instanzen vorgegeben worden waren und die Finanzbuchhaltung keinen hohen Stellenwert in der Unternehmensführung hatte, änderte sich dies

---

[105] Siehe Abschnitt 3.3.5.

mit der Dezentralisierung der Entscheidungsbefugnisse[106]. Ein Großteil der Staatsbetriebe hatte Absatzrückgänge zu verzeichnen, die einerseits auf den Nachfragerückgang infolge von sinkenden Reallöhnen und andererseits auf die Importkonkurrenz zurückzuführen waren.

Über die Reallohnentwicklung in Aserbaidschan gibt es je nach Quelle unterschiedliche Aussagen. Während offizielle Quellen Realeinkommenszuwächse ausweisen[107], gehen nicht-staatliche Stellen wegen der enorm hohen Inflationsrate von Realeinkommensrückgängen aus. So wird beispielsweise in einer oppositionellen Zeitung angegeben, daß der durchschnittliche Lohn im August 1994 6,5-mal höher als im selben Monat des Vorjahres war, während die Preise um das 17,4-fache gestiegen sind[108]. Unabhängig davon, wie die tatsächliche Entwicklung der monatlichen Reallöhne war, kann davon ausgegangen werden, daß es zur faktischen Entwertung der Reallohneinkommen kam, weil sich infolge der Banknotenknappheit die Auszahlung von Löhnen (und auch von Renten) häufig monatelang verzögerte. Wegen der sinkenden Kaufkraft der Lohneinkommensbezieher und der Einkommensunsicherheit nahm der Absatz der Betriebe ab und Lager mußten aufgebaut werden (Nachfrageschock-Hypothese[109]).

Absatzprobleme traten jedoch brachenspezifisch unterschiedlich stark auf ("Composition-of-Demand Hypothesis"[110]): Ein Überschußangebot herrschte insbesondere auf dem Konsumgütermarkt, wo die Nachfrage durch die Realeinkommensrückgänge abnahm. Demgegenüber sank die Nachfrage nach Zwi-

---

[106] Zur Dezentralisierung von Handlungsrechte siehe Kapitel III.

[107] Siehe beispielsweise die Anmerkung in: DSK, Azärbaycan räqämlärda 1994, ..., a.a.O., S.46.

[108] R. Mämmädli, "Istehsal käskin azalir, işsizlik artır" (Starker Produktionseinbruch, steigende Arbeitslosigkeit), in: Azadlıq, 20.10.94, S.6. In der Zeitung Azadlıq vom 19.11.94 wird aus dem Analysezentrum der oppositionellen Bewegung '*Azärbaycan Xalq Cäphäsi*' (Aserbaidschanische Volksfront) berichtet, daß 1993 für den Mindestlohn durchschnittlich noch 158 kg Brot gekauft werden konnte, Ende 1994 nur noch 20 kg Brot. o.V., "'Iqtisadi vä sosial siyasät'" ('Wirtschafts- und Sozialpolitik'), in: Azadlıq, 19.11.94, S.6.

[109] B.W. Ickes, R. Ryterman, "The Interenterprise Arrears Crisis in Russia", in: Post-Soviet Affairs, Vol.8 (1992), S.331-361, insbes. S.354f.

[110] Ebd., S.353f.

schenprodukten nicht im gleichen Maße, denn erstens konnten die Betriebe ihre Liquiditätsengpässe über verschiedene Kanäle überbrücken, die privaten Haushalten nicht offen standen, nämlich mit Hilfe von staatlichen Subventionen, Bankkrediten oder zwischenbetrieblichen Krediten. Zweitens wurden die Preise von Produktionsgütern nicht im gleichen Ausmaß liberalisiert wie die der Konsumgüter. Während die Konsumgüterpreise abgesehen von einigen Grundnahrungsmitteln in Aserbaidschan 1992 vollständig liberalisiert wurden, hat die Regierung die Preise für Produktionsmittel zwar schrittweise erhöht, zunächst aber nicht freigegeben[111].

Umgekehrt könnte man auch annehmen, daß sich in der Transformation die Nachfrage zugunsten von Konsumgütern verschoben hat, weil die Staatsaufträge zurückgingen und damit die Nachfrage nach Investitionsgütern abnahm[112]. Für Aserbaidschan ist anhand des statistischen Materials über den Lageraufbau in verschiedenen Branchen jedoch davon auszugehen, daß besonders in der Leicht- und Nahrungsmittelindustrie Absatzschwierigkeiten existierten[113]. Insofern ist anzunehmen, daß die Nachfrage auf dem Konsumgütermarkt stärker gesunken ist, als auf dem Produktionsgütermarkt.

Der zweite Grund für den Absatzrückgang der Staatsbetriebe ist auf die wachsende Importkonkurrenz zurückzuführen. Infolge der relativ liberalen Importpolitik haben einige Staatsbetriebe, die bisher Monopolstellungen innehatten, ihre Marktmacht (die in Aserbaidschan anhand eines Marktanteils von 35% definiert ist[114]) verloren. Infolgedessen konnten sie ihre Produkte nicht mehr zu Mono-

---

[111] World Bank, Azerbaijan ..., a.a.O., S.211ff., Tab.9-1A.ff. Zur Preisliberalisierung siehe auch: Kapitel III, Abschnitt 2.2.2.

[112] In Rußland ist beispielsweise die Staatsnachfrage nach militärischen Gütern, aber auch nach Investitionsgütern Anfang der 90er Jahre zurückgegangen; vgl. die Interpretation der "Composition-of-Demand Hypotheses" für Rußland von B.W. Ickes, R. Ryterman, "The Interenterprise Arrears ...", a.a.O., S.353f.

[113] Siehe beispielweise: o.V., "Sänayedä istehsal 35 faiz azalıb" (Die Industrieproduktion sank um 35%), in: Azadlıq, 22.10.94, S.6.

[114] "Antiinhisar fäaliyyäti haqqında A.R.nın Qanunu" (Gesetz über Antimonopoltätigkeit), 4.3.93, Art.4, Abs.6.

polpreisen absetzen. Gleichzeitig konnten die Produkte wegen der häufig niedrigeren Qualität gegenüber Importprodukten nicht konkurrieren.[115]

Infolge der Absatzrückgänge fielen in den Betrieben zusätzliche Ausgaben in Form von Lagerhaltungskosten an. Desweiteren stiegen die Beschaffungskosten für Inputs aus anderen Ländern wegen des Wegfalls früherer Beschaffungswege und wegen steigender Transportkosten aufgrund politischer oder kriegerischer Unruhen[116]. Diesen wachsenden Kosten standen ungenügende Einnahmen gegenüber. Infolgedessen stieg die betriebliche Kreditnachfrage und die Nachfrage nach staatlicher Subventionierung, was sich erstens in zunehmendem Rent-seeking und Bargaining-Aktivitäten der Betriebsleiter gegenüber der Regierung ausgedrückt hat[117]. Zweitens richteten Betriebsleiter häufig eigene Banken ein, um sich zusätzliche Möglichkeiten zur Aufnahme von Krediten zu verschaffen[118]. Drittens haben die Betriebe auf die Liquiditätsengpässe im Bankensektor in der Weise reagiert, daß sie sich gegenseitig Lieferantenkredite eingeräumt haben[119]. Auf diese Aspekte wird im folgenden eingegangen.

3.3.2 Kreditpolitik der halbstaatlichen Banken

Von den vier halbstaatlichen Banken können die *Agrar-Sänaye-* (Agroindustrie-Bank) und *Sänaye-Investisija-Bank* (Industrie-Investitions-Bank) als Kreditbanken bezeichnet werden, während die *Bejnälxalq Bank* - in der Tradition der Außenhandelsbank - vorwiegend Finanztransaktionen in Devisen durchgeführt hat und die *Ämanät Bankı* (Sparbank) überwiegend Passivgeschäfte wahrnahm[120]. 51% des Eigenkapitals der halbstaatlichen Banken sind im Eigentum

---

[115] Zur Wettbewerbspolitik siehe auch: Kapitel III, Abschnitt 2.2.2.1; zur Importpolitik siehe: Kapitel IV, Abschnitt 2.2.

[116] Dies war besonders auf den Wegen nach Rußland über Georgien oder Tschetschenien der Fall.

[117] Siehe auch Abschnitt 3.3.2.

[118] Siehe Abschnitt 3.3.3.

[119] Siehe Abschnitt 3.3.5.

[120] Zur *Bejnälxalq Bank* siehe Abschnitt 2.2, zur *Ämanät Bankı* Abschnitt 3.3.6.

des Finanzministeriums, der Rest wurde von anderen Teilhabern aufgebracht. Die Industrie-Investitions-Bank ist beispielsweise im Eigentum von weiteren 16 staatlichen Einrichtungen (u.a. Staatsbetrieben) und drei privaten Unternehmen.

Die beiden erstgenannten halbstaatlichen Banken haben 1993 58% und 1994 noch 46,1% aller innerhalb der aserbaidschanischen Volkswirtschaft eingeräumten Kredite vergeben. Sie gehören also zu den wichtigsten Kreditgebern in Aserbaidschan, und ihre Liquidierung würde das gesamte Finanzsystem gefährden (Systemrisiko). Infolgedessen genießen sie implizit einen Bestandschutz (siehe Abb. 2.3).

Abb. 2.3: Einflußfaktoren bei der Kreditpolitik der halbstaatlichen Banken

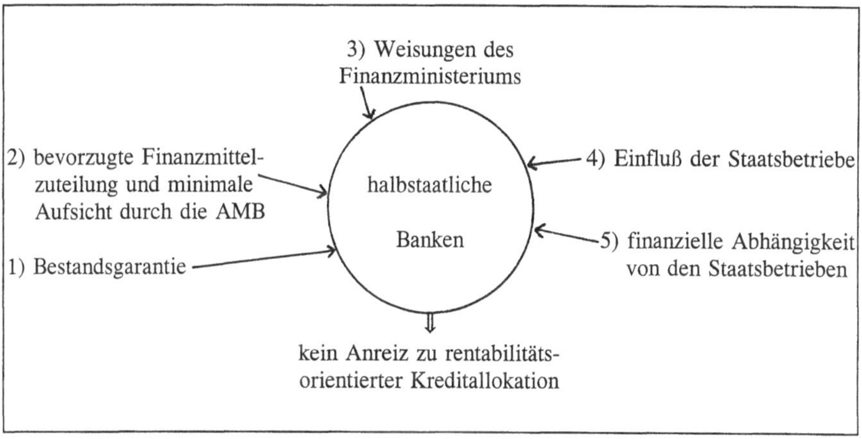

Quelle: eigener Entwurf

Die halbstaatlichen Banken unterlagen weniger strengen Auflagen bei der Bankenaufsicht als die privaten Banken[121]. Ferner wurden ihnen bevorzugt Zentralbankkredite (*märkäzläşdirilmiş kredit*) bereitgestellt, um Staatsbetriebe mit finanziellen Ressourcen zu versorgen. Deswegen werden die halbstaatlichen

[121] Siehe hierzu Abschnitt 3.2.3.

Banken auch als "channel banks"[122], die von der Regierung beorderte Zentralbankkredite an Staatsbetriebe weiterleiten, bezeichnet.

Aufgrund der Eigentumsstruktur der halbstaatlichen Banken wird deren Kreditpolitik stark von der Regierung mitbestimmt. Beispielsweise können Industrieminister oder das Finanzministerium fordern, daß bestimmten Staatsbetrieben Kredite eingeräumt werden, auch wenn diese nicht kreditwürdig sind. Es ist anzunehmen, daß die Betriebsleiter von Staatsbetrieben die jeweils zuständigen Minister dazu drängen, eine Kreditmittelbereitstellung zu befürworten, um die Produktion der Betriebe aufrechtzuerhalten. Davon zeugen die häufigen Abweichungen von der vorgesehenen restriktiven (quantitativen) Kreditpolitik der Zentralbank, die meist gegen Ende eines Jahres, nachdem die regelmäßig im Herbst stattfindenden Gespräche zwischen Staatsbetrieben und dem Präsidenten geführt worden waren, beobachtet wurden[123].

Außerdem kann vermutet werden, daß die Leiter der Staatsbetriebe, die an den halbstaatlichen Banken beteiligt sind, direkt die Kreditpolitik der Bank beeinflussen[124]. Die engen Kontakte zwischen den ehemals staatlichen Banken und den Staatsbetrieben und der daraus entstandene Klientelismus führen dazu, daß die knappen Kreditmittel nicht nach Rentabilitätsgesichtspunkten vergeben werden.

Hinzu kommt eine Fehlallokation von Kreditmitteln infolge der hohen Verschuldung vieler Staatsbetriebe bei den halbstaatlichen Banken (1993 bzw. 1994 galten durchschnittlich 35,6% bzw. 26,6% der ausstehenden Kredite als "notleidend"[125]). Häufig wurden die Staatsbetriebe mit Krediten versorgt, damit ihre Zahlungsfähigkeit aufrechterhalten wurde und sie ihre Zins- bzw. Tilgungszahlungen an die Bank leisten konnten. Diese implizit der Umschuldung

---

[122] World Bank, Russia ..., a.a.O., S.16.

[123] o.V., "Comparative analysis of the factors determining the situation at currency markets of Russia and Azerbaijan", in: CSIS (Hrsg.), Azerbaijan: Policy & Economy, No.21, 28.10.94, S.17-21.

[124] Siehe beispielsweise: World Bank, Azerbaijan ..., a.a.O., S.69.

[125] Zu den "notleidenden Krediten" siehe Abschnitt 3.3.5 und die dortige Tabelle 2.4.

dienenden Kredite wurden also nicht produktiv eingesetzt. Eine solche finanzielle Unterstützung der Staatsbetriebe unter Mißachtung von Rentabilitätsgesichtspunkten ist nur möglich, da die halbstaatlichen Banken selber eine Bestandsgarantie haben. Ansonsten müßten die Bankgeschäfte im Wettbewerb mit den privaten Banken ebenfalls gewinnorientiert gestaltet werden.

Die Kreditegewährung erfolgte daher weniger aufgrund von Profitabilitäts- und Risikokriterien, sondern aufgrund der "bargaining and political power"[126] der Antragsteller. Während Staatsbetriebe auf Geheiß der Regierung mit günstigen Krediten versorgt wurden, auch wenn sie schon in Zahlungsverzug waren, erhielten neue Kunden nur sehr teure Kredite, denn die Bank mußte einen Zinsausgleich schaffen. Daher fand ein Prozeß der "adverse selection" statt, in dem die alten, aber möglicherweise unrentablen und zahlungsunfähigen Unternehmen mit Finanzmitteln versorgt wurden, während neue, gewinnbringende Projekte aus Kostengründen nicht durchgeführt werden konnten (Segmentation des Kreditmarktes).[127]

3.3.3 Kreditpolitik der privaten Banken

Ein Gegengewicht zur Dominanz der halbstaatlichen Banken können die neu gegründeten privaten Banken darstellen. Ihr Anteil an den eingeräumten Krediten ist von knapp 8% 1991 auf über 20% 1994 gestiegen. Allerdings hat sich in dieser Zeit auch ihre Zahl mindestens verdoppelt, so daß davon ausgegangen werden kann, daß die Umsätze der einzelnen privaten Banken relativ niedrig geblieben sind.

Da halbstaatliche Banken in erster Linie ihren Stammkunden, also den Staatsbetrieben, Kredite eingeräumt haben, gründeten Privatunternehmer häufig eigene Banken. Durch die Gründung einer eigenen Bank schufen sich diese neuen Unternehmer einen leichteren Zugang zu Fremdkapital, so daß die

[126] World Bank, Russia ..., a.a.O., S.8.

[127] Zu den Mißständen bei der Finanzvermittlung in der Transformation siehe auch: H. Schmieding, Better Banks for Eastern Europe, Kiel: Institut für Weltwirtschaft 1992, S.4ff.

privaten Kreditbanken auch als "agent banks"[128] ihrer Gründer bezeichnet wurden. Zusätzlich stellte der Bankbetrieb per se eine ertragreiche Unternehmung dar, da über die Nationalbank oder halbstaatliche Banken zinsgünstige Kredite aufgenommen werden konnten, die von der Bank wiederum am Geldmarkt zu einem höheren Aktivzins angeboten wurden (Zinsarbitrage).

Die privaten Banken finanzierten sich vor allem aus den Sichteinlagen ihrer Gesellschafter und über den Interbankenmarkt. Passivgeschäfte (Erschließung von Spareinlagen aus dem Publikum) gehörten in der Regel nicht zu ihrem Tätigkeitsgebiet[129]. Seit 1995 werden Zentralbankkredite an die Geschäftsbanken in einem Tenderverfahren versteigert, bei dem auch private Banken ensprechend ihrer Zahlungsbereitschaft die Möglichkeit zur Refinanzierung haben[130].

Die angebotenen Finanzmittel der Banken waren nur kurz- und mittelfristiger Art, denn wegen der hohen Inflationsrate nahm der reale Wert der eingeräumten Kredite ab, und wegen der instabilen Umwelt (Wechselkursschwankungen, Unklarkeit über Unternehmens- und Eigentumsstrukturen usw.) bestanden Unsicherheiten über die Zinserwartungen. Wegen des Rückzahlungsrisikos mußten die Kreditnehmer hohe Sicherheiten vorweisen. Dazu zählen in der Regel Bürgschaften eines Betriebs, der als solvent galt, sowie eigenes Vermögen als Pfand (beispielsweise Kraftfahrzeuge, Grundstücke). Die Höhe der Bürgschaft lag beim doppelten Wert des eingeräumten Kredits.

Die Kredite der privaten Geschäftsbanken wurden allerdings in erster Linie den Miteigentümern der Bank eingeräumt. Das ist ein Ausdruck der Unsicherheit über die Solvenz der Kunden, die generell in den Transformationsländern

---

[128] World Bank, Russia..., a.a.O., S.16.

[129] Spareinlagen des Publikums wurden vorwiegend von der halbstaatlichen Sparbank (*Ämanät Bankı*) und von speziell hierfür gegründeten Finanzinstituten erschlossen. Siehe hierzu Abschnitt 3.3.6.

[130] Andere Möglichkeiten der Refinanzierung bei der Zentralbank gab es in Aserbaidschan bis 1995 nicht, weil der Gebrauch von Wechseln oder Wertpapieren im Zahlungsverkehr nicht üblich war. Die größeren privaten Kreditbanken distanzierten sich jedoch in der ersten Hälfte der 90er Jahre davon, Geschäftsbeziehungen mit staatlichen Institutionen aufzunehmen und sich bei der Zentralbank zu refinanzieren, weil sie sich nicht den Ruf von klientelistischen Beziehungen zur Regierung zulegen wollten.

herrscht. Es fehlt sowohl an "aussagefähigen Indikatoren der betrieblichen Leistungspotentiale"[131] als auch an bankbetrieblichen Kenntnissen der Bankangestellten über Kreditvergabekriterien.

Eine weitere in der Transformation Aserbaidschans auftretende Art der Vermittlung von Finanzanlagen war die Vermittlung zwischen Anbietern und Nachfragern von Bargeld bzw. Buchgeld. Bei der Banknotenbeschaffung fielen hohe Transaktionskosten an, weil Barabhebungen von der Bank nur in geringen Mengen erlaubt waren: Betriebe durften nur für besondere Zwecke (insbes. Lohnzahlungen) und in begrenztem Maße Bargeld von ihrem Bankkonto abheben (Festsetzung eines "*kassa limits*"), und waren verpflichtet, ihre Geschäfte bargeldlos abzuwickeln[132]. Da Bargeld im Bankensektor knapp war, wurde es von den Bankangestellten nur gegen die Zahlung eines in bar zu entrichtenden Aufpreises (irreguläres Zusatzeinkommen des Angestellten) ausgezahlt.

Wegen der Knappheit an Bargeld entstand eine "Geldarbitrage", indem Betriebe, die Giralgeld besaßen (entweder in Form von Guthaben auf ihren Betriebskonten oder durch den Zugang zu Bankkrediten), dieses in Bargeld umzuwandeln versuchten. Staatsbetriebe, die Zugang zu Zentralbankkrediten hatten (UG), schlossen formal einen Vertrag mit einem privaten Betrieb (UB), der jedoch anstatt die vereinbarten Waren zu liefern Banknoten bereitstellte. Dabei wurde das Giralgeld mit einem Abschlag von 40-45% in Banknoten umgetauscht. Solche als Warengeschäft deklarierten Transaktionen wurden als

---

131 A. Michler, H.J. Thieme, "Währungsreformen: Zur institutionellen Absicherung monetärer Prozesse", in: K.-H. Hartwig, H.J. Thieme, Transformationsprozesse in sozialistischen Wirtschaftssystemen. Ursachen, Konzepte, Instrumente, Berlin: Springer 1991, S.305-329, Zit. S.320.

132 "Nağdsız hesablaşmalar haqqında Äsasnamä" (Grundlagen über die bargeldlose Verrechnung), 23.2.93; seit 1995 gelten ergänzend dazu: "Respublikada pul dövriyyäsini sabitläşdirmä tädbirläri haqqında Milli Mäclisin Qärarı" (Beschluß der Nationalversammlung über die Maßnahmen zur Stabilisierung des Geldumlaufs), 28.3.95, in: Azärbaycan, 4.4.95, S.2; "Respublikada pul dövriyyäsini sabitläşdirmä tädbirläri haqqında" (Verordnung der AMB über die Maßnahmen zur Stabilisierung des Geldumlaufs), Nr.03-18/237, 17.6.95 und Nr.03-19/256, 10.7.95.

"Geldumlauf ohne Ware" (*ämtääsiz dövrä*) oder auch als Tausch von Giralgeld in Bargeld (*nağdlaşdırma*) bezeichnet (siehe Abb.2.4)[133].

Abb. 2.4: Transaktionen beim "Geldumlauf ohne Waren" (Tausch von Buchgeld gegen Bargeld)

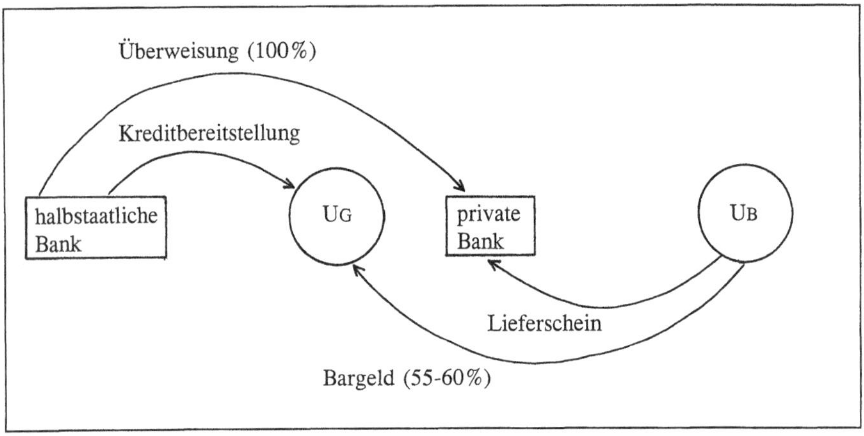

Quelle: eigener Entwurf

3.3.4 Zusammenfassung zur Kreditpolitik der Geschäftsbanken

Die Kreditinstitute erschlossen keine Spar- oder Termineinlagen, sondern vermittelten vorwiegend Zentralbankkredite oder auf dem Interbankenmarkt aufgenommene Gelder, wobei ein wichtiger Geldanbieter die halbstaatliche Sparbank (*Ämanät Bankı*) war[134]. Die Zentralbankkredite wurden überwiegend von den halbstaatlichen Banken an Staatsbetriebe vermittelt. Um einen solchen zinsgünstigen Kredit zu erhalten, waren die Kreditnehmer auch bereit, "Beste-

[133] Diese Transaktionen, die als Warengeschäfte deklariert wurden, tragen u.a. dazu bei, daß das erfaßte Sozialprodukt höher ausgewiesen wird, als es tatsächlich ist.

[134] Nach der Version des Bankgesetzes von 1996 erhalten Banken eine Lizenz für Einlagengeschäfte erst, wenn sie bereits zwei Jahre als Kreditbanken tätig waren. Art.38, "A.R.nda banklar vä bank fäaliyyäti haqqında A.R.nın Qanunu" (Gesetz über Banken und Bankgeschäfte), Nr.123-1Q, 14.6.96, in: Biznesmenin Bülleteni, Nr.33 (98), 1996.

chungsgelder" zu zahlen, die im Prinzip die Differenz zwischen Marktzins und staatlich reguliertem Aktivzins darstellen. Diese staatlichen Kredite wurden zumeist nicht für produktive Zwecke (Begleichen von Verbindlichkeiten) verwendet, sondern über private Banken zu höheren Zinsen weitervermittelt. Darunter fiel auch die Finanzierung von "Scheingeschäften", bei denen der Lieferant anstelle der bestellten Ware Bargeld lieferte ("Geldumlauf ohne Waren").[135]

Die Bankiers hatten Anfang der 90er Jahre erst wenige Erfahrungen in der Beurteilung der Bonität von Kreditnehmern. Zudem ließ sich die Vermögens- und Erfolgslage der Betriebe kaum bewerten, weil sie nicht nur selber hoch verschuldet, sondern auch Gläubiger anderer Betriebe waren. Die Vermögenslage eines Betriebs hing also auch davon ab, inwieweit dessen Schuldner ihre Verbindlichkeiten begleichen konnte[136]. Hinzu kommt, daß einheitliche Buchführungsbestimmungen erst im März 1995 mit der Verabschiedung des Gesetzes über die Buchführung festgelegt wurden[137].

Wegen der Unsicherheit über die zukünftige Finanzlage von Betrieben in der noch sehr unstabilen Transformationsumwelt und wegen der hohen Inflationsrate war das Kreditrisiko sehr hoch, und es wurden vorwiegend kurz- bis mittelfristige Kredite eingeräumt[138]. Da die Kreditwürdigkeit von Betrieben

---

[135] Siehe hierzu beispielsweise die Stellungnahme der Nationalversammlung zur Geschäftstätigkeit der Zentralbank und der halbstaatlichen Banken 1993: "A.R. Milli Bankının, sänayä-investisiya, agrar-sänaye, ämanät vä beynälxalq sähmdar-kommersiya banklarının pul-kredit siyasäti sahäsindä fäaliyyätinin yoxlanmasının näticäläri haqqında A.R. Milli Mäclisinin Qärarı" (Beschluß der Nationalversammlung über die Ergebnisse aus der Prüfung der Geschäftstätigkeit der Zentralbank, der Industrie-Investitions-, der Agro-Industrie-, der Spar- und der Internationalen Geschäftsbanken auf Aktien), Nr.796, 31.3.94, in: Azärbaycan, 7.4.94, S.1.

[136] Zur gegenseitigen Verschuldung der Betriebe siehe Abschnitt 3.3.5. Zur Unsicherheit über Bewertung von Betriebsvermögen wegen hoher betrieblicher Schulden, fehlendem Kapitalmarkt u.a. siehe beispielsweise: A. Michler, H.J. Thieme, "Währungsreformen: Zur institutionellen ...", a.a.O., S.320ff.

[137] "Muhasibat uçotu haqqında A.R.nın Qanunu" (Gesetz über die Buchführung), Nr.998, 24.3.95, in: Biznesmenin Bülleteni, Nr.23 (53), 1995.

[138] Daher waren langfristige Investitionsprojekte kaum durchführbar und privatwirtschaftliche Aktivitäten konzentrierten sich auf Wirtschaftsbereiche, in denen ein schneller Umsatz mit

meist nicht beurteilt werden konnte, war ein hoher Risikozuschlag in Form einer in Bargeld zu entrichtenden Kommission zu zahlen. Sie lag 1995 zwischen 15% und 30% des Kreditbetrags. Ferner vergaben die Geschäftsbanken Kredite nicht nach Rentabilitäts- oder Risikogesichtspunkten, sondern danach, ob der kreditnachfragende Unternehmer Gesellschafter der Bank bzw. dieser bekannt war - Reputation dient als immaterielle Sicherheit.

Infolge der Praxis des "insider lending" bzw. "castle finance"[139], die sowohl bei den halbstaatlichen Banken (aufgrund ihrer früheren Spezialisierung auf bestimmte Unternehmenszweige) als auch bei vielen neu gegründeten privaten Banken zu vermuten ist, hatten die Banken ihre Aktiva nur ungenügend gestreut (Portfoliokonzentration) und waren einem hohen Liquiditäts- und Konkursrisiko ausgesetzt[140]. Möglicherweise konnte dieses Risiko, das die Gläubiger der Bank zu tragen hatten, durch die Verschärfung der Sicherheitsvorkehrungen für Banken seit 1993[141] gesenkt werden, weil eine Selektion der profitablen von den nicht wettbewerbsfähigen Bankbetrieben einsetzte[142].

Damit ein funktionsfähiger Bankensektor entsteht, in dem zwischen dem Angebot an und der Nachfrage nach Kapitalanlagen vermittelt und eine Anlagentransformation vorgenommen wird, müßten zunächst die Fehlanreize aus der AMB-Politik beseitigt werden. Die bevorzugte Bereitstellung von AMB-Krediten an Staatsbetriebe muß eingestellt und positive Realzinsen müssen eingeführt werden. Die quantitative Zuteilung von Krediten an Staatsbetriebe müßte gesenkt oder beseitigt werden, weil diese Kredite häufig zur Umschuldung, und

---

einer großen Handelsspanne möglich ist - vorwiegend im Handel und bei Spekulationsgeschäften auf dem Devisenmarkt. Zur Entwicklung privater Wirtschaftstätigkeit siehe auch Kapitel IV, Abschnitt 3.

139 P. Miurin, "The Banking System, Monetary Policy and Economic Transformation in Russia: 1992-1994", in: MOST, Vol.5 (1995), S.53-70, Zit. S.63.

140 IMF, World Bank, OECD, EBRD (Hrsg.), A Study of the Soviet Economy, Vol.2, Paris: OECD 1991, S.115.

141 Siehe Abschnitt 3.2.3.

142 IMF (Hrsg.), Azerbaijan Republik - Recent ..., a.a.O., S.16f. Von 1994 bis Mitte 1996 haben bereits knapp 100 Banken die Geschäftstätigkeit aufgegeben. Die Teilhaber dieser Banken haben sich anschließend auf die kommerziellen Tätigkeiten spezialisiert, an denen sie bereits vorher beteiligt waren.

nicht für produktive Zwecke eingesetzt werden. Statt dessen wäre ein staatliches Kreditprogramm zugunsten privater Betriebe denkbar, um private Wirtschaftsaktivität und somit das Entstehen eines Wettbewerbsmarktes zu fördern[143].

Daneben wäre es denkbar, den halbstaatlichen Banken eine Beschränkung bei der Kreditierung von Staatsbetrieben aufzuerlegen, um die traditionellen Bindungen zwischen staatlichen Banken und dem produktiven Sektor aufzubrechen. Wenn die halbstaatlichen Banken auf dem Geldmarkt Finanzanlagen aufnehmen müßten, dann wären sie ebenfalls Marktbedingungen unterworfen und müßten Kredite unter Effizienzgesichtspunkten einräumen.[144]

Werden jedoch Kreditsubventionen für Staatsbetriebe aufrechterhalten, wie in Aserbaidschan, dann müßte dennoch die Zahlungsdisziplin durchgesetzt werden, damit die Kredite produktiven Verwendungen zugeführt werden. Problematisch für das Bankmanagement ist jedoch, die Zahlungsfähigkeit von Betrieben zu bewerten, denn die zwischenbetriebliche Verschuldung ist in Aserbaidschan extrem hoch. Im folgenden soll das Anwachsen der betrieblichen Schulden erklärt und die ergriffenen Gegenmaßnahmen dargestellt werden.

3.3.5 Das Zahlungsverkehrssystem und die zwischenbetriebliche Verschuldung

Die strikte Trennung von Bargeld- und Buchgeldkreisläufen in der sowjetischen Ära blieb zunächst auch in Aserbaidschan erhalten, und der bargeldlose Zahlungsverkehr war auf die Transaktionen zwischen Betrieben beschränkt. Demgegenüber diente unter privaten Wirtschaftssubjekten ausschließlich Bargeld als Zahlungsmittel. Löhne und Gehälter wurden in Banknoten ausgezahlt.[145]

---

[143] Zu staatlichen Finanzhilfen siehe Kapitel IV, Abschnitt 3.2.

[144] Zur Diskussion, wie die exzessive Finanzierung von nicht-kreditwürdigen Staatsbetrieben verhindert werden kann, siehe: H. Schmieding, Better Banks ..., a.a.O., S.13ff.

[145] Siehe beispielsweise: F. Haffner, "Monetäre Zentralplanung ...", a.a.O., S.203ff.

Die Abwicklung des Zahlungsverkehrs zwischen den Banken erfolgte in der Sowjetunion infolge des Monobanksystems quasi über ein hausinternes Netz (MFO-System = "interbranch settlement system"). Da die Staatsbetriebe eine Solvenzgarantie hatten, wurden sie stets mit liquiden Mitteln versorgt, wenn ihre Konten nicht gedeckt waren[146]. Ein Interbankenmarkt existierte zunächst nicht und mußte sich in Aserbaidschan nach der Einführung eines zweistufigen Bankensystems 1992 erst entwickeln.

Nach der Auflösung des Monobanksystems hätten Banken und/oder Betriebe Reserven halten müssen, um Zahlungsverpflichtungen nachkommen zu können[147]. Die Banken tragen nun das Risiko, daß Verbindlichkeiten nicht (fristgerecht) getilgt werden. Zahlungsverzug trat in Aserbaidschan dann auf, wenn Betriebe ihre Schulden aufgrund von Produktions- und Absatzrückgängen nicht begleichen konnten. Daneben kam es innerhalb des Bankensektors zu Verzögerungen, weil Überweisungen wegen der mangelhaften technischen Ausstattung (beispielsweise Verfügbarkeit von Computern) zwischen zwei Banken in Aserbaidschan 3-15 Tage dauerten, je nachdem, ob die Buchungen innerhalb Bakus oder zwischen verschiedenen Regionen vorgenommen wurden. Das hatte zur Folge, daß dem Bankensektor liquide Mittel entzogen wurden ("large credit float"[148]). Da die Banken keine Reserven gebildet hatten, konnten Zahlungsanweisungen nur noch sukzessive (im 'Warteschlangenverfahren') durchgeführt werden, indem erst bei einem Zahlungseingang auch ein Zahlungsausgang verbucht wurde[149].

Wegen der Verschuldung der Betriebe bei gleichzeitig hohen Außenständen konnte deren finanzielle Lage durch die Bankiers nicht bewertet werden. Mangels einer Privatisierung fand auch keine Bewertung über den Kapitalmarkt statt. Bankkredite wurden demnach nur eingeräumt, wenn die Betriebe die

---

[146] Siehe beispielsweise: B.W. Ickes, R. Ryterman, "The Interenterprise Arrears ...", a.a.O., insbes. S.339; K.-H. Hartwig, Monetäre Steuerungsprobleme ..., a.a.O., S.39ff.

[147] Siehe beispielsweise: B.W. Ickes, R. Ryterman, "The Interenterprise Arrears ...", a.a.O., insbes. S.339 und Fn. 26 auf S.340. K.-H. Hartwig, Monetäre Steuerungsprobleme ..., a.a.O., S.39ff.

[148] IMF, Azerbaijan Republic - Recent ..., a.a.O., S.17f.

[149] B.W. Ickes, R.Ryterman, "The Interenterprise Arrears ...", a.a.O., S.342.

nötigen Sicherheiten aufbringen konnten und eine Risikoprämie zu zahlen bereit waren[150]. Häufig waren die Betriebe jedoch darauf angewiesen, Lieferantenkredite von ihren Gläubigern eingeräumt zu bekommen, um ihre Produktion aufrechterhalten zu können ("Credit-Crunch-Hypothesis"[151]). Da die Lieferanten durch die Stundung von Zahlungsverpflichtungen den Absatz ihrer Produkte steigern konnten, nahmen die Lieferantenkredite in der Transformation rapide zu.

Die Stundung einer Zahlung war für den Schuldner besonders bei Antizipation einer hohen Inflationsrate attraktiv, zumal die Lieferantenkredite in Aserbaidschan im Gegensatz zu Handelskrediten in kapitalistischen Ländern nahezu - zinslos waren. Der reale Zinssatz war wegen der hohen Inflationsrate oft sogar negativ. Die kurzfristigen Lieferantenkredite wurden meist in langfristige Schulden transformiert. Darum sind die Zahlungsverzögerungen zwischen den Betrieben in Aserbaidschan nicht als Handelskredite, sondern als zwischenbetriebliche Schulden (*qarşılıqlı hesablaşmalar*, "Interenterprise Arrears") zu interpretieren.[152]

Auch der Gläubiger hatte einen Anreiz, Lieferantenkredite zu gewähren, weil Steuern erst erhoben wurden, wenn ein Zahlungseingang bei seiner Bank eintraf[153]. Durch die Geldentwertung sank auch die reale Steuerschuld, während der Einkommensverlust des Gläubigers durch eine vom Schuldner in Banknoten zu entrichtende Zusatzzahlung, die der Steuerbehörde verborgen blieb, kompensiert wurde.

---

[150] An dieser Stelle sei nicht gesondert darauf eingegangen, daß die Sicherheiten der Staatsbetriebe in Aserbaidschan häufig Zusagen aus der Regierung darstellten (Bestandsgarantie).

[151] B.W. Ickes, R. Ryterman, "The Interenterprise Arrears ...", a.a.O., S.352f.

[152] Zu zwischenbetrieblichen Schulden in den Nachfolgestaaten der Sowjetunion siehe: B.W. Ickes, R. Ryterman, "The Interenterprise Arrears ...", a.a.O.; P. Miurin, "The Banking System ..., a.a.O., S.57f.

[153] In Aserbaidschan waren - wie in der sowjetischen Ära - zunächst die Banken für die Steuererhebung und -abführung zuständig.

Die notleidenden Kredite[154] insgesamt (hier: Schulden der Betriebe gegenüber Banken sowie zwischenbetriebliche Schulden) wurden vom Internationalen Währungsfond (IMF) Ende 1992 auf 24% aller Forderungen von Banken und Ende 1993 auf 99% geschätzt[155]. Die ausstehenden Forderungen der Banken betrugen Ende 1991 knapp 4% aller in dem Jahr eingeräumten Kredite, Ende Oktober 1995 schon über 20%, was ebenfalls auf ein Ansteigen der notleidenden Kredite hindeutet (siehe Tab. 2.5). Die Höhe der zwischenbetrieblichen Schulden ("Interenterprise Arrears") wurde im August 1992 im Weltbank-Bericht mit etwa 10-15% aller in dem Monat ausgegebenen Kredite angegeben; dies ist relativ niedrig, es wird jedoch angenommen, daß mindestens nochmal soviel Außenstände nicht erfaßt waren[156]. 1994 kann sicherlich schon von wesentlich höheren Schulden, die die Betriebe untereinander hatten, ausgegangen werden. Aus einer Veröffentlichung der Nationalbank geht hervor, daß die ausstehenden Forderungen der Betriebe gegenüber anderen Betrieben und dem Staat im März 1994 etwa 71 Milliarden Manat betrugen (allerdings mit abnehmender Tendenz). Das entspricht 68% aller in den ersten drei Monaten desselben Jahres ausgegebenen Bankkredite[157]. Die bis September 1996 ausstehenden zwischenbetrieblichen Schulden wurden auf das vierfache des Bruttoinlandprodukts geschätzt[158].

---

[154] Als notleidend gelten solche Kredite, bei denen der Schuldner seinen Zins- und Tilgungszahlungen nicht (bzw. nicht termingerecht) nachkommt.

[155] IMF, Azerbaijan Republik - Recent ..., a.a.O., S.15.

[156] World Bank, Azerbaijan ..., a.a.O., S.12; es muß berücksichtigt werden, daß infolge der bisherigen Nicht-Existenz von Lieferantenkrediten ein Teil der zwischenbetrieblichen Kredite als 'normal' für eine Marktwirtschaft und nicht als Zahlungsverzug interpretiert werden muß.

[157] o.V., "Azärbaycan Respublikası Milli Bankının Mälumatı" (Bericht der Aserbaidschanischen Nationalbank), in: Azärbaycan, 24.3.94, S.4.

[158] o.V., "First stages of mutual depts of enterprises problem solution", in: CSIS (Hrsg.), Azerbaijan: Policy & Economy, No.39 (121), 27.9.96, S.12-15.

Tabelle 2.5: Insgesamt in 1991, 1993, 1994 und bis zum 1.10.1995 ausgegebene Bankkredite (Mrd. Manat) und Höhe der zum Ende der angegebenen Periode noch ausstehenden Forderungen (Mrd. Manat und Prozent)

	Endc 1991 (in Mill. Manat)	Ende 1993	Ende 1994	bis Okt. 1995
ausgegebene Kredite, insgesamt	1.443,8	91,2	680,3	1.056
ausstehende Forderungen	54,1 (3,7%)	21,5 (23,6%)	109,4 (16,1%)	224 (21,2%)
ausgegebene Kredite der A-S-Bank[1]	757,1	21,4	181,2	..
ausstehende Forderungen	44,0 (5,8%)	8,0 (37,4%)	50,6 (27,9%)	150
ausgegebene Kredite der S-I-Bank[2]	295,1	31,9	132,4	..
ausstehende Forderungen	3,6 (1,2%)	11,0 (34,5%)	32,8 (24,8%)	45
ausgegebene Kredite der privaten Banken	113,9	32,2	138,4	217
ausstehende Forderungen	3,1 (2,7%)	2,5 (7,8%)	25,7 (18,6%)	58 (26,7%)

Anmerkungen: Für Ende 1992 waren keine Daten verfügbar.
1: *Agrar-Sänayä-Bank* (Agro-Industrie-Bank)
2: *Sänayä-Investisiya-Bank* (Industrie-Investitions-Bank)

Quelle: IMF, Economic Reviews 1993, Azerbaijan, Washington: IMF 1993, S.72, Tab.29; "A.R.nın 1995-ci il pul-kredit siyasätinin başlıca istiqamätläri" (Hauptrichtung der Geld-Kredit-Politik 1995), o. Datum, Anhang.

Besonders hoch sind die Lieferantenkredite in den Branchen, wo keine Zahlungsdisziplin durchgesetzt wird. Da der Staat quasi die Zahlungsfähigkeit der Staatsbetriebe garantiert, werden Kredite eingeräumt, ohne die Solvenz der Betriebe zu überprüfen. Dies zeigt sich in Aserbaidschan daran, daß Anfang 1996 etwa 60% aller zwischenbetrieblichen Schulden im Energie-Brennstoff-

Sektor registriert wurden[159], der einen besonderen staatlichen Schutz genießt[160].

Um den Zahlungsverkehr kostengünstig und schnell abzuwickeln und dadurch die Liquiditätsengpässe im Bankensektor zu senken, wäre der Aufbau eines leistungsfähigen Zahlungsverkehrssystems nötig[161]. In Aserbaidschan wurde erst im Juni 1994 ein neues Abrechnungssystem zwischen Banken eingerichtet. Alle Banken - auch die halbstaatlichen - müssen bei der Zentralbank Korrespondenzkonten führen, so daß ein schnelles Clearing ermöglicht und die Kontrolle über die Einhaltung der Sicherheitsvorschriften erleichtert wird. Innerhalb Aserbaidschans wurden elf Clearingstellen (*Zona hesablaşma kassa mekezleri*) eingerichtet. Allerdings ist die Etablierung eines neuen Zahlungssystems zeit- und kostenaufwendig. Überweisungen dauerten Ende 1995 weiterhin relativ lange, weil die nötige telekommunikative Infrastruktur noch fehlte[162]. Ferner fallen bei den Banken hohe Anschaffungskosten an. Die Agroindustriebank ist daraufhin beispielsweise erst im Januar 1995 diesem Zahlungssystem beigetreten[163].

Als Lösung des Problems der notleidenden Kredite können drei Möglichkeiten in Betracht gezogen werden[164]. Erstens könnten die Schulden der Betriebe abgeschrieben werden; dann hätten die Gläubigerbanken die Kosten selber zu tragen. Sie würden die Kosten auf die Kreditnehmer über steigende Zinsen

---

159 o.V., "First stages of mutual depts of enterprises problem solution", in: CSIS (Hrsg.), Azerbaijan: Policy & Economy, No.39 (121), 27.9.96, S.12-15.

160 Betriebe dieses Sektors unterstehen direkt dem Präsidenten und sollen nicht privatisiert werden.

161 Zu verschiedenen Formen von Interbanknetzen siehe beispielsweise: Bank für Internationalen Zahlungsausgleich, Zahlungsverkehrssysteme in elf entwickelten Ländern, Frankfurt/M.: Fritz Knapp 1989; zu deutschen "Gironetzen" siehe bspw. auch: H.E. Büschgen, Bankbetriebslehre, Stuttgart: G.Fischer 1989, S.219.

162 "A.R.nın 1995-ci il pul-kredit siyasätinin ...", a.a.O., S.4f.

163 I. Qocayev, I. Isayev, "Aqrar Sänaye Bankı vä reallıq" (Die Agroindustriebank und die Realität), in: Biznes Press, 11.11.95, S.4.

164 Siehe hierzu beispielsweise: UN, Economic Comission for Europe, Economic Survey of Europe in 1994-1995, New York: UN 1995, S.207ff. Die Möglichkeit der Schuldabschreibung vertritt beispielsweise: H. Schmieding, Better Banks ..., a.a.O., S.6ff.

abwälzen, was die Investitionstätigkeit hemmt und einen Wirtschaftsaufschwung gefährdet. Zudem besteht wegen der außerordentlich hohen Außenstände die Gefahr einer Finanzkrise im Bankensektor (Systemrisiko).

Zweitens könnte eine strenge Zahlungsdisziplin durchgesetzt und ein Konkursverfahren etabliert werden, damit die Banken ein Druckmittel hätten, um die Außenstände einzutreiben. Viele Staatsbetriebe wären jedoch nicht in der Lage, ihre Schulden zu begleichen und müßten in Konkurs gehen. Die Folge wäre ein scharfer Einschnitt in die gesamtwirtschaftliche Produktion und eine wachsende Arbeitslosigkeit. Ein solches Vorgehen würde das Sozialbudget der Regierung enorm belasten und wäre wegen der gleichzeitig sinkenden Steuereinnahmen nicht durchführbar.

Schließlich ließe sich aus den beiden genannten Alternativen eine Zwischenlösung finden, indem ein Teil der Schulden, beispielsweise mit Hilfe langfristiger Kredite, durch die Regierung übernommen und gleichzeitig eine aktive Restrukturierung der Betriebe vorangetrieben würde. Umstrukturierungsmaßnahmen ließen sich besonders mit Hilfe von Bankinstituten erarbeiten, weil diese einen leichteren Zugang zu betrieblichen Informationen haben als Regierungsvertreter. Da für eine erfolgreiche Restrukturierung klare Eigentumsrechte am Betriebsvermögen hilfreich sind, wäre vorher die Privatisierung der Betriebe von Vorteil.

In Aserbaidschan wurden Staatsbetriebe bis 1995 weiterhin mit zinsgünstigen Krediten versorgt, so daß kein Anreiz zur Zahlungsdisziplin geschaffen wurde. Auch die Privatisierung verzögerte sich, und ein Konkursgesetz, das am 22.7.94 bereits von der Nationalversammlung angenommen worden war, sollte erst mit der Verabschiedung des Privatisierungsprogramms in Kraft treten[165]. Es wurden de facto weiche Budgetschranken ("soft budget constraints") aufrechterhalten und der notwendige finanzielle Druck auf die (Staats-)Betriebe blieb aus.

---

[165] "Müflisläşmä vä iflas haqqında A.R.nın Qanunu" (Gesetz über Zahlungsunfähigkeit und Konkurs), Nr.857, 22.7.94; "Müflisläşmä vä iflas haqqında A.R. Qanunun quvväyä minmäsi barädä A.R. Milli Mäclisinin Qärarı" (Beschluß der Nationalversammlung über das Inkrafttreten des Gesetzes über Zahlungsunfähigkeit und Konkurs), Nr.858, 22.7.94.

Im September 1996 wurde ein Versuch unternommen, die Schulden der Betriebe zu senken, indem die Betriebe bei einer rechtzeitigen Tilgung die noch ausstehende Zinsschuld mindern konnten: Die Höhe der ausstehenden Tilgungszahlungen bei den halbstaatlichen Banken sollte um 30% und die Zinsschulden um 25-75% gesenkt werden, wenn die Verbindlichkeiten noch 1996 gezahlt wurden[166]. Über die Erfolge dieses Anreizes lag zum Zeitpunkt der Abfassung dieser Arbeit noch kein Material vor; angesicht der 1996 begonnenen Privatisierung kann jedoch vermutet werden, daß in den Betrieben, die zwingend verkauft werden sollen, sowieso ein Anreiz bestand, die Schulden abzubauen, um einen Konkurs und damit den Arbeitsplatzverlust zu vermeiden. Lediglich wenn die Privatisierung eines Betriebs noch nicht entschieden war und dem Betriebsleiter Verhandlungsspielräume blieben - wenn die Regierung bereit war, erneut Garantien zu übernehmen - war zu erwarten, daß eine Zahlungsdisziplin nicht durchgesetzt wurde.

3.3.6 Erschließung von Termin- und Spareinlagen

Wie bereits dargelegt, waren die Kreditbanken nicht im Passivgeschäft (Einlagenerschließung) tätig. In der sowjetischen Ära lag die Erschließung von Termin- und Spareinlagen allein in Händen der Sparbank (damals: *Sberbank*), die ein enges Filialnetz über die gesamte Republik verteilt besaß[167]. Diese in Aserbaidschan 1992 in *Ämanät Bank* umbenannte Sparkasse behielt zunächst weiterhin das Monopol für Geldgeschäfte mit dem Publikum, wobei ihre Passivzinsen staatlich fixiert waren.

---

166 "Iqtisadiyyatda qarşılıqlı hesablaşmalarda yaranmış väziyyätin aradan qaldırılması vä maliyyä intizamının möhkämländirilmäsi tädbirlär haqqında A.R. Prezidentinin Färmanı" (Präsidialerlaß über Maßnahmen zur Beseitigung des aufgrund der gegenseitigen Schulden entstandenen Zustandes und über die Verbesserung der Geldordnung), 24.9.96, in: Xalq qäzeti, 25,9.96, S.1.

167 1993 gab es im Land 1.333 *Ämanät Bank*-Filialen (das sind über 85% aller Bankfilialen). DSK, Azärbajcan räqämlärdä 1994, ..., a.a.O., S.56.

Die Zinsen bei der halbstaatlichen *Ämanät Bank* lagen 1992 bei jährlich 6-25% (je nach Fristigkeit)[168] und wurden auf Anweisung des Ministerkabinetts zum 1.1.1993 auf 15-40% erhöht. Knapp ein halbes Jahr später wurde eine erneute Zinssteigerung und eine rückwirkende Verdopplung der Guthaben zum 1.1.1992 angekündigt, die jedoch sofort auf zwei Jahre eingefroren wurde[169]. Die Zinserhöhungen kompensierten nicht den Wertverlust durch die Inflation, so daß die Depositen der Kunden ihre Wertaufbewahrungsfunktion verloren. Da kein Anreiz bestand, Ersparnisse bei der *Ämanät Bank* anzulegen, sank der Anteil der Depositen an der Geldmenge ("broad money") 1993 von 75% im Vorjahr auf 55%, und der Anteil der privaten an den Gesamteinlagen nahm von 16% auf 8% ab[170].

Infolge des geringen Bargeldrückflusses in den Bankensektor war die *Ämanät Bank* zeitweise illiquide und konnte weder Zinsen noch Guthaben auszahlen[171]. Die Transaktionskosten bei Barabhebungen von der Bank waren sehr hoch, denn es mußten ständig Informationen über den momentanen Liquiditätszustand

---

[168] IMF, Economic Reviews 1993, ..., a.a.O., S.73, Tab.31.

[169] "A.R. pul dövriyyäsinin yaxşılaşdırmaq sahäsindä älavä tädbirlär haqqında A.R. Nazirlär Kabinäti Qärarı" (Beschluß des Ministerkabinetts über zusätzliche Maßnahmen zur Verbesserung des Geldumlaufs), Nr.113, 22.2.93, in: Biznesmenin Bülleteni, Nr.1, 1993, S.19f.; "Kredit ehtiyatlarından istifadänin sämäräliliyinin artırılması haqqında A.R. Nazirlär Kabineti Qärarı" (Beschluß des Ministerkabinetts über die Steigerung der Rentabilität bei der Nutzung der Kreditmittel), Nr.326, 25.6.93, in: Biznesmenin Bülleteni, Nr.1, 1993, S.51f; IMF, Azerbaijan Republic - Recent ..., a.a.O., S.16.

[170] IMF, Azerbaijan Republic - Recent ..., a.a.O., S.14.

[171] Der Bargeldrückfluß in den Bankensektor erfolgte in der sowjetischen Wirtschaft einerseits über den Einzelhandel, der verpflichtet war, seine Einnahmen an seine Hausbank abzuliefern, und andererseits über die Einlagen des Publikums bei der Sparbank (damals Sberbank, heute *Ämanät Bank*). Durch die Deregulierung der Wirtschaft in Aserbaidschan war der Einzelhandel nicht mehr gezwungen, Bargeldeinnahmen bei der Bank einzuzahlen. Und obwohl das produzierende Gewerbe seinen Zahlungsverkehr bargeldlos durchführen mußte, wurde der Verkauf dennoch häufig gegen Bargeld abgewickelt, da dies den Unternehmern ermöglichte, Steuern zu hinterziehen. Darum floß sehr wenig Bargeld in den Bankensektor zurück, was sich in Engpässen bei der Lohn- und Rentenauszahlung wiederspiegelte. Zum 1.1.1994 flossen knapp 43% der Bargeld-Emission in den Bankensektor zurück; zum 1.1.1995 wurde eine Verbesserung auf etwa 46% und für das erste Halbjahr 1995 schließlich fast 75% festgestellt. "A.R.nın 1995-ci il pul-kredit siyasätinin ...", a.a.O., S.7 und Anhang. Diese Angaben sind mit Vorsicht zu genießen, insbes. in Anbetracht der Ende 1995 angestandenen Parlamentswahlen.

der *Ämanät Bank* gesammelt, Verhandlungen mit den Bankangestellten geführt und "Schmiergelder" für die Auszahlung von Bargeld gezahlt werden. Dadurch verloren die Einlagen nicht nur ihre Wertaufbewahrungs-, sondern auch ihre Zahlungsmittelfunktion[172]. Bevorzugtes Anlageinstrument wurden darum ausländische Valuta[173], die bis Anfang 1995 auf dem Devisenschwarzmarkt zu einem besseren als den offiziell überbewerteten Kurs gehandelt wurden[174].

Obwohl bei der *Ämanät Bank* 1994 zum Zweck der Einlagenerschließung auch Sparbriefe ausgestellt wurden, bei denen eine monatliche Verzinsung in Höhe von 25 % vereinbart war, und bei denen sogar monatliche Zinseszinsen gewährt werden sollten (was bisher nicht üblich war), konnte sie ihre Zahlungsschwierigkeiten bis Oktober 1995 nicht lösen. In der zweiten Hälfte des Jahres 1995 konnten Zinsen nur noch teilweise ausgezahlt werden, und zum 1. Oktober 1995 mußte die monatliche Zinszahlung, die nicht dem Konto gutgeschrieben wurde, sondern in Banknoten auszuzahlen war, ganz eingestellt werden[175]. Ihre Zahlungsunfähigkeit ist auf zwei Umstände zurückzuführen. Seit die Sparbank 1992 in eine Kapitalgesellschaft umgewandelt wurde, durfte sie neben der Einlagenerschließung auch Aktivgeschäfte übernehmen. Sie bot in erster Linie Interbankkredite an, weil sie noch keinen festen Kundenstamm im Unternehmenssektor hatte. Da es den Angestellten der *Ämanät Bank* an Kenntnissen und Erfahrungen bei Kreditgeschäften fehlte und die Bewertung der Zahlungsfähigkeit von Kreditnehmern (auch Banken) äußerst schwierig war, kamen die Kreditnehmer häufig in Zahlungsverzug und die notleidenden Kredite stiegen.

---

[172] Bargeldloser Zahlungsverkehr war im Nicht-Unternehmenssektor noch nicht üblich. Siehe auch Abschnitt 3.3.5.

[173] In World Bank, Azerbaijan ..., a.a.O., S.69 wird als bevorzugtes Anlageinstrument neben ausländischen Valuta auch Gold genannt.

[174] Der dortige Kurs richtete sich an den Kursen der Moskauer Devisenbörse aus und erlaubte erhebliche Spekulationsgewinne. Siehe auch Abschnitt 2.

[175] Siehe beispielsweise: o.V., "Dövlät bankı da ämanätçiläri aldatdı" (Auch die Staatsbank hat die Sparer geprellt), in: Azadlıq, 18.10.95, S.4. Die Einnahmensituation der *Ämanät Bank* sollte durch eine vorübergehende Freistellung von der 45%-igen Gewinnsteuer entspannt werden.

Daneben konnte die *Ämanät Bank* unter dem seit etwa 1993 enstandenen Wettbewerb auf dem Gebiet der Einlagenerschließung nicht konkurrieren. In dieser Zeit enstanden neue Finanzvermittler, indem Handelsunternehmen eigene Banken gründeten, die nicht nur den Zahlungsverkehr der Handelsgeschäfte abwickelten, sondern auch Einlagen aus dem Publikum erschlossen und gleichzeitig Kundschaft für die an dieser Gesellschaft beteiligten Betriebe warben. Die größeren dieser Gesellschaften hatten relativ bald ein dichtes Netz an Zweigstellen in den großen Städten aufgebaut. Besondere Vorteile genoß die "Wohltätige Gesellschaft" (*Xeyriyyä Cämiyyäti*) *VAHID*, die aufgrund ihrer Einstufung als wohltätige Organisation steuerliche Erleichterungen erhielt (beispielsweise mußte sie keine Gewinnsteuer in Höhe von 45% ihres Gewinns zahlen).[176]

Diese Kapitalgesellschaften finanzierten die Dividenden bzw. Einlagenzinsen nach dem Prinzip des in Transformationsländern häufig zu beobachtenden 'Schneeballsystems', bei dem die Neueinlagen für die Ausschüttung der Zinsen bzw. Dividenden herangezogen wurden. Zu Beginn der Tätigkeit solcher Gesellschaften nahmen die Einlagen überproportional zu, weil die versprochenen Dividenden so attraktiv waren, daß die Zahl der Mitglieder/der Sparer stark anstieg[177]. Erst ab einem bestimmten 'Sättigungspunkt', wenn die Zuwachsraten der Neueinlagen abnehmen, können die versprochenen enorm hohen Renditen nicht mehr gezahlt werden, so daß das System - sofern die Gesellschaft nicht die Passivzinsen senkt - zusammenbrechen muß.

In Aserbaidschan mußte ein Sparer, um Mitglied in einer solchen Kapitalgesellschaft zu werden, ein Konto mit einer zumeist relativ niedrigen Mindesteinlage eröffnen. Sie betrug beispielsweise bei der Gesellschaft *VAHID* zunächst 5.000

---

[176] Die neuen Konkkurrenten waren u.a. die Aktiengesellschaft *"Azärbycan-Ukrayna" Sähmdar Cämiyyäti*, das Finanz-Kredit-Unternehmen *"Xäyal" Maliyyä-Trast-Şirkäti*, die Aktiengesellschaft *"Märhämät" Sähmdar Cämiyyäti* und die Gesellschaft mit beschränkter Haftung *"Ärgünäş" Mähdud Mäsuliyyätli Cämiyyäti*.

[177] In Aserbaidschan geschah die Mitgliederwerbung zumeist über Mund-zu-Mund-Propaganda. Ähnliche Gesellschaften in anderen Ländern verpflichteten ihre Mitglieder dazu, eine bestimmte Anzahl neuer Mitglieder zu werben; anderenfalls mußten sie sich von dieser Verpflichtung 'freikaufen'.

Manat, später 10.000 Manat, was einem Wert von ein bis zwei Dollar entsprach. Das Konto durfte frühestens nach drei Monaten wieder aufgelöst werden, ansonsten wurden 50% des Betrags einbehalten. Ferner fiel eine einmalige Gebühr in Höhe von 5-15% (je nach Gesellschaft) an.

Für die Mitglieder in einer solchen Kapitalgesellschaft ergaben sich folgenden Vorteile:

- Die Zinsen betrugen monatlich etwa 30% (je nach Vertragsbedingungen) und lagen damit höher als bei der *Ämanät Bank*. Sie konnten, sofern sie nicht bar ausgezahlt werden sollten, auch auf dem Konto gutgeschrieben werden, so daß monatliche Zinseszinsen erwirtschaftet wurden, was ebenfalls in Aserbaidschan bisher nicht üblich war.[178]

- Die Transaktionskosten, die im staatlichen Sektor anfielen, um Bargeld zu erhalten, wurden bei diesen Bankunternehmen gesenkt. Denn die Auszahlung von Zinsen war weder mit langen Warteschlangen (die Mitglieder erhielten stets einen Termin, indem sie sich in einer Liste eintrugen) noch mit "Schmiergeldzahlungen" verbunden. Ferner hatten die Mitglieder die subjektive Wahrnehmung, daß ihre Einlagen sicher seien, weil die monatliche Zinsauszahlung komplikationslos verlief.

- Da höhere Nominalzinsen als bei der *Ämanät Bank* gezahlt wurden, blieb die Kaufkraft der Depositen erhalten. Zudem traten keine Liquiditätsprobleme auf, so daß (zumindest am Beginn ihrer Tätigkeit) jederzeit Guthaben in Banknoten ausgezahlt werden konnten.

Den Kunden bzw. Mitgliedern einer solchen Bank wurden zudem weitere Leistungen angeboten. Dazu zählten Einkaufsmöglichkeiten in den gesellschaftseigenen Lebenmittelgeschäften oder die Ausführung von Hochzeitsfeierlichkei-

[178] Bei einigen dieser Gesellschaften wurden sogar Dollar-Einlagen zu 15-20% monatlich verzinst, jedoch nicht mit monatlichen Zinseszinsen. Die Mindesteinlage war allerdings mit 1.000 US-$ relativ hoch, und es wurde eine einmalige Gebühr über 10% der Einlage erhoben. Angeblich wurden die Zinsen jedoch nicht in Dollar, sondern in Manat ausgezahlt, so daß die Gesellschaft über die Wechselkursdifferenz zwischen offiziellem und Schwarzmarktkurs Arbitragegewinne erzielen konnte.

ten in gesellschaftseigenen Restaurants. Diese Angebote waren zwar etwas teurer als vergleichbare Leistungen am Markt, aber nach 30 Tagen wurde ein Teil des Kaufpreises (beispielsweise 70% des Einkaufspreises von Lebensmitteln) zurückerstattet. Trotz einer monatlichen Inflationsrate von knapp 30%[179] stellte dieses Verfahren immer noch einen genügend hohen Anreiz dar, um Mitglied in der Gesellschaft zu werden und ihre Leistungen in Anspruch zu nehmen.

Obwohl Unsicherheit darüber herrschte, ob und wann sich die Gesellschaft auflösen würde (ohne die Einlagen zurückzuzahlen), kann das Verhalten der Anleger als rational bezeichnet werden, denn in einer extrem unsicheren Umwelt (bei hoher Inflationsrate und ansonsten zumeist negativen Realzinsen) scheint der hohe kurzfristige Gewinn für die Einleger den entscheidenden Ausschlag für ihre Risikobereitschaft gegeben zu haben.[180]

> Anhand eines **Beispiels** kann gezeigt werden, daß sich Wirtschaftssubjekte durchaus rational verhalten, wenn sie die etwas teureren Produkte in der Kapitalgesellschaft kaufen, anstatt bei gleichem Anfangsguthaben die billigeren Produkte auf dem Markt zu erwerben und den Restbetrag bei der *Ämanät Bank* anzulegen. Im Beispiel wurden der Passivzinssatz und die Inflationsrate entsprechend den Bedingungen von 1993 bzw. 1994 angenommen. Der Kunde kann sich zwischen folgenden Alternativen entscheiden. Entweder er kauft für 10.000 Manat in dem gesellschaftseigenen Geschäft ein und erhält nach einem Monat 70% des Betrags (nominal 7.000 Manat) zurück (Alternative 1). Oder er kauft die gleichen Produkte für 8.000 Manat auf dem Markt und legt die übrigen 2.000 Manat zu 25% bei der *Ämanät Bank* an (Alternative 2); oder er legt die verbleibenden 2.000 Manat bei der Kapitalgesellschaft zu 30% Zinsen an (Alternative 3). Die Inflationsrate betrage 20% (bzw. 75%).

[179] Siehe Tab. 2.2 in Abschnitt 3.2.2.

[180] Wegen ähnlicher Erfahrungen in Rußland ahnten schon 1994 viele Sparer, die in solchen Gesellschaften große Summen angelegt hatten, daß die Eigentümer der Gesellschaften diese bald auflösen würden, ohne die Einlagen zurückzuzahlen; die Frage war nur, wann sie selber abspringen sollten, um zu den 'Gewinnern' zu gehören.

Aus Tabelle 2.6 wird ersichtlich, daß der Kunde nach einem Monat am günstigsten dasteht, wenn er sein Guthaben für den Kauf von Waren in dem gesellschaftseigenen Geschäft einer privaten Sparbank ausgibt, und nach einem Monat einen Teil zurückerhält. Die schlechteste Alternative wäre die, wenn er auf dem 'freien' Markt Waren einkauft und die Ersparnis bei der halbstaatlichen *Ämanät Bank* anlegen würde.[181]

Tabelle 2.6: Alternative Anlageformen von Ersparnissen (Zahlenbeispiel)

	Alternative 1	Alternative 2	Alternative 3
Guthaben zu Beginn der Periode	Einkauf für 10.000 M.	Einkauf für 8.000 Anlage von 2.000	
nominales Guthaben nach 30 Tagen	7.000 M.	2.500 M.	2.600 M.
reales Guthaben bei 20% Inflationsrate (p.Mon.)	5.833 M.	2.083 M.	2.167 M.
reales Guthaben bei 75% Inflationsrate (p.Mon.)	4.000 M.	1.429 M.	1.486 M.

Quelle: eigenes Beispiel

Die Kapitalgesellschaften hatten gegenüber der *Ämanät Bank* Einkommensvorteile, weil sie in verschiedenen Geschäftsbereichen tätig waren. Neben den Zinseinkünften aus dem Aktivgeschäft konnten Gewinne aus der Bereitstellung von im Finanzsektor knappem Bargeld erwirtschaftet werden[182]. Weiterhin erzielten diese Gesellschaften neben den Bankgewinnen zusätzliche Einnahmen

[181] Das hier dargestellte Beispiel orientiert sich an den Bedingungen, die 1994 in Aserbaidschan vorlagen. Wären die Preise im Einzelhandel der Gesellschaft jedoch doppelt so hoch gewesen, als auf dem Markt, so wäre bei einer 20%-igen Inflationsrate der Einkauf im gesellschaftseigenen Geschäft noch lohnenswert gewesen (reales Guthaben nach einem Monat: 5.208 M.), nicht mehr jedoch bei einer 75%-iger Inflationsrate (reales Guthaben nach einem Monat: 3.571 M.).

[182] Siehe Geldumlauf ohne Ware (Tausch von Buchgeld gegen Bargeld), Abschnitt 3.3.3.

aus der Gewinnspanne im Handel und aus Spekulationsgeschäften am Devisenmarkt.

Nachdem eine Vielzahl solcher Finanzinstitute gegründet worden war und der Wettbewerb auf dem Gebiet der Passivgeschäfte zugenommen hat, gerieten auch diese Gesellschaften in Liquiditätsengpässe. Einige von ihnen schlossen Ende 1994/Anfang 1995 ihre Geschäftsstellen und die Gründer setzten sich ins Ausland ab. Andere, wie die *Wohltätige Gesellschaft VAHID* gaben 1995 Wertpapiere (*ämttää qäbzi*) als Zahlungsmittel innerhalb der Gesellschaft aus, um die aufgetretene Knappheit an Banknoten zu kompensieren. Da die Ausgabe von Wertpapieren dem Finanzministerium vorbehalten war, hatte die Staatsanwaltschaft einen Anlaß, die Gesellschaft zu schließen. Weiterhin wurde von Regierungsseite beanstandet, daß diese Gesellschaft keine Lizenz zur Einlagenerschließung besaß, die sie laut dem Bankengesetz von 1992 hätte beantragen müssen. Andererseits hatte eine "Wohltätige Gesellschaft" das Recht, Gelder von ihren Mitgliedern (Mitgliedsbeiträge) zu verlangen. Dieses Beispiel verdeutlicht die häufig auftretende Rechtsunsicherheit in der Transformation, hier hinsichtlich der Frage, welches Gesetz Gültigkeit besitzt, und wie verläßlich bzw. stabil gesetzliche Regelungen sind.[183]

Die Schließung dieser Gesellschaften muß unter anderem darauf zurückgeführt werden, daß sich 1995 die Regierung bemühte, den Wechselkurs zu stabilisieren, was aber durch Währungsspekulationen konterkariert wurde. An solchen Spekulationen werden auch die Gründer der genannten Gesellschaften beteiligt gewesen sein, zumal sie die Verfügungsgewalt über den größten Teil der im Umlauf befindlichen ausländischen Währungen innehatten.

Als weiterer Grund für das Einschreiten gegen diese Gesellschaften müssen die im November 1995 angestandenen Parlamentswahlen angesehen werden. Die Eigentümer einiger solcher Gesellschaften traten als Direktkandidaten in ihrem

[183] Fraglich ist, warum die Verantwortlichen erst 2-3 Jahre nachdem dieser Tatbestand vorlag, aktiv wurden, und ob möglicherweise einige der Verantwortlichen selber aus den Aktivitäten dieser Gesellschaften Gewinne erzielen konnten.

Wahlbezirk an, und sie konnten mit dem Betreiben der Lebensmittelgeschäfte eine populistische Politik betreiben, um in ihrem Wahlkreis Stimmen zu bekommen.

Möglicherweise hätte die Überführung dieser Kapitalgesellschaften in Bankgesellschaften eine Bereicherung des Bankensektors dargestellt, denn hier waren bereits Erfahrungen mit dem Depositengeschäft und der Vermittlung von Finanzanlagen gesammelt worden. Allerdings ist fraglich, ob sich die Gesellschaften, nachdem sie große Gewinne erzielt hatten, nicht ohnehin aufgelöst hätten[184]. Dies hätte nur durch eine Legalisierung der Gesellschaften und die Einführung einer konsequenten Bankenaufsicht vermieden werden können, so daß der Wettbewerb im Bankensektor gestiegen wäre.

[184] Nach der Schließung der Gesellschaften schuldeten diese den knapp 500.000 Gläubigern (Sparern) über 42 Mill. US-$. Q. Ibadoğlu, "Ämanätä xäyanät olmaz" (Depositen dürfen nicht veruntreut/unterschlagen werden), in: Ekonomiks, 12.7.95, S.1, S.5.

III. KAPITEL: HANDLUNGSRECHTE UND PRIVATISIERUNG

1 Die Eigentumsordnung in der Sowjetunion

1.1 Die Anreizstruktur der Handlungsrechte

Die Eigentumsordnung in einer Gesellschaft bestimmt die Handlungsrechte der Akteure[1]. Je nach Umfang und Exklusivität dieser Rechte werden Handlungsanreize gesetzt, wobei die Durchsetzbarkeit und Sanktionierung der Handlungsrechte deren Wirksamkeit bestimmen. Die Handlungsrechte können das Nutzungsrecht ("usus") an Sachen, das Ernte- oder Ertragsrecht ("usus fructus"), das Veränderungsrecht ("abusus") und das Übertragungsrecht umfassen[2]. Beim Vorliegen von Kollektiveigentum (auch: Staatseigentum) treffen offiziell Vertreter des Staates (die Planngsbehörde) auf Grundlage von Informationen aus den Betrieben die betriebsrelevanten Entscheidungen (Erstellen von Produktionsplänen, Preis- und Mengenfixierung etc.)[3]. Allerdings eröffnen sich den einzelnen Akteuren im Planerstellungsprozeß legale oder illegale Handlungs- und Entscheidungsspielräume, die sie in ihrem Interesse nutzen können.

In der Sowjetunion wurden den Betrieben die Produktionspläne in Form von Direktiven (Kennziffern) von den zentralen Instanzen vorgegeben. Die Parteispitze der Kommunistischen Partei, das *Politbüro*, stellte politische Prioritäten

---

[1] Im folgenden wird der Begriff *Handlungsrechte* verwendet, weil aus ihm ersichtlich wird, daß diese Rechte die *Handlungsmöglichkeiten* der Individuen bestimmen und begrenzen. In der Property Rights-Literatur wird auch von Property Rights und *right of ownership* als Subkategorie der Property Rights, und in der deutschsprachigen Literatur von Eigentums-, Verfügungs- oder Nutzungsrechten gesprochen. Siehe beispielsweise: E.G. Furubotn, S. Pejovich (Hrsg.), The Economics of Property Rights, Cambridge, Mass.: Ballinger Publ. 1974, S.4; und die verschiedenen Aufsätze in A. Schüller, Property Rights und ökonomische Theorie, München: Vahlen 1983, insbes. G. Hesse, "Zur Erklärung der Änderung von Handlungsrechten mit Hilfe ökonomischer Theorie", in: ebd., S.79-109.

[2] E.G. Furubotn, S. Pejovich, The Economics of ..., a.a.O., S.4.

[3] Lediglich Konsumgüter und in begrenztem Maße auch Wohnraum befanden sich in der Sowjetunion als konsumtives Vermögen in Privateigentum, wobei jegliche private Wirtschaftsaktivität mit diesen Objekten verboten war. Eine beschränkte private Wirtschaftstätigkeit war in sogenannten ländlichen Nebenwirtschaften und Kooperativen möglich. Siehe hierzu Kapitel 2.3.3.

zur wirtschaftlichen Entwicklung auf, die vom Ministerrat an die zentrale Planbehörde *Gosplan* weitergeleitet wurden. Diese berücksichtigte weiterhin die Forderungen, Wünsche und Vorschläge von den Ministerien, die jeweils als Interessenvertretung für die ihnen zugeordneten Industriezweige auftraten, und von den Vertretern der Republiken (dem jeweiligen *Obersten Sowjet der Republiken*). In mehreren Verhandlungsrunden versuchte *Gosplan* einen Ausgleich zwischen Güterversorgung und Verwendung herzustellen.

Im einzelnen wurden von *Gosplan* zunächst globale Pläne erarbeitet, die die volkswirtschaftlichen Prioritäten der Kommunistischen Partei berücksichtigten. Diese wurden als Vorschlag an die untergeordneten Instanzen (Ministerien, Kombinate, Industrie-, Produktionsvereinigungen u.a.) weitergeleitet, die sie konkretisieren mußten. Dazu waren Abstimmungen mit den Betrieben oder Vereinigungen vor- oder nachgelagerter Branchen nötig, während derer konkrete Planvorschläge erarbeitet wurden. Sie enthielten die nötigen Detailinformationen über die Betriebe (Kapazitäten, Inputbedarf etc.) und wurden den übergeordneten Instanzen, in der Regel Ministerien, weitergeleitet, von diesen geprüft, zusammengefaßt und schließlich der obersten Planbehörde vorgelegt. Dort wurden die aggregierten Kennziffern überarbeitet und gegebenenfalls korrigiert. Die Kennzahlen wurden vom Ministerrat und dem ihm übergeordneten Obersten Sowjet verabschiedet und auf der jeweiligen Hierarchieebene bis zur Ebene des einzelnen Betriebs aufgeschlüsselt und den Betrieben als verbindliche (Soll-)Pläne in Form von Direktiven vorgelegt (siehe Abb. 3.1).[4]

---

[4] Siehe beispielsweise: J. Kosta, Wirtschaftssysteme des realen Sozialismus: Probleme und Alternativen, Köln: Bund-Verlag 1984, S.64ff.; A. Nove, Das sowjetische Wirtschaftssystem, Baden-Baden: Nomos 1980, S.23ff.; H. Leipold, Wirtschafts- und Gesellschaftssysteme im Vergleich: Grundzüge einer Theorie der Wirtschaftssysteme, Stuttgart: G. Fischer 1985, S.200ff. Der Entscheidungsprozeß innerhalb der Wirtschaftsbürokratie wurde stets von Weisungen des Parteiapparates beeinflußt. Daher traten trotz der formal unterschiedlichen Entscheidungskompetenzen von Partei- und Wirtschaftsbürokratie stets Überschneidungen und Konflikte zwischen diesen auf.

Abb. 3.1: Vereinfachte Darstellung der sowjetischen Entscheidungshierarchie

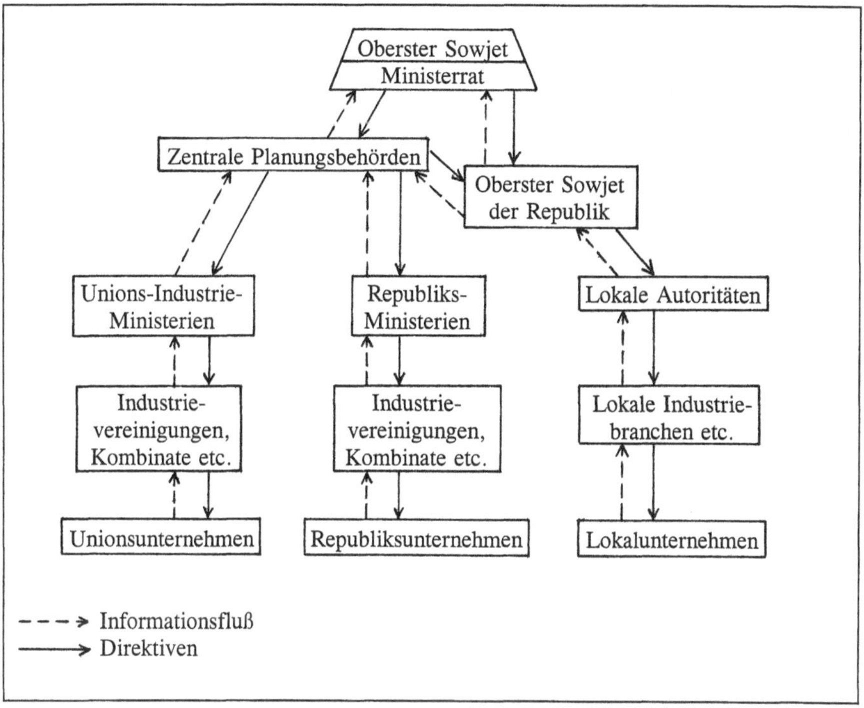

Quelle: zusammengestellt aus A. Nove, Das sowjetische Wirtschaftssystem, Baden-Baden: Nomos 1963, insbes. Kap.1-3; H. Leipold, Wirtschafts- und Gesellschaftssysteme im Vergleich: Grundzüge einer Theorie der Wirtschaftssysteme, Stuttgart: G. Fischer 1985, S.200ff.

In diesem Produktionsplanungsprozeß wurden von den unteren Hierarchieebenen nach oben Informationen (beispielsweise über Produktionskapazitäten) weitergeleitet, mit deren Hilfe die übergeordneten Instanzen die Soll-Kennziffern ausarbeiteten. Die Erhebung aller für die Planerstellung notwendigen Daten und deren Verarbeitung zu einem jeden Betrieb umfassenden Plan war zeit- und kostenaufwendig und stellte die zentralen Entscheidungsinstanzen vor enorm hohe Anforderungen. Eine Beurteilung der Korrektheit der Daten war (unter anderem aufgrund mangelnder Sachkenntnis der Planer und der Komplexität der Daten) nahezu unmöglich. Die Planbehörde war also auf die Korrektheit der bereitgestellten Informationen angewiesen. Diese Informationsasymmetrie ermöglichte es jedoch der Betriebsleitung, die Daten zu ihren Gunsten zu manipulieren. Während die politische Führung ein Produktivitäts- und Outputwachstum anstrebte, war das Hauptanliegen der Belegschaft, ihre Einkommen und Prämien zu maximieren. Da die Leistungsanreize im Betrieb darin bestanden, daß die Belegschaft bei Erfüllung und insbesondere Übererfüllung des Plansolls Prämien erhielt, war sie bestrebt, möglichst leicht erfüllbare Planauflagen zu erhalten. Darum wurde von den Betrieben der erforderliche Bedarf an Produktionsmitteln höher als erforderlich angegeben und die verfügbare Kapazität niedriger ausgewiesen ("*weiche Planung*"). So schufen sie sich die nötigen Reserven, um beim Auftreten von Engpässen - die infolge von Planfehlern unvermeidbar waren - Handlungsspielräume zu behalten. Da die Prämierung i.d.R. von der Erfüllung quantitativer Ziele abhing, spielten Kostenüberlegungen bei der Betriebsplanung keine Rolle. Auch existierte kein Liquiditäts- oder Konkursrisiko, denn Zahlungsengpässe wurden stets, unabhängig von der Finanzsituation eines Betriebs, durch die Bereitstellung von Finanzmitteln aus dem Bankensektor beseitigt[5]. Außerdem wurde kein Betrieb wegen Zahlungsunfähigkeit stillgelegt ("*weiche Budgetschranke*"[6]), weil seine Produktion für die Aufrechterhaltung der volkswirtschaflichen Produktion unabdingbar war; ein Konkurs hätte das gesamte Planungsgefüge durcheinander gebracht.

Engpässe aufgrund von Fehlallokationen durch den zentralen Plan wurden in der sogenannten *Schattenwirtschaft* aufgefangen[7]. Vermittler zwischen den Betrieben (= *Tolkatci*) organisierten Tauschgeschäfte, bei denen überschüssige Inputs inoffiziell gegen andere, dem Betrieb fehlende Ressourcen gehandelt

---

[5] Eine Kostenrechnung war unnötig, denn Preise spiegelten ja keine Knappheitsverhältnisse wieder, sondern wurden zentral gesetzt. Geld und Preise hatten innerhalb des Produktionssektors im Prinzip keine Aufgabe. Sie dienten vornehmlich als Verrechnungseinheit (und damit zur Senkung der Transaktionskosten) und zur Kontrolle der Betriebe. Siehe auch Kapitel II, Abschnitt 1.

[6] Die Bezeichnung "soft budget constraint" wurde durch J. Kornai geprägt. J. Kornai, "The Soft Budget Constraint", in: Kyklos, Vol.39 (1986), S.3-30.

[7] Zum folgenden siehe: E.U. Cichy, Wirtschaftsreform und Ausweichwirtschaft im Sozialismus. Zur Rolle der Ausweichwirtschaft im Reformprozeß sozialistischer Planwirtschaften dargestellt am Beispiel der DDR, Polens und Ungarns, Hamburg: Weltarchiv 1990.

wurden. Diesen Aktivitäten wurde für die Aufrechterhaltung der Produktion in den ehemals zentralverwalteten Wirtschaften eine wichtige Rolle zugeschrieben, denn dadurch konnten Produktionsengpässe relativ schnell und unbürokratisch korrigiert werden; sie leisteten daher einen wichtigen Beitrag zur Wertschöpfung des sozialistischen Sektors.

In der Schattenwirtschaft gab es ferner die nicht in der offiziellen Wertschöpfung erfaßbaren Aktivitäten in der sogenannten "*krypto-privaten Produktion*" und der Beschaffungs- und Versorgungskriminalität. "Krypto-private Produktion" beinhaltete die Nutzung betrieblicher Ausstattung für private Zwecke, indem Beschäftigte nach Feierabend oder auch während ihrer Arbeitszeit auf den Maschinen des Staatsbetriebs für eigene Geschäfte produzierten. Die Rohstoffe bezogen sie entweder aus 'überschüssigen' Inputs des Betriebs oder über den Schwarzmarkt. Unter Beschaffungs- und Versorgungskriminalität wurde die Aneignung von Rechten über Güter und Dienstleistungen, die in den ehemaligen Zentralverwaltungswirtschaften knapp waren, gefaßt. Beim inoffiziellen Handel dieser Waren, die häufig "unter der Theke" vermarktet wurden, konnten Preisaufschläge[8] verlangt werden, die über dem staatlich fixierten Preis lagen und Knappheitspreise widerspiegelten.

Es kann festgehalten werden, daß die Betriebsleitung bzw. Belegschaft über die produzierten Waren offiziell nicht frei verfügen durfte, sondern verpflichtet war, die Planvorgaben zu erfüllen. Sie durften das Betriebsvermögen nur zum Zweck der Planerfüllung nutzen und hatten keine Rechte über die Erträge ("usus fructus"). Dennoch bestanden auf betrieblicher Ebene Handlungsfreiräume, weil einerseits - infolge der Informationsasymmetrie - auf den Planerstellungsprozeß eingewirkt werden konnte, andererseits im Laufe der Planerfüllung - infolge von Ressourcenhortung und -knappheit - Dispositionsspielräume über das Betriebsvermögen offen blieben. Diese Spielräume wurden von den Kontrollinstanzen geduldet, um die Planerfüllung sicherzustellen. Dennoch blieb die Betriebsführung und Produktion ineffizient, weil die Nachfrage nicht berücksichtigt wurde, Fehlplanungen zu Mangelwirtschaft führten und deshalb Inputs gehortet wurden (Entstehen eines Verkäufermarktes). Daneben setzte die

[8] Dabei handelt es sich um irreguläre Einkommen der Beschäftigten.

an quantitativen Zielen orientierte Prämienzahlung in den Betrieben Fehlanreize für eine effiziente Ressourcennutzung.[9]

1.2 Kommerzialisierung in den 80er Jahren

Schon 1965 und 1979 wurden in der Sowjetunion Reformen durchgeführt, die eine effizientere Produktion in den Betrieben stimulieren sollten[10]. Es wurde ein Prämiensystem eingeführt, das bei der Übererfüllung von Plänen den Beschäftigten finanzielle oder immaterielle Gratifikationen einbrachte. Allerdings wurde lediglich die Erfüllung quantitativer Ziele prämiert, Kostenerwägungen waren kaum von Belang, so daß der mengenmäßige Output stimuliert wurde, aber die Produktionskosten unberücksichtigt und Qualitäten unverändert blieben. Erst Mitte der 80er Jahre wurden erstmals in der "Studie von Novosibirsk" (1984)[11] in der Öffentlichkeit grundlegende Mängel des sowjetischen Wirtschaftssystems diskutiert. Als notwendige Bedingung zur Beseitigung der ineffizienten Anreize in den Betrieben wurden die Unabhägigkeit des Managements und die finanzielle Eigenständigkeit der Betriebe genannt. In dem Reformkurs, der infolge der "Studie von Novosibirsk" eingeleitet wurde, und der allgemein als *Perestroika* (= Umbau) bekannt geworden ist, gestand man sich ein, daß einige Grundannahmen des Kommunismus falsch waren, insbesondere die, daß durch die Verstaatlichung des Eigentums der "Widerspruch" zwischen Kapitaleignern (Kapitalisten) und Arbeitern aufgehoben werden könne, und daß es dann keinen Gegensatz mehr zwischen dem Interesse des Einzelindividuums (bzw. der Belegschaft) und dem "Gesellschaftsinteresse" gäbe.

Die *Kommerzialisierung* der Betriebe durch Einführung der finanziellen und organisatorischen Eigenständigkeit sollte Anreize der Art setzen, daß in den Betrieben kostenorientiert kalkuliert und profitabel gewirtschaftet würde. Die

---

[9] J. Kosta, Wirtschaftssysteme ..., a.a.O., S.91ff.

[10] Ebd., S.88.

[11] Siehe beispielsweise: R. Peterhoff, "Theoretische Grundlagen des Reformprozesses in der UdSSR: Ordnungspolitischer Konzeptionswandel als Reflex politökonomischen Umdenkens?", in: D. Cassel (Hrsg.), Wirtschaftssysteme im Umbruch, München: Vahlen 1990, S.153-172.

Ausweitung der betrieblichen Handlungsrechte ging der Privatisierung in den ehemaligen sozialistischen Ländern meist voraus und wurde häufig auch als Voraussetzung oder sogar als Ersatz für die Privatisierung bezeichnet[12]. Die Kommerzialisierung allein veränderte noch nicht die Eigentumsstrukturen. Sie vergrößerte aber die Handlungsspielräume der Betriebsleitung und deren Verantwortung für das Betriebsergebnis. Die Ineffizienzen sollten abgebaut werden, indem erstens Kostenerwägungen in betriebliche Entscheidungen miteinfließen und zweitens die Höhe der Transaktionskosten gesenkt werden sollten. Dies sollte dadurch erreicht werden, daß die Informationserhebung und -verarbeitung nur noch vor Ort erfolgt, anstatt sie über mehrere Instanzen des staatlichen Planungssystems laufen zu lassen.

In der Sowjetunion wurden Ende der 80er Jahre mit Verabschiedung des "Gesetzes über die staatlichen Unternehmen/Vereinigungen" die Rechte und Kompetenzen der Betriebsleitung wesentlich erweitert. Das Gesetz behandelte zunächst nur die Belange der Staatsbetriebe, wurde jedoch 1990 überarbeitet, um den gewachsenen Anforderungen aufgrund der Zulassung privatwirtschaftlicher Aktivitäten gerecht zu werden[13]. Die bisherige absolute Weisungsgebundenheit wurde gelockert, indem an die Stelle der Pläne Staatsaufträge traten, die zwar vorrangig ausgeführt werden mußten, jedoch Handlungsfreiräume für eine zusätzliche Produktion für die "private Nachfrage" zulassen sollten[14]. Der *Gewinn* wurde erstmals zum Hauptstimulus der Produktion erhoben. Die Zahl der staatlichen Produktionsvorgaben und regulierenden Anweisungen - Mitte

---

[12] Siehe beispielsweise: O.S. Pchelintsev, "Privatisation versus the Market", in: Studies On Soviet Economic Development Vol. 2 (1991), S.203-208.

[13] Auch das neue Gesetz über Betriebe von 1990 galt weiterhin primär für Staatsbetriebe und war anderen Betrieben gegenüber subsidiär. Deren Rechte und Pflichten wurden in den Gesetzen über individuelle Arbeitstätigkeit (1986) und über Kooperativen (1988) sowie den Verordnungen über Gemeinschaftsunternehmen (1987) und Kleinbetriebe (1990) geregelt. Siehe hierzu: IMF, World Bank, OECD, EBRD (Hrsg.), A Study of the Soviet Economy, Vol.2, Paris: OECD 1991, S.262.

[14] Da die Kunden der Betriebe i.d.R. wiederum Staatsbetriebe waren, handelte es sich bei den Partnern von frei ausgehandelten Verträgen nicht direkt um 'private' Wirtschaftssubjekte; allerdings wurde es nun überhaupt legal, Verträge direkt zwischen Betrieben auszuhandeln, ohne übergeordnete Instanzen einschalten zu müssen, was einer Legalisierung der *Tolkatc*-Aktivitäten gleichkam.

der 80er Jahre noch auf über 200.000 beziffert - sollte massiv gesenkt werden[15]. Gleichzeitig erhielt der Staatsbetrieb die "ökonomische Selbständigkeit", weil der Gewinn - mit Einführung des Prinzips der "*vollständigen wirtschaftlichen Rechnungsführung*" - zur eigenen Verfügung des Betriebs überlassen wurde. Die Betriebe sollten so kalkulieren, daß aus den Verkaufserlösen die Selbstkosten des Betriebs, die Abgaben an den Staat einschließlich Gewinnabführungen und Zinskosten gedeckt werden könnten, ohne auf staatliche Zuschüsse (Subventionen) und Kredite angewiesen zu sein (Grundsatz der Kostendeckung). Eine Investitionsentscheidung sollte dem Betrieb überlassen und aus eigenen Fonds (*Produktionsentwicklungs-* und *Forschungs- und Entwicklungsfonds*) finanziert werden (Prinzip der Selbstfinanzierung). Mit dem dem Betrieb verbleibenden Gewinn sollte die Belegschaft entlohnt werden, wodurch einerseits der Anreiz zur gewinnorientierten (effizienten) Leistung gesetzt, andererseits aber die gesamte Belegschaft am Betriebsrisiko beteiligt wurde. Allerdings sollte die Aufteilung des Gewinns auf die einzelnen betrieblichen Fonds weiterhin durch *Normative* vorgegeben werden. Diese stellten staatliche Vorgaben für betriebliche Abgaben bzw. Abführungen dar, die üblicherweise als prozentuale Beziehung zwischen "ökonomischen Resultats-, Bestands- oder Verwendungsgrößen"[16] angegeben werden (siehe Abb. 3.2).[17]

Den Betrieben wurden zwei Modelle zur "vollständigen wirtschaftlichen Rechnungsführung" vorgeschlagen, von denen sie sich an eines halten mußten. Im 1. Modell ging der Lohn in die Selbstkosten des Betriebs ein. Der *Lohnfonds* wurde entsprechend einer staatlichen Vorgabe (*Normativ*) gebildet, durch die der Mindestlohn sichergestellt und lediglich die Lohnsteigerung am Zuwachs des Produktionsumfangs ausgerichtet wurde. Im 2. Modell gingen die Löhne nicht in die Selbstkosten des Betriebs ein; erst nach Abzug aller sonstigen

---

[15] R. Peterhoff, "Theoretische Grundlagen ...", a.a.O., S.161.

[16] H. Conert, Die Ökonomie des unmöglichen Sozialismus, Münster: Westfälisches Dampfboot 1990, S.181, Fn.92.

[17] Zur Methode der "vollständigen wirtschaftlichen Rechnungsführung" siehe: M. Trapp, Der dekretierte Markt. Die sozialistische Wirtschaftsordung und ihre Transformation in der Sowjetunion und der Russischen Föderation 1985-1992, Baden-Baden: Nomos 1994, S.160ff.; H. Conert, Die Ökonomie des ..., a.a.O., S.184; M. Jennewein, Perestroika im Betrieb, München: Ifo-Institut 1992, S.205.

Kosten und Pflichtabgaben wurde aus dem verbleibenden Gewinn der *einheitliche Lohn- und Prämienfonds* gebildet. In diesem Modell hingen Löhne und Prämien vom Betriebserlös ab. Wegen des damit zusammenhängenden Einkommensrisikos haben die meisten Betriebe ihre Kostenrechnung auf Basis des ersten Modells erstellt.

Abb. 3.2: Gewinnberechnung mit der Methode der "vollständigen wirtschaftlichen Rechnungsführung"

Bruttoeinnahmen aus verkaufter Produktion
abzgl. Produktionskosten (inkl. Lohnkosten im üblicherweise angewandten Modell 1)
abzgl. Abschreibungen
abzgl. Sozialversicherung

Bruttoeinkommen oder allgemeines Einkommen
abzgl. Abgaben für Nutzung der Produktionsanlagen (Produktionsfonds),
Abgaben für Arbeitskräfte,
Abgaben für Nutzung natürlicher Ressourcen (Boden, Wasser, Luft) *seit 1991*
abzgl. Zinsverpflichtungen für Kreditaufnahme

---

rechnerischer Gewinn oder rechnerisches Einkommen
abzgl. Gewinnabführungen an den Fiskus (zentrale,
dezentrale Haushalte und das leitende Ministerium)

Gewinn oder wirtschaftsrechnerisches Einkommen
⇓
entsprechend staatlich gesetzter Vorgaben (Normative) Verteilung auf betriebliche Fonds:
Produktionsentwicklungsfonds
Fonds der sozialen Entwicklung
Forschungs- & Entwicklungs-Fonds
unter Umständen Reservefonds

Quelle: zusammengestellt aus M. Trapp, Der dekretierte Markt. Die sozialistische Wirtschaftsordnung und ihre Transformation in der Sowjetunion und der Russischen Föderation 1985-1992, Baden-Baden: Nomos 1994, S.160ff.; H. Conert, Die Ökonomie des unmöglichen Sozialismus, Münster: Westfälisches Dampfboot 1990, S.184; M. Jennewein, Perestroika im Betrieb, München: Ifo-Institut 1992, S.205.

Tatsächlich blieb die Selbständigkeit der Betriebe jedoch weiterhin eingeschränkt. Freie Produktionskapazitäten standen wegen des hohen Anteils der Staatsaufträge kaum zur Verfügung: 1988 betrugen die Staatsaufträge in einigen Branchen bis zu 90% des gesamten Produktionsumfangs. Auf der Beschaffungsseite dominierten weiterhin die staatlichen Planbehörden, die die Versorgung mit Rohstoffen bestimmten. Auch die meisten übrigen ökonomischen Größen und Kennziffern wurden administrativ vorgegeben, so daß die Verteilung des Gewinns kaum beeinflußt werden konnte. Umfang und Verwendung des Gewinns hingen entscheidend von der Höhe der staatlich vorgegebenen *Normative* für die Verteilung auf die betrieblichen Fonds ab. Diese Vorgaben unterlagen starken Schwankungen und behinderten innerbetriebliche Planungen. Die privaten bzw. betriebsinternen Handlungsrechte blieben eng begrenzt[18]. Die Betriebe wurden de facto nicht in die Unabhängigkeit entlassen, sondern unterlagen weiterhin den (willkürlichen) Eingriffen durch übergeordnete Instanzen (beispielsweise bei der Fürsprache gegenüber der Bank zur Einräumung von Krediten). Das legt die Vermutung nahe, daß die Implementierung des Betriebsgesetzes weniger einer Kehrtwendung in der direktiven Wirtschaftspolitik der Sowjetunion dienen sollte, sondern "daß eine maximale Entlastung des Staatshaushalts bei geringstmöglicher Erweiterung der Verfügungschancen der Betriebe über ihre Wirtschaftsresultate erzielt" werden sollte[19].

Es kann sinnvoll sein, die Betriebe vor der Privatisierung zu kommerzialisieren, weil sich die Betriebsleitung dann an Marktbedingungen anpassen muß und sich herausstellen kann, inwieweit sich die Betriebe unter Wettbewerbsbedingungen bewähren. Dadurch kann die Bewertung des Betriebsvermögens für spätere Investoren leichter sein. Allerdings blieben in der Sowjetunion die Preise zumeist weiterhin verzerrt, die Betriebe hatten Monopolstellungen inne und eine Haftungspflicht wurde nicht durchgesetzt. Durch die Kommerzialisierung erhielten die Betriebsleiter zwar legal größere Handlungsfreiräume, aber sie trugen nicht die Verantwortung für die wirtschaftliche Situation der Betriebe. Denn die Regierung als 'Eigentümerin' der Staatsbetriebe garantierte den Fortbestand eines Unternehmens, auch wenn es Verluste erwirtschaftete, indem

[18] H. Conert, Die Ökonomie des ..., a.a.O., S.173f.

[19] Ebd., S.185.

direkte oder indirekte Subventionen gewährt wurden. Eine solche implizite Bestandsgarantie förderte das rent-seeking-Verhalten der Betriebsleitung, die hauptsächlich ihre kurzfristigen Einnahmen erhöht hat, indem sie das Betriebsvermögen für ihre eigenen Zwecke genutzt hat. Insofern kann die Kommerzialisierung kein Ersatz für die Einführung exklusiver privater Eigentumsrechte sein. In der Sowjetunion zeigte sich, daß der Versuch, eine Produktivitätssteigerung in den Staatsbetrieben durch die Ausweitung der Handlungsrechte zu erreichen, gescheitert ist, was jedoch nicht allein auf das Fehlen einer Privatisierung, sondern auch auf die unzureichende Entstaatlichung (im Sinne eines Abbaus staatlicher Reglementierung) zurückzuführen ist.

2 Einführung privater Handlungsrechte in Aserbaidschan

2.1 Die formale Etablierung privater Eigentumsformen und Handlungsrechte

Im Mai 1991 - fünf Monate vor der Unabhängigkeitserklärung - wurde die wirtschaftliche Souveränität Aserbaidschans proklamiert[20]. Mit dem "Gesetz über die Prinzipien der wirtschaftlichen Unabhängigkeit" wurde erklärt, daß Aserbaidschan einen Anspruch auf die Vermögenswerte innerhalb der Grenzen der Republik erhebt, und daß in der Republik prinzipiell marktwirtschaftliche Beziehungen und privates Unternehmertum eingeführt werden sollen[21]. Während Anfang 1990 in der Sowjetunion der Begriff "Privateigentum" selbst in dem damals verabschiedeten "Gesetz über das Eigentum in der UdSSR" gemieden und durch andere Umschreibungen ersetzt wurde[22], sollte nun in Aserbaidschan neben Staats- und Kollektiveigentum ausdrücklich auch Privateigentum

---

[20] "A.R. iqtisadi müstäqilliyinin äsasları haqqında A.R.nın Konstitusiya Qanunu" (Konstituierendes Gesetz über die wirtschaftliche Unabhängigkeit Aserbaidschans), Nr.116-XII, 25.5.91, in: Biznesmenin Bülleteni, Nr.4, 1993, S.1-10.

[21] Ebd., Art.2.

[22] U. Wagner, "Schaffung von Entscheidungsspielräumen: Privatisierung und Reform des Vertrags- und Unternehmensrechts", in: K.-H. Hartwig, H.J. Thieme (Hrsg.), Transformationsprozesse in sozialistischen Wirtschaftssystemen. Ursachen, Konzepte, Instrumente. Berlin: Springer 1991, S.253-279, insbes. S.255.

und "gemischtes Eigentum" existieren[23]. Dies wurde in der Unabhängigkeitserklärung vom Oktober 1991 und im "Gesetz über Eigentum" vom November 1991 noch einmal bestätigt[24].

Von gemischtem Eigentum wird dann geredet, wenn Vermögenswerte von natürlichen oder juristischen Personen verschiedener Staaten zusammengeführt werden[25]. Im "Gesetz über Eigentum" wurde diese Eigentumsform jedoch nicht mehr gesondert behandelt, weil die jeweils gewünschte Rechtsform zwischen den beteiligten Personen vertraglich geregelt werden kann[26]. Dagegen wird ausführlich dargestellt, was als Staats-, Kollektiv- und Privateigentum zu verstehen ist.

Die Definition von *Staatseigentum* sowie die Aufzählung der staatlichen Vermögensobjekte dient - insbesondere in der Unabhängigkeitserklärung, aber auch im Gesetz über Eigentum - dem Zweck, die Vermögenswerte, die unter aserbaidschanische Hoheit fallen, vom bisherigen (Allunions-) Eigentum der Sowjetunion abzugrenzen. Staatseigentum umfaßt laut Art.10, Absatz 1.-3. des Eigentumsgesetzes den Boden, die Einzigartigkeiten des Landes, Binnen- und territoriale Gewässer, Schelf, die Pflanzen- und Tierwelt und den Luftraum; ferner die Ressourcen des (aserbaidschanischen Teils des) Kaspischen Meeres[27] und einen Teil des Vermögens, das in der UdSSR akkumuliert wurde (u.a. des Diamant- und Valutafonds und der Goldreserven). In Art.10, Absatz 4. folgt eine Aufzählung der Einrichtungen, die zum Staatseigentum erklärt werden, nämlich Betriebe auf aserbaidschanischem Territorium aus allen Wirtschafts-

---

[23] Art.3, "A.R. iqtisadi müstäqilliyinin ...", a.a.O.

[24] Abschnitt IV, "A.R. dövlät müstäqilliyi haqqında Konstitusiya Aktı" (Verfassungsgesetz über die staatliche Unabhängigkeit der Republik Aserbaidschan), Nr.222-XII, 18.10.91, in: ASM, Nr.19-20, 1991, S.20-26; Art.4, 2., "A.R.nda mülkiyyät haqqında A.R.nın Qanunu" (Gesetz über Eigentum), Nr.256-XII, 9.11.91, in: Biznesmenin Bülleteni, Nr.4, 1993, S.11-22.

[25] Art.3ff., insbes. Art.5, Abs.4, "A.R. iqtisadi müstäqilliyinin...", a.a.O.

[26] Art.4, 2. Satz 2 und 3, "A.R.nda mülkiyyät haqqında...", a.a.O.

[27] Über die Aufteilung des Kaspischen Meeres unter den Anrainerstaaten wurde bis zum Abschluß der Arbeit noch keine Einigkeit erzielt. Je nach Vorteilhaftigkeit der Beteiligten plädieren sie dafür, das Binnengewässer als Meer oder als See zu deklarieren.

zweigen, darunter die Energieversorgung, das Transport- und Fernmeldewesen, ferner der Bestand staatlicher Wohnungen, das Vermögen der staatlichen Administration, Kulturstätten sowie touristische Einrichtungen, Infrastruktureinrichtungen, Staatsbanken und Finanz- sowie Krediteinrichtungen. Die Verfügung über das Staatseigentum und dessen Verwaltung hat das jeweils zuständige Exekutivorgan und dessen Vertreter inne, denen die Pflicht obliegt, zum "Wohle der Aserbaidschanischen Republik" zu handeln[28]. Abgesehen von einigen (in Art.10,1. aufgezählten) Objekten kann Staatseigentum grundsätzlich auch in privates Eigentum umgewandelt werden. Dies war zu Beginn der Transformation bedeutsam, weil nahezu sämtliche Vermögensobjekte in staatlichem Eigentum standen.

Kollektiveigentum ist eine besondere Form des Eigentums, das in der Sowjetunion existierte und sich in der Betriebsform der Kooperativen manifestierte. Kooperativen können als "kommerzialisierte Staatsbetriebe" bezeichnet werden, die de jure weitreichende Entscheidungsbefugnisse ohne die Einmischung übergeordneter Instanzen innehatten. Die einzelnen Beschäftigten waren gleichberechtigt und konnten bei Entscheidungsfindungen mitwirken; sie stellten das Kollektiv des Betriebs dar. Tatsächlich beeinflußten die staatliche Reglementierung in der Sowjetunion die Handlungsmöglichkeiten der Kooperativmitglieder in gleichem Maße wie die in Staatsbetrieben, so daß zwischen staatlichen und kollektiven Betrieben de facto kaum unterschiedliche Handlungsrechte und dementsprechend unterschiedliche Anreizsysteme bestanden. Zum *Kollektiveigentum* in Aserbaidschan zählen die Vermögenswerte von Kollektivbetrieben und privatrechtlichen Gesellschaften[29]. Kollektiveigentum gesteht, im Gegensatz zum Staatseigentum, nur einer begrenzten Personengruppe Handlungsrechte zu[30]. Das im Kollektiveigentum befindliche Vermögen ist entweder "aufgeteilt" - d.h., jede Person des Kollektivs hat einen festen Anteil am Vermö-

---

[28] Art.9,3, "A.R.nda mülkiyyät haqqında...", a.a.O.

[29] Darunter fallen gepachtete und Aktiengesellschaften, Wirtschaftsgenossenschaften und -assoziationen, gewerkschaftliche und andere gesellschaftliche und religiöse Organisationen sowie die Organisation von Bürgervereinen und anderen gesellschaftlichen Bewegungen; Art. 14,2., "A.R.nda mülkiyyät haqqında...", a.a.O.

[30] Ebd, Art.14. Im Gegensatz zu früher stehen die Rechte am Kollektiveigentum nicht mehr unbedingt der Belegschaft (dem sog. Arbeitskollektiv) zu.

gen - oder Gemeineigentum - d.h., der Eigentumsanteil des einzelnen ist nicht bestimmt. Entscheidungen dürfen nur mit Zustimmung aller beteiligten 'Eigentümer' getroffen werden, und beim Verkauf von Eigentumsanteilen müssen die am Kollektiveigentum Beteiligten Vorkaufsrechte erhalten[31].

Nachdem in Aserbaidschan auch Privateigentum mit exklusiven Eigentumsrechten eingeführt wurde und nun jederzeit zwischen beteiligten Personen Verträge abgeschlossen werden können, in denen der Umfang der Handlungsrechte der einzelnen festgelegt werden (sofern sie nicht gegen das Gesetz verstoßen), wäre das Institut des Kollektiveigentums eigentlich überflüssig. Daß es dennoch rechtlich aufrechterhalten wurde, läßt sich darauf zurückführen, daß einerseits vor der Restrukturierung des Unternehmenssektors vorerst die Form des Kollektiveigentums weiterexistierte. Andererseits wird ein Bruch mit bestehenden Institutionen meist nicht schlagartig vollzogen und in der Transformation hatten Wirtschaftsakteure (auch Juristen) noch keine neuen Erfahrung mit den Ausgestaltungsmöglichkeiten privater Verträge gemacht. Im Verlauf des Transformationsprozesses kann erwartet werden, daß Kollektiveigentum zugunsten privaten Eigentums verschwindet bzw. privatrechtliche Gesellschaften eine größere Bedeutung als Kooperativen erhalten. Tatsächlich ist die Zahl der Kooperativen, die seit 1988 sprunghaft bis auf über 5.700 im Jahr 1991 gestiegen ist[32], weil sie in der Ära der Sowjetunion zunächst die einzig legale privatwirtschaftliche Unternehmensform war, seit 1992 wieder gesunken. 1994 gab es gerade noch 1.730 Kooperativen, während andere privatwirtschaftliche Betriebsformen stetig zugenommen haben[33].

Mit der Legalisierung von *Privateigentum* können natürliche Personen exklusive Handlungsrechte über Vermögensobjekte erhalten[34]. Wirtschaftssubjekte dürfen nun über ihr Eigentum frei verfügen - auch zum Zweck der Einkommenserzie-

---

[31] Ebd., Art.14,4. und Art.14,5.

[32] DSK, Azärbaycan räqämlärda 1992 (Aserbaidschan in Zahlen 1992), Baku: DSK 1993, S.160.

[33] DSK, Azärbaycan räqämlärda 1994 (Aserbaidschan in Zahlen 1994), Baku: DSK 1995, S.40. Siehe auch Tabelle 4.5 in Kapitel IV, Abschnitt 3.3.

[34] In privatem Eigentum können sich Boden, Wohnungen, Produktionsmittel, Geldmittel, Anteilsscheine, Wertpapiere etc. befinden. Art.21, "A.R.nda mülkiyyät haqqında ...", a.a.O.

lung[35]. Angesichts der früher üblichen Praxis, alle volkswirtschaftlich relevanten Handlungen über staatliche Verordnungen bzw. Beschlüsse zu regeln, wird dadurch nun ein außerordentlich großer Handlungsfreiraum geschaffen[36]. Ein Eigentümer darf nun "die Rechte des Besitzes, der Nutzung und Verfügung"[37] über sein Vermögen anderen übereignen, so auch zur Gründung eines Betriebes oder zur Beteiligung an einem solchen[38]. Auch der Einsatz von Lohnarbeit in privaten Betrieben - in der Sowjetunion als Ausbeutung interpretiert - ist nun bei der Nutzung des privaten Eigentums explizit gestattet[39].

Wer in einem Betrieb letztlich die Entscheidungsbefugnis innehat, die Geschäftsführung übernimmt und die Verantwortung für getroffene Entscheidungen trägt (beispielsweise über die Verwendung von Gewinnen und der Haftung für getroffene Entscheidungen), hängt von der vorliegenden Rechtsform ab. Für **Betriebe in privatem Eigentum** gilt im allgemeinen, daß die Eigentümer die Geschäftsführung (Planungskompetenz) einem Verfügungsberechtigten übertragen können, sie jedoch einen Anspruch auf Verzinsung ihres eingesetzten Kapitals haben[40]. Für betriebliche Verpflichtungen muß in erster Linie der Betrieb selber aufkommen; falls jedoch die Mittel des Betriebs nicht ausreichen,

---

[35] Ebd., Art.21,7.

[36] Laut *H. Conert* fand in der Reglementierung jeglicher ökonomischer Aktivität in der Sowjetunion die "zäh tradierte Grundhaltung der staatlich-politischen Machtträger Ausdruck, dergemäß den 'Untertanen' generell alles, was nicht ausdrücklich gestattet wird, verboten ist". Dieses generelle Verbot wurde nun aufgehoben. H. Conert, Die Ökonomie des ..., a.a.O., S.148.

[37] Art.5,1., "A.R.nda mülkiyyät haqqında ...", a.a.O.

[38] Jedoch fehlt es an einer begrifflichen Klärung und konkreten Definition, was sich aus den im Gesetz stets verwendeten Begriffen "Besitz", "Nutzung" und "Verfügung" im einzelnen für Rechte ergeben. Im Gesetz über Eigentum wird beispielsweise nur allgemein erklärt, daß "der Eigentümer über sein Vermögen nach eigener Auffassung Herrschafts- (Eigentums-), Nutzungs- und Verfügungsrechte ausüben kann" ("Mülkiyyetçi özünä mäxsus ämlaka öz mulahizäsinä görä sahiblik, ondan istifadä vä onun baräsindä säräncam hüququna malikdir"), "A.R.nda mülkiyyät haqqında ...", a.a.O., Art.1,2., Abs.1; siehe entsprechend auch die Art.5,1., 14,1., 20,1. desselben Gesetzes oder Art.3, "A.R. iqtisadi müstäqilliyinin ...", a.a.O.

[39] Art.20,1., "A.R.nda mülkiyyät haqqında ...", a.a.O.

[40] Ebd., Art.5,2.

werden die Eigentümer zur Rechenschaft gezogen, außer wenn durch die Rechtsform eine Haftung der Eigentümer ausgeschlossen ist[41] (siehe Abb. 3.3).

Abb. 3.3: Planungskompetenz und Haftung bei Privat- und Staatseigentum

	Privateigentum	Staatseigentum
Planungskompetenz	Eigentümer oder dessen Verfügungs-berechtigter	Volksvertretungsorgan bzw. von diesem eingesetzter Betriebsleiter
Haftung, Gewinn- und Verlustbeteiligung	Eigentümer, sofern nicht beschränkte Haftung (abhängig von der Rechtsform)	Staatsbetrieb; lt. Betriebsgesetz keine staatliche Haftung; de facto aber doch, da fehlende Konkursgesetzgebung

Quelle: zusammengestellt aus Art.5-9, "A.R.nda mülkiyyät haqqında A.R.nın Qanunu" (Gesetz über Eigentum), Nr.256-XII, 9.11.91, in: Biznesmenin Bülleteni, Nr.4, 1993, S.11-22; "Müflilä̧şmä vä iflas haqqinda A.R. Qanunun quvväyä minmäsi barädä A.R. Milli Mäclisinin Qärarı" (Beschluß der Nationalversammlung über das Inkrafttreten des Gesetzes über Zahlungsunfähigkeit und Konkurs), Nr.858, 22.7.94.

Unterschiedliche Rechtsformen von Betrieben wurden in Aserbaidschan erst etwa zweieinhalb Jahre nach Verabschiedung des Eigentumsgesetzes mit Veröffentlichung des "Betriebsgesetzes" eingeführt[42]. Abgesehen vom Staatsbetrieb, auf den weiter unten eingegangen wird, werden folgende Rechtsformen genannt[43]:

- der private oder Familienbetrieb (durch eine Person oder mehrere Familienmitglieder gegründet);

---

[41] Ebd., Art.7,1. und 2.

[42] "Müässisälär haqqında A.R.nın Qanunu" (Betriebsgesetz), Nr.847, 1.7.94, in: Biznesmenin Bülleteni, Nr.3 (68), 1996.

[43] Ebd., Art.5 und Art.7-11.

- der Gemeinschaftsbetrieb mehrerer Partner;
- die Kommanditgesellschaft;
- die Gesellschaft mit beschränkter Haftung und
- die Aktiengesellschaft.

Die Eigentümer des Familienbetriebs sowie des Gemeinschaftsbetriebs und die Komplementäre haften mit ihrem gesamten Vermögen, die Kommanditisten und die Gesellschafter der Gesellschaft mit beschränkter Haftung sowie der Aktiengesellschaft haften nur in Höhe ihrer Beteiligung.

Für **Betriebe im Staatseigentum** gilt prinzipiell, daß das zuständige Volksvertretungsorgan die Planungskompetenz innehat, die ein eingesetzter Betriebsleiter wahrnimmt. Laut Betriebsgesetz von 1994 zeichnet sich ein Staatsbetrieb dadurch aus, daß er entweder vollständig oder mehrheitlich in staatlichem Eigentum steht. Der Staatsbetrieb muß jedoch seinen Verpflichtungen eigenständig nachkommen; der Staat übernimmt dessen Verbindlichkeiten **nicht**[44]. Allerdings war bis Ende 1995 das Konkursgesetz noch nicht in Kraft, so daß Staatsbetriebe faktisch eine Bestandsgarantie hatten[45].

Unklarheit herrscht allerdings darüber, welches Staatsorgan für die einzelnen Staatsbetriebe jeweils zuständig ist. Durch die Umorganisation der staatlichen Administration ist nicht immer eindeutig geklärt, wer die Entscheidungsrechte innehat. Beispielsweise ist unklar, wer über die Verpachtung von landwirtschaftlicher Nutzfläche entscheidet - die Sowchos- bzw. Kolchosleitung oder das örtliche Exekutivorgan. Zudem war im Zuge der Agrarreform eine Änderung der Zuständigkeiten in kommunalen Betrieben vorgesehen[46]. Jedoch weigern sich die bisher Zuständigen häufig auch, ihren Einflußbereich aufzuge-

---

[44] Ebd., Art.6.

[45] Das Konkursgesetz tritt erst dann in Kraft, wenn ein Privatisierungsprogramm verabschiedet wird. "Müflisläşmä vä iflas haqqinda A.R. Qanunun quvväyä minmäsi barädä A.R. Milli Mäclisinin Qärarı" (Beschluß der Nationalversammlung über das Inkrafttreten des Gesetzes über Zahlungsunfähigkeit und Konkurs), Nr.858, 22.7.94.

[46] Siehe Abschnitt 2.3.3.

ben, was sich in der Langwierigkeit der landwirtschaftlichen Reformdiskussionen widerspiegelt[47].

Die formal-rechtliche Zulassung privater Handlungsrechte und privatwirtschaftlicher Betriebsformen stellt eine wichtige Voraussetzung für das Wachstum des privaten Sektors dar. Dennoch ist eine solche Legalisierung noch nicht hinreichend, um die Dominanz staatlicher Betriebe in der Volkswirtschaft sowie die dort vorherrschenden staatlichen Handlungsrechte zu beseitigen. Um die Ineffizienzen im Staatssektor zu senken, wurden in Aserbaidschan noch vor dem Beginn der Privatisierung[48] Handlungsrechte dezentralisiert und marktnahe Anreize in Staatsbetrieben etabliert.

2.2 Wesentliche Elemente privater Handlungsrechte in Staatsbetrieben

2.2.1 Vorbemerkung

Bereits im "Konstituierenden Gesetz über die wirtschaftliche Unabhängigkeit Aserbaidschans" vom 25. Mai 1991[49] wurde beschlossen, daß die Betriebe unabhängig von ihrer Eigentumsform prinzipiell völlige Freiheit bei ihren Wirtschaftsentscheidungen genießen und Verträge mit inländischen oder ausländischen Wirtschaftssubjekten eigenständig abschließen sollen. Die Rolle des 'Staates' als Auftraggeber soll gesenkt werden, und die Koordination der Wirtschaftsaktivitäten soll in Zukunft über den Markt erfolgen. In dem Gesetz heißt es:

[47] Administrative Hemmnisse wurden beispielsweise bei der Verpachtung von landwirtschaftlicher Nutzfläche beobachtet. Siehe hierzu: "A.R.nda kändli (fermer) täsärrufatlarının yaradılmasını surätländirmäk tädbirläri haqqında A.R. Präsidentinin Färmanı" (Präsidialerlaß über Beschleunigungsmaßnahmen zur Einrichtung von bäuerlichen (Farm-)Wirtschaften), Nr.551, 18.1.92, in: ASM, Nr.2, 1992, S.27-29.

[48] Siehe hierzu Abschnitt 3.

[49] "A.R.nın iqtisadi müstäqilliyinin ...", a.a.O.

"Die Produktionswirtschaft gründet auf **freien Marktbeziehungen**, Staatsaufträge haben freiwilligen Charakter und werden nach wettbewerblichen Prinzipien vergeben."[50]
"Die Grundlagen der Marktbeziehungen bilden Waren-Geld-Beziehungen, freie Preissetzung, Verträge, die nach unternehmerischen Prinzipien mit Zustimmung von Käufer und Verkäufer zustande gekommen sind, und Marktpreise"[51].

Im folgenden wird zunächst darauf eingegangen, wie umfassend die Preise in Aserbaidschan liberalisiert wurden. Sich frei am Markt bildende Preise spiegeln Knappheiten wider und stellen eine wichtige Voraussetzung dar, um eine kostenorientierte Kalkulation in Staatsbetrieben zu etablieren. Es wird gezeigt, daß dennoch nach der Preisliberalisierung Preisregulierungen bestehen blieben, und zwar dort, wo Staatsaufträge vergeben wurden und wo Monopolmacht kontrolliert werden sollte. Daneben verursachte die mangelhafte Anpassung der Buchführungskriterien an Marktbedingungen Fehlanreize in der Produktionsplanung.[52]

Eng verknüpft mit der Preisregulierung ist die Liberalisierung der Handlungsrechte respektive die Einführung von Vertragsfreiheit. Zunächst wird der Umfang der Handlungsrechte analysiert und erörtert, inwieweit staatliche Reglementierungen in Staatsbetrieben ineffizientes Verhalten verursacht haben. Anschließend wird die Möglichkeit, Pachtverträge mit privaten Wirtschaftssubjekten abzuschließen, als eine Form dargestellt, um unter den weiterhin unklaren Eigentumsverhältnissen Einkommens- und Produktionsrückgänge in den Staatsbetreiben abzufedern.[53]

[50] eigene Hervorhebung; ebd., Art.7, Abs.2.

[51] Ebd., Art.7, Abs.3.

[52] Siehe Abschnitt 2.2.2.

[53] Siehe Abschnitt 2.2.3.

2.2.2 Preisgestaltung in Staatsbetrieben

2.2.2.1 Preisliberalisierung und Preisregulierung

1992 waren in Aserbaidschan die meisten Preise liberalisiert bzw. sukzessive angehoben und im Verlauf von 1993 liberalisiert worden. Lediglich die Preise einiger sozial und ökonomisch wichtiger Güter - v.a. von Energie, petrochemischen Produkten und Grundnahrungsmitteln (Milch- und Weizenprodukten) - blieben unter staatlicher Administration und die Preise für Staatsaufträge wurden weiterhin durch Staatsorgane festgelegt[54].

Die administrierten Preise lagen unter den am Markt erzielbaren Preisen, weshalb Betriebe, die Staatsaufträge erfüllen mußten, ihre offizielle Produktion möglichst niedrig hielten und ihren Absatz in die Schattenwirtschaft verlagerten[55]. Dort wurden die Produkte gegen Bargeld zu Marktpreisen verkauft; die Regierung versuchte jedoch, eine solche Verlagerung in die Schatten- bzw. "Ausweichwirtschaft"[56] zu verhindern. Daher beabsichtigte sie (seit 1994), die Preise für Staatsaufträge an die Nachfrageverhältnisse anzupassen. Es sollten Tender-Verfahren stattfinden oder die staatlichen Preise an die der Warenbörse angelehnt werden, die im Januar 1991 eingerichtet und im Mai 1994 auf formal-rechtliche Basis gestellt worden war[57].

---

[54] "Qiymätlärin vä tariflärin liberallaşdırılması ...", a.a.O.

[55] Siehe auch Abschnitt 2.2.2.2 und 2.2.3.1.

[56] Eine Klassifikation der verschiedenen Aktivitäten in der "Ausweichwirtschaft" sozialistischer Planwirtschaften gibt: E.U. Cichy, Wirtschaftsreform und Ausweichwirtschaft ..., a.a.O.

[57] Siehe beispielsweise: "A.R.nda xarici ticarätin särbästläşdirilmäsi haqqında A.R. Prezidentinin Färmanı" (Präsidialerlaß zur Liberalisierung des Außenhandels), Nr.125, 5.4.94, in: ASM, Nr.7, 1994, S.14-17. Zur Warenbörse siehe: "Birja fäaliyyäti haqqında A.R. Prezidentinin Färmanı" (Präsidialerlaß über die Tätigkeit der Börse), Nr.337, 12.9.91, in: ASM, Nr.17-18, 1991, S.8; "Ämtää birjası haqqında A.R.nın Qanunu" (Gesetz über die Warenbörse), Nr.803, 25.5.94, in: ASM, Nr.10, 1994, S.19-26. Zur mangelhaften Tätigkeit der Warenbörse siehe auch: Q. Ibrahimli, "Yerli biznesmenlärin alıcılıq qabiliyyäti zäifdir" (Die Kaufkraft der örtlichen Unternehmer ist schwach), in: Azadlıq, 22.10.94, S.6.

Abgesehen davon, daß solche Verfahren mangels einer entsprechenden Infrastruktur und eines rechtlichen Rahmenwerks in Aserbaidschan noch nicht funktionstüchtig sind, würden sich dort auch eher Monopolpreise, als Wettbewerbspreise bilden. Denn ein Großteil der Staatsbetriebe in Aserbaidschan, besonders auf dem Markt für Zwischengüter, hatte weiterhin Monopolmacht inne. Diese Betriebe konnten Renten erzielen, indem sie über ihren Grenzkosten liegende Preise verlangten. Da die Staatsbetriebe, die als Nachfrager von Zwischenprodukten auftraten, weiterhin "soft budget constraints" genossen, weil ihnen Bankkredite leicht zugänglich waren, konnten sie die überhöhten Preise von Monopolbetrieben auch zahlen[58]. Sofern die Preise noch staatlich administriert waren, wurde die Differenz zwischen dem staatlichen Preis und dem Monopolpreis in Form von Preisaufschlägen erhoben, die (informell) in Bargeld zu entrichten waren.

Lediglich auf den Märkten, wo ein stärkerer Wettbewerb herrschte, waren Monopolpreise nicht durchsetzbar. In Aserbaidschan war dies der Konsumgütermarkt, wo Anfang der 90er Jahre der private Handel und die Importe zugenommen haben[59]. Da die Kaufkraft der Konsumenten wegen der hohen Inflationsrate und der Lohnzahlungsverzögerungen sank[60], und Endverbraucher kaum Zugang zu Käuferkrediten hatten, herrschte tendenziell ein Überangebot an Konsumgütern[61].

Die Betriebe mit einer Monopolstellung unterliegen in Aserbaidschan der Mißbrauchsaufsicht, die im Antimonopolgesetz vom März 1993 festgelegt wurde[62]. Als marktbeherrschende Stellung eines Betriebs wird ein Marktanteil

---

[58] Siehe auch Kapitel II, Abschnitt 3.3.1.

[59] Siehe auch Kapitel IV, Abschnitt 2.

[60] Zur Bargeldknappheit und ihren Folgen siehe Kapitel II.

[61] Das läßt sich auch an der wachsenden Lagerhaltung in der Leicht- und Nahrungsmittelindustrie ablesen; siehe beispielsweise: o.V., "Sänayedä istehsal 35 faiz azalıb" (Die Industrieproduktion sank um 35%), in: Azadlıq, 22.10.94, S.6.

[62] "Antiinhisar fäaliyyäti haqqında A.R.nin Qanunu" (Gesetz über Antimonopoltätigkeit), Nr.527, 4.3.93, in: Biznesmenin Bülleteni, Nr.6 (11), 1993. Wettbewerbsbeschränkende Maßnahmen werden dort ausdrücklich auch Branchen- oder regionalen Verwaltungsorganen verboten, was darauf hindeutet, daß diese bisher ihren Einfluß zum Schutz der ihnen unter-

von 35%[63] definiert, den Anfang der 90er Jahre noch 80-90% und 1995 noch 40-60% aller Staatsbetriebe innehatten[64]. Der Rückgang des Anteils der marktbeherrschenden Betriebe wird auf das Sinken der heimischen Produktion und die steigenden Importe zurückgeführt. In der staatlichen Registratur der Betriebe waren im Juli 1995 - ohne die natürlichen Monopole - 68 Staatsunternehmen, Produktionsvereinigungen, Konzerne, Firmen und Assoziationen als Betriebe mit monopolistischer Stellung aufgeführt[65]. Diese waren entsprechend einer Vorschrift vom Mai 1993 verpflichtet, ihre Kostenaufstellung der Wettbewerbsbehörde (*Staatskomitee für Antimonopolpolitik und zur Förderung des Unternehmertums*) vorzulegen, die in Form des "mark up pricing" Höchstpreise genehmigte[66]. Der Gewinnaufschlag auf die Stückkosten (*rentabelliyin son häddi*) betrug im Durchschnitt 25% und durfte nach unten und oben maximal 5% abweichen[67].

Anfang 1995 wurde die Wettbewerbsbehörde aus dieser Aufgabe entlassen, und die *Oberste Preisbehörde* des Wirtschaftsministeriums, die bisher nur von der Wettbewerbsbehörde informiert werden mußte, setzte die Höchstpreise alleine fest. Das kann darauf zurückgeführt werden, daß die Wettbewerbsbehörde wegen des geringen Personals überlastet war, oder daß ein Interessenkonflikt zwischen der relativ autonom handelnden Wettbewerbsbehörde und dem wirtschaftsministerium, dem ein Großteil der Staatsbetriebe weiterhin unterstellt

---

stellten Staatsbetriebe geltend gemacht haben (klientelistische Beziehung).

[63] Ebd., Art.4, Abs.6.

[64] Angaben aus dem Staatskomitee für Antimonopolpolitik und zur Förderung des Unternehmertums

[65] Diese Unternehmen haben teilweise mehrere Filialen bzw. Betriebe. Für 1992 umfaßt die Liste fast 1000 Betriebe mit über 35% Marktanteil. IMF, Azerbaijan Republik - Recent..., a.a.O., o.S.

[66] "A.R. inhisarçı müässisälärin inhisarçı olduqları mähsullar üzrä rentabelliyin son häddi tätbiq olunmaqla qiymätlärin hesablanması qaydası" (Bestimmung über die Ermittlung des Gewinnaufschlags bei Monopolbetrieben), 11./15.5.93.

[67] Auf Antrag der Betriebe war es möglich, im Einverständnis mit der Wettbewerbsbehörde ohne Bestimmung eines Gewinnaufschlags (in Prozent der Selbstkosten) fixe Verkaufspreise festzulegen. Bei Produktinnovationen unterlagen die Monopolbetriebe keinen Preiskontrollen, sondern durften zwei Jahre lang die Neuerung ohne eine Kontrolle der Höhe des Gewinnaufschlags absetzen.

war, bestand. Seit 1996 wird keine Preisobergrenze für Monopolbetriebe mehr festgelegt. Stattdessen hat die Wettbewerbsbehörde die Aufgabe, die Marktpreise laufend zu überwachen.

2.2.2.2 Regulierung der Kostenkalkulation der Staatsbetriebe

Durch die Preisliberalisierung war eine wichtige Voraussetzung geschaffen worden, um eine effiziente Produktion in den Staatsbetrieben zu gewährleisten, denn die Produktionskosten spiegelten nun die über die Preise widergegebenen Knappheiten wider. Allerdings verhinderten in Aserbaidschan die Vorschriften über die Preiskalkulation für Staatsbetriebe eine vollständige Berücksichtigung der tatsächlich angefallenen Arbeitskosten (Lohnkosten und Sozialversicherungsabgaben). Der Verkaufspreis errechnete sich aus den Selbstkosten des Betriebs zuzüglich der angesetzten Gewinnspanne (mark-up-pricing). Jedoch durften in den Selbstkosten die Lohnkosten nur in Höhe des vierfachen offiziellen Mindestlohns angesetzt werden, der 1995 5.500 Manat (= 1,3 US-Dollar) betrug (siehe Abb. 3.4). Die tatsächlich zu zahlenden Arbeitsentgelte in den Staatsbetrieben richteten sich an staatlich festgelegten (und mit den Gewerkschaften ausgehandelten) *Normativen* aus, die je nach Qualifikation zwischen dem Sechsfachen und dem Zwanzigfachen des Mindestlohns lagen. Es mußten also über die in die Selbstkosten eingegangenen Löhne hinaus Lohnzahlungen aus dem Gewinn nach Steuern vorgenommen werden, für die ebenfalls 37% Sozialabgaben (35% in die sogenannte Sozialversicherung, 1% an die Arbeitslosenversicherung und 1% an den Pensionsfonds) abzuführen waren.

Mitte 1996 wurde die Grenze der in die Selbstkosten einzubeziehenden Lohnkosten vom Vierfachen des Mindestlohns auf 55.000 Manat angehoben. Im August desselben Jahres wurde vom Ministerkabinett eine Vorgabe verabschiedet, nach der in der Aufstellung der Selbstkosten alle direkt mit der Produktion verbundenen Lohnkosten (einschließlich bestimmter tarifvertraglich vereinbarter Zuschläge) anzusetzen waren[68].

---

[68] "Mähsulun (işin, xidmätin) maya däyärinä daxil edilän xärclärin tärkibi haqqında Äsasnamänin täsdiq edilmäsi barädä A.R. Nazirlär Kabinetinin Qärarı" (Beschluß des Ministerkabinetts über die Verabschiedung der Grundlagen über die Ausgaben, die in die Selbst-

Abb.3.4: Preiskalkulation in einem Produktionsbetrieb

1. Rohstoffe (abzgl. Abfall)
2. Hilfsstoffe
3. Betriebsstoffe (Elektrizität, Brennstoffe, Wasser)
4. Grundlohn für Arbeiter (4 x Mindestlohn)
5. Angestelltenlöhne
6. Sozialversicherung (35% der Löhne)
7. Arbeitslosen- und Renten-
   versicherung (2% der Löhne)
8. Abschreibungen
9. Gemeinkosten

Selbskosten
\+ Gewinnaufschlag (mark-up-pricing; durchschnittl. 25%)

Großhandelspreis (Nettoverkaufspreis)
\+ 20% Mehrwertsteuer

Verkaufspreis (Bruttoverkaufspreis)

Quelle: zusammengestellt anhand der Angaben des Buchhalters eines Staatsbetriebs

Bis Mitte 1996 jedoch unterlagen die Arbeitskosten, die nicht in die Selbstkosten des Betriebs eingingen, einer zweifachen Besteuerung, indem sie erstens mit der Gewinnsteuer und zweitens mit der Lohnsteuer belastet wurden[69]. Um diese doppelte Besteuerung zu umgehen, wurden von der Betriebsleitung die Selbstkosten höher als tatsächlich angefallen veranschlagt, indem beispielsweise mehr Inputs als nötig angesetzt wurden. Diese wurden dann unter der Hand gegen Bargeld abgesetzt, mit dem wiederum unter anderem Löhne ausgezahlt werden konnten. Infolgedessen wurde, trotz der Einführung einer betriebswirt-

kosten eingehen), Nr.111, 16.8.96, in: Biznesmenin Bülleteni, Nr.34 (99), 1996, S.19ff.; sowie "Mähsulun (işin, xidmätin) maya däyärinä daxil edilän xärclärin tärkibi haqqında Äsasnamä" (Grundlagen über die Ausgaben, die in die Selbstkosten eingehen), 16.8.96, in: Biznesmenin Bülleteni, Nr.34 (99), 1996, S.1-18.

[69] Erst seit 1.1.1996 konnten die Lohnkosten vollständig vom Gewinn abgezogen werden, so daß sie nicht mit Gewinnsteuer belastet wurden.

schaftlichen Kostenrechnung, die in der Sowjetunion übliche "weiche Planung" (in Form einer überhöhten Angabe der benötigten Inputs) aufrechterhalten.

Der zu versteuernde Gewinn errechnete sich aus der Differenz zwischen Verkaufserlösen und Selbstkosten. Hier durften weitere Kosten angesetzt werden, die nur mittelbar mit der Produktion verbunden waren (wie Ausgaben für Verpackungsmaterialien für Investitionen oder Technologiekauf), wenn die Rücklagen für Investitionszwecke vollständig aufgebraucht waren[70]. Der verbleibende Reingewinn war zu versteuern. Der Gewinn nach Steuern wurde von den Staatsbetrieben entsprechend dem in der Sowjetunion üblichen Verfahren auf die "betrieblichen Fonds" aufgeteilt (siehe Abb. 3.5). Der sogenannte *Verbrauchsfonds* (*istehlak fondu*) diente dem Zweck, Reserven für die Zahlung der Grundlöhne zu bilden sowie die von den Staatsbetrieben in der Sowjetunion üblichen Sozialaufgaben wahrzunehmen (Wohnungsbau, Kindergärten, medizinische Versorgung für die Beschäftigten). Die Mittel des *Produktionsentwicklungsfonds* (*istehsalın inkişaf fondu*) sollten für Forschung, Entwicklung und Investitionen zur Verfügung stehen und im *Reservefonds* (*ehtiyat fondu*) wurden sonstige Rücklagen gebildet.

Die Aufteilung des Gewinns nach Steuern konnte von der Betriebsleitung nicht selber bestimmt werden. Statt dessen wurde von der Regierung festgelegt, welcher Anteil maximal an den *Verbrauchsfonds* abzuführen war, damit auch noch Rücklagen für investive Zwecke gebildet wurden. Dadurch minderte sich allerdings der Produktionsanreiz für die Belegschaft, der von diesem Fonds ausgehen sollte, denn die Löhne und Prämien, die aus dem *Verbrauchsfonds* gezahlt wurden, stiegen nicht in gleichem Maße wie die Gewinne des Betriebs[71].

[70] Art.6 ä), "A.R.nda hüquqi şäxslärin mänfäätindän vä gälirlärinin ayrı-ayrı növlärindän vergilär haqqında A.R.nin Qanunu" (Gesetz über die Gewinn- und Einkommensteuer juristischer Personen), Nr.258-XII, 9.11.91, in: Azärbaycan qäncläri, 12.12,91, S.2f.

[71] Das schafft einen Anreiz zum "shirking" (Bummeln, Drückebergerei); vgl. A.A. Alchian, H. Demsetz, "Production, Information Costs, and Economic Organization", in: American Economic Review, Vol.62 (1972), S.777-795.

Abb. 3.5: Abzüge vom Gewinn eines Staatsbetriebs und Aufteiung auf "betriebliche Fonds"

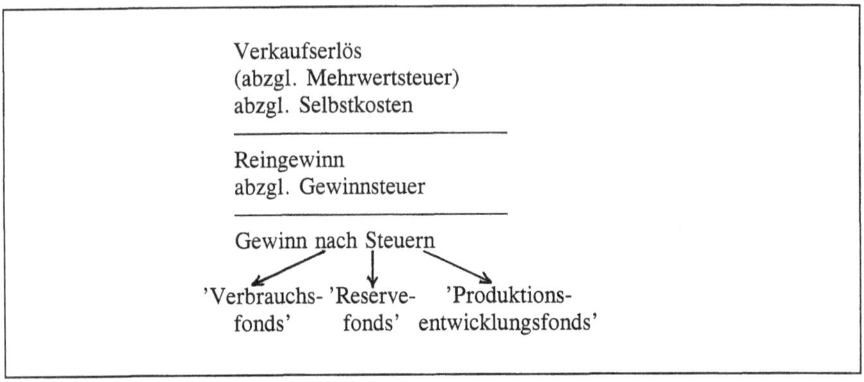

Quelle: eigener Entwurf

Da es außerdem im Großhandel üblich war, Käuferkredite (Handelskredite) einzuräumen, so daß der Einzelhändler den Bezugspreis erst zahlen mußte, wenn er selber die Produkte abgesetzt hatte, war der Gewinn des Produzenten, zum Zeitpunkt des Zahlungseingangs, infolge der hohen Inflationsrate zumeist viel zu niedrig, um die Selbstkosten der Folgeperiode begleichen zu können. Darum versuchte die Betriebsleitung, ihre Produkte vor allem gegen sofortige Zahlung zu verkaufen. Wegen des langsamen Zahlungsverkehrs war der Termin des Zahlungseingangs jedoch nicht vorhersehbar, so daß Barzahlungsgeschäfte bevorzugt wurden, obwohl sie nur begrenzt gestattet waren[72]. Eine legale Form des Verkaufs gegen Banknoten war der Verkauf an Belegschaftsmitglieder, bei der zudem keine Mehrwertsteuer anfiel. Auf diesem Wege bezogen auch private Unternehmer Roh- und Betriebsstoffe. Das verursachte wiederum eine Knappheit an Vorleistungen, die für die Erstellung von Staatsaufträgen erforderlich waren. Die Produktion von Staatsbetrieben wurde daher häufig wegen Inputengpässen begrenzt.

[72] Bargeschäfte wurden auch zum Zweck der Steuervermeidung bevorzugt.

2.2.3 Handlungsfreiheit in Staatsbetrieben

2.2.3.1 Versorgungs- und Absatzprobleme aufgrund staatlicher Reglementierung

Seit 1991 werden den Staatsbetrieben nicht mehr Produktionsvorgaben gemacht, sondern sie müssen ihre Wirtschaftstätigkeit eigenständig planen, indem sie Verhandlungen mit Zulieferern und Abnehmer führen. Lediglich die Produktion strategisch wichtiger Güter - wie beispielsweise Energieträger, Weizen und Brot - erfolgte über Staatsaufträge. Die Staatsaufträge durften allerdings 70% des jeweiligen Produktionsprogramms der Betriebe nicht überschreiten (außer bei einigen strategischen Produkten)[73]; sie umfaßten 1993 meist zwischen 30% und 60% der betrieblichen Produktion[74]. Staatsaufträge mußten von den Betrieben grundsätzlich zuerst erfüllt werden, bevor die Produktion frei verkauft werden durfte. Damit die Staatsaufträge durchgeführt werden konnten, wurden die Zulieferbetriebe angehalten, die notwendigen Ausrüstungsgüter bereitzustellen. Hatte ein Betrieb Zahlungsschwierigkeiten, dann übernahm die Regierung die Finanzierung der Inputs, damit die Staatsaufträge eingehalten werden konnten[75]. Während vor 1992 noch für über 2.500 Produkte Staatsaufträge vergeben wurden, waren 1993 nur noch 90 Produkte davon betroffen, und zwar vorwiegend die strategisch wichtigen Baumwoll- und Erdölprodukte sowie

---

[73] "1992-ci ildä täsärrufat älagäläri vä mähsullar vä mallar göndärilmäsi haqqında A.R. Präzidentinin Färmanı" (Präsidialerlaß über die Wirtschaftsbeziehungen und Waren- und Güterallokation im Jahr 1992), Nr.505, 18.12.91; "1994-cü ilde än mühüm mähsul (iş, xidmät) növläri üzrä dövlät sifarişinin müäyyän edilmäsi haqqında A.R. Milli Mäclisin Qärarı" (Beschluß der Nationalversammlung über die Staatsaufträge für die wichtigsten Güter im Jahr 1994), 26.1.94.

[74] IMF, Azerbaijan Republik - Recent Economic Developments, unveröff. 1994, S.26.

[75] Etwa ein Fünftel des Staatsbudgets wurde 1994 als Ausgabe zur Finanzierung der Volkswirtschaft (für Wirtschaftsaktivitäten von Ministerien, Komitees, Unternehmen, Verwaltungen und für staatliche Investitionen) angesetzt, die damit an dritter Stelle nach den Sozialausgaben und den Rüstungsausgaben standen. "A.R.nın 1994-cü il respublika büdcäsi haqqında A.R.nın Qanunu" (Gesetz über das Staatsbudget der Aserbaidschanischen Republik für 1994), Nr.805, 26.5.94, in: ASM, Nr.11, 1994, S.7-15.

Güter der Verteidigungsindustrie und Waren, die unter bilateralen Handelsabkommen exportiert wurden[76].

Im folgenden werden einige unproduktive und ineffiziente Verhaltensweisen diskutiert, die infolge der staatlichen Regulierung von Produktion und Preisen (wie im vorherigen Abschnitt dargestellt) aufgetreten sind und Versorgungs- und Absatzprobleme in Staatsbetrieben verursacht haben. Einerseits verlief die Belieferung von Staatsbetrieben mit Inputs nicht reibungslos. Solange Staatsbetriebe Inputs zu niedrigen, staatlich administrierten Preisen kaufen konnten, entstand eine Überschußnachfrage nach ihnen. Zudem wurden Vorleistungen auch verstärkt nachgefragt, um die Produktionskosten über einen scheinbar hohen Inputbedarf anzuheben (nachdem, wie oben gezeigt, nicht sämtliche Lohnkosten in den Selbstkosten ausgewiesen werden durften), und die überschüssigen Inputs auf dem informellen Markt frei weiter zu verkaufen. Die Zulieferer waren allerdings häufig Monopolunternehmen und konnten daher die Preise in die Höhe treiben, wobei im Falle staatlich fixierter Preise darüberhinaus informell "Schmiergeldzahlungen" verlangt wurden (siehe Abb.3.6). In diesem "Aufpreis" (als *şapka* bezeichnet) spiegelten sich dann Knappheiten wieder. Er stellt insofern eine Korrektur der administrierten Preises hin zum Marktpreis dar.

Auf der anderen Seite war der Anreiz, Staatsaufträge zu erfüllen wegen der dafür vorgegebenen Preise niedrig. Es bestand ein größerer Anreiz, die Produkte zu dem höheren Marktpreis abzusetzen, was dazu geführt hat, daß sich ein Schwarzmarkt (bzw. "Schattenwirtschaft") entwickelt hat. Staatsaufträge wurden daher oft nicht erfüllt, was wiederum die Produktion in anderen Betrieben behinderte, die staatlich angewiesene Inputs erhalten sollten. 1995 existierten Staatsaufträge fast ausschließlich im Nahrungsmittelsektor und in der Produktion militärischer Güter[77].

---

[76] Ebd.

[77] Über die zu niedrige Produktion in der staatlichen Landwirtschaft wurde umfassend in der Presse berichtet. Die fehlende Lieferung von Baumwolle und Weintrauben umfaßte 1993 beispielsweise 59% des Plansolls. A. Ämiraslanov, "Hökümät 1994-cü ildä dövlät sifarişini necä müäyyän edib?" (Wie hat die Regierung 1994 die Staatsaufträge bekannt gegeben?), in: Azadlıq, 5.5.94, S.6.

Abb. 3.6: Verhalten in Staatsbetrieben aufgrund staatlicher Reglementierungen

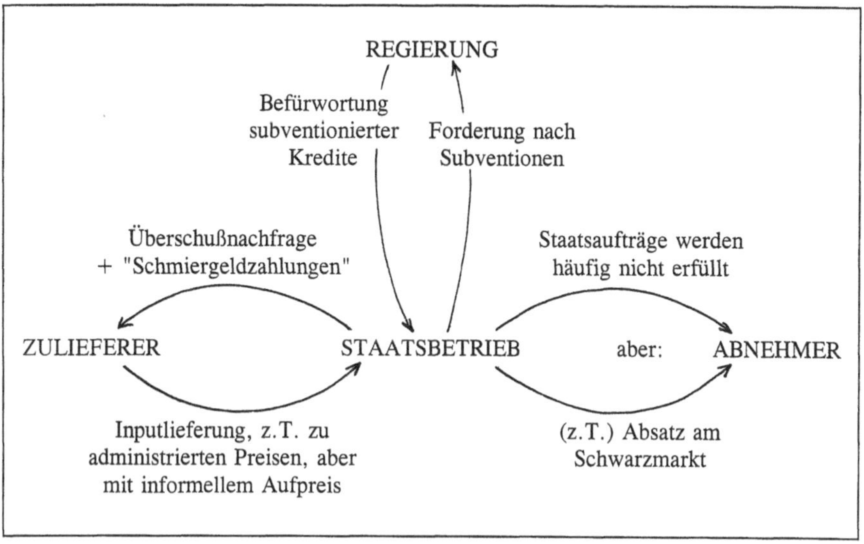

Quelle: eigener Entwurf

Um die Produktion der Staatsbetriebe aufrechtzuerhalten und insbesondere die Erfüllung der Staatsaufträge sicherzustellen, wurden auf Geheiß der Regierung subventionierte Kredite bereitgestellt. Diese Kredite wurden jedoch häufig nicht ihrem Zweck entsprechend für den Einkauf von Vorleistungen, sondern für den Tausch vor Giralgeld gegen Bargeld (*ämtääsiz dövrä*, "Geldumlauf ohne Ware") genutzt[78]. Denn auch die Inputs wurden häufig nur gegen Bargeld auf den Schwarzmärkten angeboten. Häufig aber wurde das Bargeld für andere gewinnbringende Transaktionen (beispielsweise für Devisenkäufe auf dem Devisenschwarzmarkt) genutzt. Letztlich fehlten den Staatsbetrieben dann die Inputs, die sie laut Lieferschein - der der Bank zum Zweck der Krediteinräumung vorgelegt werden mußte - angeblich erhalten haben sollen.

[78] Zum "Geldumlauf ohne Ware" siehe auch Kapitel II, Abschnitt 3.3.3.

In den Staatsbetrieben herrschten also einerseits Versorgungsschwierigkeiten, die neben den hier genannten Gründen auch auf Liquiditätsengpässe in den Betrieben und Zahlungsschwierigkeiten im Außenhandel zurückzuführen waren[79]. Andererseits traten wegen der mangelhaften Versorgung mit Vorleistungen Produktionsengpässe auf. Produktionsrückgänge waren aber nicht nur auf Beschaffungsschwierigkeiten, sondern auch darauf zurückzuführen, daß Wirtschaftsaktivitäten von der Produktion zu Arbitrage- und Spekulationsgeschäften verlagert wurden. Gewinne wurden nicht für produktive Zwecke im Betrieb eingesetzt und die Schulden der Betriebe stiegen. Daher wurden weitere Forderungen nach Subventionen laut.

2.2.3.2 Pachtverträge als Beitrag zur Linderung der Mißstände in Staatsbetrieben

Das Pachtgesetz vom April 1992[80] eröffnete den Staatsbetrieben die Möglichkeit, zusätzliche Einkünfte zu erzielen und gleichzeitig brachliegende Anlagen einer produktiven Verwendung zuzuführen. Zusätzlich konnten dann oft noch Vorprodukte eines Staatsbetriebs an den Pächter abgesetzt werden, wodurch mindestens ein Teil des Absatzes - der infolge der sinkenden Staatsaufträge gefährdet war - sichergestellt werden konnte.

Einen Pachtvertrag kann laut Gesetz der Eigentümer oder dessen Vertreter, der das Recht zur Verpachtung innehat, abschließen; nur im Falle der Verpachtung von Staatseigentum an ausländische Personen muß der 'Eigentümer' selber (also das zuständige Ministerium bzw. der Staatskonzern, in den der Betrieb eingegliedert war) sein Einverständnis geben. Die Ausgestaltung des Pachtzinses und der Umfang der Handlungsrechte muß vertraglich ausgehandelt, und nur einige Regeln zum Schutz des Pächters sollen beachtet werden. Beispielsweise soll bei der Festlegung des Pachtzinses die Ertragskraft des Pachtobjekts und die Abschreibung der Anlagen berücksichtigt werden[81]. Die vom Pächter erstellten

---

[79] Siehe Kapitel II, Abschnitt 3.3.1 und Abschnitt 3.3.5.

[80] "Icarä haqqında A.R.nın Qanunu" (Pachtgesetz), 30.4.92, in: ASM, Nr.17, 1992.

[81] Ebd., Art.8.

Produkte stehen ihm zur Verfügung; für Veränderungen am Pachtobjekt, insbesondere die Errichtung von Gebäuden und anderen Einrichtungen, muß vom Verpächter bei Auflösung des Pachtverhältnisses eine Entschädigung gezahlt werden, sofern der Verpächter mit der Änderung einverstanden war und die Änderung fest mit dem Pachtobjekt verbunden ist[82].

Pachtverträge sollen langfristig und dauerhaft angelegt sein[83] und eine langfristige Nutzung des Pachtobjekts ermöglichen. Denn ein Pachtertrag verlängert sich automatisch, wenn von keiner Seite nach Vertragsablauf die Auflösung oder Änderung beantragt wird. Wird der Pachtvertrag vom Pächter aufgelöst, dann haben bei dem bisherigen Pächter lebende oder arbeitende Familienmitglieder das Vorrecht zum Abschluß eines neuen Pachtvertrags, und im Falle des Todes des Pächters gehen die Rechte aus dem Pachtvertrag an ein Familienmitglied über (sofern dieses einverstanden ist)[84]. Der Pächter kann sich also auf den Bestand des Vertrags verlassen, kann langfristig planen und hat die Verantwortung für seine Entscheidungen zu tragen. Mit der Verabschiedung des Privatisierungsprogramms soll den Pächtern das Recht zustehen, entsprechend der dortigen Bestimmungen ein Vorkaufsrecht am Pachtobjekt zu erhalten[85].

Neben diesen generellen Regelungen zur Pacht steht den Leitern von Staatsbetrieben die Möglichkeit offen, "innerbetriebliche Pachtverträge" abzuschließen[86]. Die Form der "innerbetrieblichen Pacht" existierte bereits in der Sowjetunion, wo im Zuge der Perestroika 1989 in der Landwirtschaft die "Pacht (oder

---

[82] Ebd., Art.9.

[83] Ebd., Art.12.

[84] Ebd., Art. 13.

[85] Ebd., Art.10. Im Privatisierungsprogramm von 1995 wurde vorgesehen, daß für Pächter beim Erwerb ihres Pachtobjektes günstigere Zahlungsmodalitäten gelten. Anhang 4, "A.R.nda 1995-1998-ci illärdä dövlät mülkiyyätinin özälläşdirilmäsinin Dövlät Programı" (Staatsprogramm zur Privatisierung des Staatseigentums für die Jahre 1995-1998), 21.7.95, in: Biznesmenin Bülleteni, Nr.21 (51), 1995. In Anlehnung an die Bezeichnungen "Management-by-out" und "Employee-by-out" kann dieses Verfahren als "Lessee-by-out" bezeichnet werden.

[86] Art.19-21, "Icarä haqqında ...", a.a.O.

auch Genossenschaft) *innerhalb* der kolchozy/sovchozy" eingeführt wurde[87]. Diese wurde nun im aserbaidschanischen Pachtgesetz auf alle Produktionszweige ausgeweitet.[88]

Ein "innerbetrieblicher Pachtvertrag", auch "Pacht-Kontrakt" (*icarä podrat*[89]) genannt, wird mit einer Arbeitsgruppe oder Abteilung des Betriebs abgeschlossen und dient dem Zweck, das Produktivvermögen des Staatsbetriebs effizienter zu nutzen. Im "Pacht-Kontrakt" wird der Arbeitsauftrag (Produktionsverpflichtung) des Pachtkollektivs für den Staatsbetrieb festgeschrieben. Daneben hat das Pachtkollektiv aber auch das Recht, für eigene Zwecke zu produzieren und über den Reingewinn eigenständig zu verfügen. Damit wird die bisher in Staatsbetrieben übliche illegale Produktion der Belegschaft, die unter der Hand verkauft wurde, legalisiert. Der Betrieb kann dem Pachtkollektiv das Recht der eigenständigen Geschäftsführung (eingeständige Verkaufstätigkeit, Lohn- und Steuerzahlung etc.) übertragen, und das Pachtkollektiv ist für die Einhaltung seiner vertraglichen Pflichten selber verantwortlich.

Der Anreiz für die Belegschaft, einen "innerbetrieblichen Pachtvertrag" abzuschließen, ist jedoch relativ gering. Zum einen fallen beim Erschließen eigener Beschaffungs- und Absatzwege wegen fehlender Erfahrungen und der Marktmacht der Lieferanten hohe Transaktionskosten an, so daß ein trade-off zwischen zusätzlichen Einkommensmöglichkeiten für ein Pachtkollektiv und dem sicheren Arbeitsplatz in einer festen Anstellung im Staatsbetrieb existiert.

---

[87] Siehe beispielsweise: H. Conert (1990), Die Ökonomie des ..., a.a.O., S.198. Das sowjetische Gesetz über die Pacht innerhalb der Landwirtschaft diente dem Ausbau der Rechte der in den 60er Jahren in der Sowjetunion schon etablierten "anweisungsfreien Arbeitsgruppen".

[88] Die Zuständigkeiten in Aserbaidschan bei der Verpachtung von Boden werden ebenso wie andere Regelungen, die die Handlungsrechte über Boden betreffen, nicht nur im Pachtgesetz, sondern auch im Bodenkodex sowie weiteren einschlägigen Gesetzen geregelt. Art.16-19, "A.R.nın torpaq Mäcälläsi" (Bodenkodex), Nr.254-XII, 9.11.91, in: ASM, Nr.2, 1992, S.3ff. Die Vielzahl der Rechtsquellen und der gesetzlichen Regelungen schafft insbesondere in der Landwirtschaft eine erhebliche Übersichtslosigkeit und hohe Rechtsunsicherheit. Siehe hierzu Abschnitt 2.3.3.

[89] Der russische Begriffs *podrjad* (Kontrakt, Vertrag) wurde ins Aserbaidschanische übernommen.

Ferner ist bei der "innerbetrieblichen Pacht" nicht vorgesehen, dem Pächter mit Beginn der Privatisierung ein Recht auf Eigentumserwerb einzuräumen[90]. Daher hat das Pachtkollektiv keinen Anreiz, eine langfristige Rentabilität des Produktivvermögens anzustreben und dessen Substanz zu erhalten. Vielmehr wird es versuchen, aus dem Pachtvermögen einen möglichst hohen, kurzfristigen Gewinn herauszuholen; dies umso mehr, da die Haftungspflicht und Konsequenzen daraus unklar und nicht im Pachtgesetz geregelt sind. Schließlich kommt ein solcher Pachtbetrieb nicht in den Genuß von Steuererleichterungen, die anderen privaten Betrieben zustehen. Denn die Steuerbefreiungen für die Förderung privater Wirtschaftsaktivität gelten nicht, wenn auf die Ausrüstung anderer (aufgelöster) Betriebe zurückgegriffen wird[91].

Den statistischen Angaben zufolge hat jedoch die Pacht keine große Bedeutung in der Industrie erhalten, dagegen aber im Handel und Gaststättengewerbe. Während die Zahl der Pachtbetriebe in der Industrie von 78 (1991) auf nur 103 (1992) zunahm, stieg deren Zahl im Handel und Gaststättengewerbe von 897 (1991) auf 1.893 (1992)[92]. Das ist vorwiegend auf eine besonders günstige Situation in dieser Branche zurückzuführen, wie im folgenden Abschnitt über spezielle Kommerzialisierungsmaßnahmen gezeigt wird.

2.3 Kommerzialisierung und Entmonopolisierung in einigen Wirtschaftszweigen

2.3.1 Private Handlungsrechte im Einzelhandel und Gaststättengewerbe

In einigen Wirtschaftszweigen, wie beispielsweise in Handel und Rastaurationsbetrieben, können Monopolbetriebe aufgrund ihrer einfachen Teilbarkeit

---

[90] Art.19,1., "Icarä haqqında ...", a.a.O.

[91] Art. 6,7., "A.R.nda huquqi şäxslärin mänfäätindän vä gälirlärinin ayrı-ayrı növlärindän vergilär haqqında A.R.nın Qanunu" (Gesetz über die Gewinn- und Einkommensteuer juristischer Personen), Nr.258-XII, 9.11.91, in: Azärbaycan qänclări, 12.12.91, S.2f. Siehe auch Kapitel IV, Abschnitt 3.2.2.

[92] DSK, Azärbaycan räqämlärdä 1992 (Aserbaidschan in Zahlen 1992), Baku: 1993, S.162. Siehe auch Tab.4.5 in Kapitel IV, Abschnitt 3.3.

relativ leicht in kleinere Wirtschaftseinheiten zerschlagen werden. Anfang 1992 wurden in Aserbaidschan die Einzelhandelsfilialen, die in der Sowjetunion in einem Handelskombinat zusammengeschlossen und dem Handelsministerium unterstellt waren, in die wirtschaftliche Eigenständigkeit überführt. Zunächst wurden die Entscheidungsbefugnisse im Einzelhandel und Dienstleistungssektor dezentralisiert, indem die einzelnen Geschäfte (Filialen) aus der Hierarchie des Handelsministeriums ausgelagert und den jeweiligen städtischen und regionalen Verwaltungsorganen untergeordet wurden[93]. Zum 1.10.1992 wurden die Geschäfte des Einzelhandels und des Gaststättengewerbes unabhängig von ihrer bisherigen Stellung in der staatlichen Administration[94] als eigenständige juristische Personen registriert, die ihr eigenes Bankkonto eröffnen durften[95]. Um die bereits geschlossenen Verträge nicht zu gefährden, waren sie verpflichtet, früher abgeschlossene Verträge einzuhalten und alte Pachtverträge ohne inhaltliche Veränderungen zwischen den jetzigen Rechtspersonen neu abzuschließen. Sie durften ihr Tätigkeitsprofil nicht verändern, das heißt, daß ihre Vertragsbeziehungen zu staatlichen Lieferanten bestehen blieben. Desweiteren blieben sie bis zu ihrer Privatisierung formell in staatlichem Eigentum; die Geschäfte unterlagen also keinem Konkursrisiko. Daher waren sie trotz der wachsenden privaten Konkurrenz keinem Wettbewerbsdruck ausgesetzt.

93 "Sahibkarlığı inkişaf etdirmäk, ticarät vä ictimai iaşä müässisälärini özläşdirmäyä hazırlamaq üçün şärait yaradılması sahäsindä ümdä tädbirlär haqqında A.R. Prezidentinin Färmanı" (Präsidialerlaß über vordringliche Maßnahmen für die Schaffung der Bedingungen für die Förderung von Unternehmertum und zur Vorbereitung auf die Privatisierung von Handel und Gaststättengewerbe), Nr.549, 14.1.92, in: ASM, Nr.2, 1992, S.26f.; "Sahibkarlığın inkişafı üçün şerait yaratmaq, ähaliyä xidmät sahäsi müässisälärinin vä täşkilatlarının özläşdirilmäsinä hazırlamaq sahäsindä birinci däräcäli tädbirlär haqqında A.R. Prezidentinin Färmanı" (Präsidialerlaß über erstrangige Maßnahmen zur Schaffung der Bedingungen für die Förderung von Unternehmertum und zur Vorbereitung der Dienstleistungsbetriebe auf ihre Privatisierung), Nr.609, 4.3.92.

94 Beispielsweise als Mitglied einer staatlichen Handelskette oder dem Handelsministerium direkt unterstellt.

95 "A.R.nda ticaret müässisälärinin fäaliyyätinin kommersiyalaşdırılması haqqında A.R. Prezidentinin Färmanı" (Präsidialerlaß über die Kommerzialisierung der Handelsbetriebe), Nr.101, 1.8.92; siehe auch: "Ticarätin liberallaşdırılması haqqında A.R. Prezidentinin Färmanı, (Präsidialerlaß über die Liberalisierung des Handels), Nr.138, 13.8.92.

Dennoch trug die Entmonopolisierung und Dezentralisierung von Entscheidungsrechten dazu bei, daß die Betreiber der Einzelhandelsbetriebe neue Einkommensquellen erschließen konnten. Dies wird beispielsweise am Warenangebot deutlich, wenn die unattraktive Produktpalette (aus den Staatsbetrieben) mit Importwaren aufgebessert wurde. Ein noch viel wichtigerer Einkommenserwerb wurde jedoch die Verpachtung von ungenutzten Verkaufsflächen. Die Pachteinnahmen lagen in der Regel häher als die der Verkaufseinnahmen. Der Anreiz, die selbstgenutzte Fläche soweit wie möglich einzuschränken und ungenutzte Fläche zu verpachten, wurde Mitte 1994 noch dadurch verstärkt, daß im privaten Einzelhandel sowie im Gaststättengewerbe keine Mehrwert-, Gewinn- und/oder Einkommenssteuer zu zahlen waren, sondern an deren Stelle eine flächenabhängige Lizenzgebühr entrichtet werden mußte. Diese Anordnung war eine Reaktion der Steuerbehörde auf die Steuerhinterziehung im Einzelhandel, wo die Höhe der Umsätze nicht kontrolliert werden konnte, weil die Geschäfte in Bargeld abgewickelt wurden. Seit Juli 1994 wurde eine monatliche Lizenzgebühr aus der Größe der genutzten Betriebsfläche, dem gesetzlichen Mindestlohn und bestimmten Hebesätzen wie folgt erhoben[96]:

$$L = a \cdot M \cdot b \cdot c$$

mit L: Lizenzgebühr
- a: Größe der genutzten Fläche in Quadratmetern (unterschieden nach Nutzfläche bzw. Hilfsfläche/Lager etc.)
- M: gesetzlicher Mindestlohn in Manat
- b: Flächennutzungs-Koeffizient (1,2 pro m^2 für Nutzfläche, 0,5 pro m^2 für Hilfsfläche)
- c: Koeffizient für die Geschäftslage (in den Großstädten Baku, Gäncä und Sumgait für Zentrumslage 2, für Stadtrand 1,5; für andere Städte 0,75; für Provinzstädte 0,5; für ländliche Gebiete 0,25)

[96] "Pärakändä ticarät vä ictimai iaşä sahäsindä fäaliyyätin lisenziyalaşdırılması qaydaları haqqında Milli Mäclisin Qärarı" (Beschluß der Nationalversammlung über die Lizensierung im Einzelhandel und Gaststättengewerbe), 22.4.94; "Pärakändä ticarät vä ictimai iaşä sahäsindä fäaliyyätin lisenziyalaşdırılması qaydalarının tätbiqinä dair Tälimat" (Anordnung der Steuerbehörde über die Lizensierung im Einzelhandel und Gaststättengewerbe), 1.7.94.

Mindestens mußte jedoch eine Lizenzgebühr in Höhe des 15-fachen des gesetzlichen Mindestlohns im Zentrum der Städte Baku, Gäncä, Sumgait und Mingetschaur gezahlt werden. Am Standrand eben dieser Großstädte galt eine Mindestgebühr vom 12-fachen, in der Umgebung dieser Städte und den "Republiksstädten" vom 10-fachen, in anderen Städten vom 8-fachen, in Provinzstädten vom 5-fachen und in ländlichen Gebieten vom 3-fachen des gesetzlichen Mindestlohns.

Beispiel: Ein Einzelhandelsbetrieb im Zentrum Bakus mit einer Nutzfläche von 30 m^2 und einer Hilfsfläche von 20 m^2 hat eine Lizenzgebühr in folgender Höhe zu zahlen (der gesetzliche Mindestlohn 1994 betrug 5.500 Manat):

$$L = (30 \cdot 5.500\ M. \cdot 1{,}2 \cdot 2) + (20 \cdot 5.500\ M. \cdot 0{,}5 \cdot 2) =$$
$$= 396.000\ M. + 110.000\ M. = 506.000\ M.$$ [97]

Der große Anteil des Einzelhandels und Gaststättengewerbes unter den Pachtbetrieben (über 50%)[98] läßt erahnen, welche Bedeutung die Möglichkeit der Pacht sowohl für den privaten als auch für den kommerzialisierten staatlichen Einzelhandel hatte. Auch der sprunghafte Anstieg von Kleinbetrieben 1992 ist etwa zur Hälfte auf die Veränderungen im Handel und Gaststättengewerbe zurückzuführen. Es ist anzunehmen, daß es sich hierbei um die bisher staatlichen Geschäfte handelt, die durch die Überführung in die wirtschaftliche Autonomie den Status von Kleinbetrieben erhielten[99].

---

[97] In diesem Beispiel liegt die zu zahlende Lizenzgebühr weit über der Mindestgebühr in Höhe von $15 \cdot 5.500 = 82.500$.

[98] DSK, Azärbaycan räqämlärdä 1994 (Aserbaidschan in Zahlen 1994), Baku: DSK 1995, S.42.

[99] Der Kleinbetrieb gilt in Aserbaidschan als "neue Betriebsform", die statistisch gesondert erfaßt wird. Allerdings stellt der Kleinbetrieb keine eigene Rechtsform dar, und kann sowohl im staatlichem als auch in privatem Eigentum stehen. Die Größe eines Betriebs wird an der Zahl der Beschäftigten gemessen. Siehe: "Kiçik müässisä işçilärinin say häddinin müäyyän olunması A.R. Nazirlär Kabinetinin Qärarı" (Beschluß des Ministerkabinetts über die Höhe der Beschäftigten in Kleinbetrieben), 23.7.93. Siehe auch Kapitel IV, Abschnitt 3.3.

Durch die Entmonopolisierung im Einzelhandel und Gaststättengewerbe wurde hier ein Anreiz für produktives und innovatives Unternehmertum geschaffen. Da zudem die "kleine Privatisierung" (= Privatisierung kleiner Betriebe) bald erwartet wurde, und die im Einzelhandel Beschäftigten Vorkaufsrechte erhalten sollten, bestand ein größerer Anreiz, diese noch-staatlichen Betriebe als ihr (zukünftiges) Eigentum zu betrachten und dementsprechend die Betriebssubstanz zu erhalten.

2.3.2 Kleine Privatisierung im öffentlichen Nahverkehr

Eine ähnlich unproblematische Einführung privater Handlungsrechte ist auch im öffentlichen Nahverkehr wegen der Teilbarkeit des Taxi- und Kleinbusbestandes der staatlichen Nahverkehrsbetriebe möglich gewesen. Die Fahrzeuge wurden zumeist den bisherigen Fahrern übereignet, die im Gegenzug verpflichtet waren, eine einjährige Fahrlizenz zu erwerben und das Auto in diesem Zeitraum einzusetzen und nicht weiterzuveräußern. Nach einem Jahr erhielten sie dann exklusive Handlungsrechte am Fahrzeug, so daß sie die Rechte auch übertragen konnten. Man kann hier also von einer sogenannten kleinen Privatisierung sprechen. Die rechtliche Grundlage bildete ein parlamentarischer Beschluss vom März 1993[100].

Von der Eigentumsübertragung erhoffte man sich die finanzielle Entlastung der staatlichen Nahverkehrsunternehmen, denn die Wartung der Fahrzeuge konnte nicht mehr von den staatlichen Transportunternehmen übernommen werden, denen die notwendigen Ersatzteile aus anderen Republiken infolge mangelnder Finanzmittel und Devisen fehlten. Die Fahrzeuge wurden bisher notdürftig von ihren Fahrern repariert, die jedoch keinerlei Anreiz hatten, finanzielle, zeitliche und innovative Aufwendungen für die Funktionsfähigkeit der Fahrzeuge zu täti-

---

[100] "Dövlät avtonäqliyyat vasitälärinin özälleşdirilmäsi haqqında A.R. Milli Mäclisinin Qärarı" (Beschluß der Nationalversammlung über die Privatisierung der staatlichen Transportmittel), Nr.522, 24.2.93, in: Azärbaycan, 2.3.93; und die zugehörige Durchführungsgrundlage "Dövlät avtomobil näqliyyatı vasitälärinin özälleşdirilmäsi qaydaları haqqında Äsasnamä" (Durchführungsbestimmung des Vermögenskomitees über die Privatisierung der staatlichen Transportmittel), 9.3.93. Privatisiert wurden Taxis und Kleinbusse der Staatskonzerne "Azäravtonäqliyyat" und "Särnişinnäqliyyat".

gen[101]. Durch die Eigentumsübertragung erhielten die Eigentümer-Fahrer einen Anreiz, die Fahrzeuge fahrtüchtig zu halten, weil sie dadurch ihre Einkommensquelle bewahren konnten.

Mit Beginn dieser kleinen Privatisierung wurde eine "Spezielle Expertenkommission" (*Xususi Ekspert Komissijası*) aus Mitgliedern des *Staatlichen Vermögenskomitees*[102], der Nationalversammlung, der Regierung und Vertretern der zuständigen Verwaltungsorgane sowie der Verkehrsbetriebe gegründet, die die Korrektheit bei der Durchführung überwachen sollte. Sie hatte zu beachten, daß die Möglichkeit, Anträge zu stellen, allen Bürgern offenstand, die eingereichten Unterlagen einer Expertise unterzogen wurden und die Preise für die Fahrzeuge nicht "unangemessen" waren, und daß strittige Punkte zu aller Zufriedenheit geregelt wurden. Die Leitung der Transportmittelbetriebe der staatlichen Verkehrskonzerne mußte gemeinsam mit Gewerkschaftsvertretern und einem Vertreter der Fahrer eine "Spezielle Verkaufskommission" (*Xususi Satış Komissijası*) gründen, die die Unterlagen über die Fahrzeuge, die Kaufinteressenten (in der Regel die bisherigen Fahrer) mit deren Kaufgesuchen zusammenstellten und der Expertenkommision des *Staatlichen Vermögenskomitees* weiterleiteten. Diese hat aufgrund der vorliegenden Daten (technische Daten über das Fahrzeug: u.a. Modell und Alter des Autos, Einkaufspreis, Abnutzung) den Mindestpreis des Fahrzeugs festgelegt. Die Betriebsleitung konnte in Abhängigkeit eigener Investitionen in das einzelne Fahrzeug den endgültigen Verkaufspreis bestimmen, zu dem es dann verkauft wurde. Die Hälfte der Einnahmen aus der Privatisierung der Fahrzeuge ging in den Staatshaushalt ein, die andere Hälfte in das Budget des Nahverkehrsbetriebs, so daß dieser teilweise ausstehenden Zahlungsverpflichtungen nachkommen konnte.

Die bisherigen Fahrer erhielten Vorkaufsrechte, so daß Gerechtigkeitsüberlegungen und soziale Akzeptanz bei dieser kleinen Privatisierung berücksichtigt wurden und eine Entwertung des Humankapitals der Fahrer vermieden wurde.

---

[101] Sowohl Prämien als auch die regulären Löhne konnten wegen der Bargeldknappheit häufig nicht rechtzeitig gezahlt werden.

[102] Zum *Staatlichen Vermögenskomitee*, der aserbaidschanischen Privatisierungsbehörde, siehe Abschnitt 3.1.

Der Käufer eines Fahrzeugs mußte mindestens 50% des Preises sofort zahlen, den Rest konnte er - ohne Anpassung an die steigenden Preise infolge der Inflation - im Laufe von einem Jahr in Raten begleichen. Die ehemaligen Nahverkehrskonzerne stellten den Fahrzeughaltern weiterhin ihre Infrastruktur zur Verfügung, und wurden dafür an den Einnahmen der Fahrer beteiligt; das Einkommensrisiko trug nun allerdings der Fahrer selber.

Von den etwa 8.000 Fahrzeugen, die Anfang 1992 die Ausstattung des staatlichen Konzerns "Azeravtoneglijjat" ausmachten, waren Ende 1994 fast 75% privatisiert. Durch die Verpflichtung, das erworbene Fahrzeug mindestens ein Jahr zweckgebunden zu nutzen, konnte der Nahverkehr in der Fast-Drei-Millionen-Stadt Baku sichergestellt werden.

2.3.3 Reformen in der Landwirtschaft

Wegen der Produktionsrückgänge in der Landwirtschaft und der Nahrungsmittelknappheit[103] wurden bereits kurz nach der Unabhängigkeit Aserbaidschans verschiedene Maßnahmen ergriffen, um in der Landwirtschaft zum Zweck der Produktivitätssteigerung private Handlungsrechte einzuführen[104]. Auch in der Sowjetunion gab es schon eine privatwirtschaftliche Nutzung landwirtschaftlichen Bodens in sogenannten privaten Hofwirtschaften (*häyatyanı yardımcı täsärrufatı*; auch Gartenwirtschaft bzw. bäuerliche Nebenerwerbswirtschaft), in denen die Produktivität wesentlich höher lag als in den staatlichen Betrieben. Die privaten Hofwirtschaften wurden schon kurz nach der Zwangskollektivierung der Landwirtschaft in den 30er Jahren eingeführt, und waren "Voraussetzung für die extrem geringe Vergütung der Kolchosarbeit"[105]. Denn

---

[103] 1992 konnten bestimmte Nahrungsmittel nur noch auf Lebensmittelkarten (*talon*) erworben werden.

[104] Siehe die Einleitung zum "Kändli (fermer) täsärrufatlarının yaradılmasını surätländirmäk tädbirläri haqqında A.R. Prezidentinin Färmanı" (Präsidialerlaß über Beschleunigungsmaßnahmen zur Einrichtung von bäuerlichen (Farm-)Wirtschaften), Nr.551, 18.1.92, in: ASM, Nr.2, 1992, S.27-29.

[105] H. Conert, Die Ökonomie des ..., a.a.O., S.195. Zur Bedeutung von privaten Hofwirtschaften und deren Schwierigkeiten siehe auch: A. Nove, Das sowjetische Wirtschaftssystem

der beabsichtigte primäre Zweck dieser Form des privaten Anbaus war es, der Landbevölkerung einen Zusatzverdienst zum niedrigen regulären Einkommen zu schaffen, indem diese *für den eigenen Bedarf* Boden bewirtschaften konnte[106]. Das Land selber blieb in staatlichem Eigentum, durfte nicht an andere veräußert werden und wurde einer Familie zeitlich unbefristet (zur "ständigen Nutzung") überlassen. Sofern die Produktion in diesen privaten Hofwirtschaften den eigenen Bedarf überschritt, durften die Produkte auch auf der Basis frei ausgehandelter Verträge auf Kolchosmärkten oder an Verbrauchsgenossenschaften verkauft werden. Die Ware konnte ebenso an den staatlichen Zwischenhandel zu staatlich festgelegten Preisen veräußert werden[107]. Dadurch stellten diese Hofwirtschaften die einzigen offiziell gestatteten privatwirtschaftlichen Tätigkeiten in der Sowjetunion dar. Wie effektiv in diesen kleinen Betrieben gewirtschaftet wurde, wo sich die Produzenten die Erträge vollständig aneignen konnten, läßt sich daran sehen, daß in den 80er Jahren etwa 2% der landwirtschaftlich genutzten Böden in der Sowjetunion in Hofwirtschaften bestellt wurden, die jedoch 25-30% der landwirtschaftlichen Produktion erbrachten[108].

Um den Charakter einer "Zuverdiener-Wirtschaft", den die privaten Aktivitäten in der sowjetischen Landwirtschaft aufwiesen, aufzuheben und der privaten landwirtschaftlichen Produktion einen gleichberechtigten Status neben der staatlichen Produktion einzuräumen, wurden weitere private Betriebsformen in der Landwirtschaft zugelassen. Von Sowchosen und Kolchosen konnte landwirtschaftliche Nutzfläche gepachtet werden, was aber für Pächter relativ unattrak-

..., a.a.O., S.148ff.

[106] Bis 1958 mußten die Hofwirtschaften jedoch einen Teil ihrer Produkte an den Staat abliefern und wurden hoch besteuert.

[107] Manche Produkte, wie Fleisch oder Milch, durften nicht auf Kolchosmärkten oder an Verbrauchsgenossenschaften verkauft werden, sondern **mußten** an die staatlichen Aufkaufstellen abgegeben werden.

[108] A. Nove, Das sowjetische ..., a.a.O., S.150. Mitte der 90er Jahre erzeugten in Aserbaidschan die privaten landwirtschaftlichen Betriebe, die etwa 3% der landwirtschaftlichen Nutzfläche einnahmen, über 60% der landwirtschaftlichen Produktion, was besonders auf die Produktionsrückgänge in den Sowchosen und Kolchosen im Verlauf der Transformation zurückzuführen war. Angaben aus dem Nationalen Fond zur Förderung des Unternehmertums, von einem Professor für Agrarwirtschaft.

tiv war, weil nur qualitativ minderwertige Böden zur Verfügung gestellt wurden. Zudem mußte bis zu 50% des Ertrags der Pächter an die Sowchose/Kolchose abgeliefert werden, was keine große Akzeptanz in der Bevölkerung fand[109]. Sofern in der Landwirtschaft überhaupt Pachtbetriebe gegründet wurden - was in Aserbaidschan tatsächlich kaum der Fall war[110] -, bestand ein Anreiz, die erwirtschafteten Erträge der Sowchos- oder Kolchosleitung gegenüber niedriger auszuweisen.

1992 wurde das Gesetz über die *bäuerliche (Farm-)Wirtschaft* verabschiedet, mit dem eine neue Betriebsform in der Landwirtschaft geschaffen wurde. *Bäuerliche (Farm-)Wirtschaften* stellen einen eigenständigen, erwerbswirtschaftlich ausgerichteten und finanziell unabhängigen kollektiven oder Familienbetrieb dar[111]. Als Mitglieder gelten "die ständig an einem Ort lebenden Ehepartner, Kinder bis zu 14 Jahren, Eltern sowie die in dem Betrieb ständig arbeitenden Personen, die sich freiwillig angeschlossen haben", also gleichberechtigte Mitglieder des Betriebs sind[112]. Die Vermögensbestände gehören allen Mitgliedern je nach vertraglicher Ausgestaltung entweder gemeinsam (als Gemeineigentum) oder anteilsmäßig[113], und der Betrieb wird nach außen von einem gewählten Betriebsleiter vertreten[114].

---

[109] Es handelt sich hier um "share-cropping". Zu Bestimmungsgründen für das Auftreten verschiedener Vertragsformen, u.a. von "share contracts", sowie den Konsequenzen daraus (opportunistisches Verhalten) siehe: S.K. Datta, J.B. Nugent, "Transaktion Cost Economics and Contractual Choice: Theory and Evidence", in: M.K. Nabli, J.B. Nugent (Hrsg.), The New Institutional Economics and Development. Theory and Applications to Tunisia", Amsterdam: Elsevier Science Publ. 1989, S.34-79.

[110] 1992 bis 1994 waren in der Landwirtschaft nur 28 Pachtbetriebe registriert. Siehe Tabelle 4.5 in Kapitel IV, Abschnitt 3.3.

[111] "Kändli (fermer) täsärrufatı haqqında A.R.nın Qanunu" (Gesetz über bäuerliche (Farm-)Wirtschafen), 8.4.92, in: Xalq qäzäti, 29.4.92, S.2f. Der Zusatz "Farm" ist darauf zurückzuführen, daß in der Sowjetunion die Viehwirtschaft als *fermy* bezeichnet wurde; eine bäuerliche (Farm-)Wirtschaft kann sowohl im Ackerbau als auch in der Viehwirtschaft tätig sein. A. Nove, Das sowjetische ..., a.a.O., S.168f.

[112] Art.5, "Kändli (fermer) täsärrufatı ...", a.a.O.

[113] Ebd., Art. 23. Siehe hierzu auch die Definitionen zu Kollektiveigentum im Gesetz über Eigentum: Art.15, "A.R.nda mülkiyyät ...", a.a.O.

[114] Art.2 und Art.6, "Kändli (fermer) täsärrufati ...", a.a.O.

Die Handlungsrechte in bäuerlichen (Farm-)Wirtschaften werden aber entgegen der gesetzlich vorgesehenen "gleichen Rechte und bevorzugten staatlichen Unterstützung"[115] auch eingeschränkt. Erstens ist die Beschäftigung von Lohnarbeitern - an sich ein Fortschritt gegenüber den Rechten privater Wirtschaftsakteure in der Sowjetunion - nur gestattet, wenn alle anderen Arbeitskräfte des Betriebs ausgelastet sind und Saisonarbeiter eingestellt werden müssen[116]. Ein Grund, den Betrieb von staatlicher Seite aus zu schließen, ist auch die Beschäftigung von mehr Lohnarbeitern als zu dem Betrieb gehörenden Familien- und Kollektivmitgliedern[117].

Zweitens wird vorerst - solange kein Bodenmarkt existiert - landwirtschaftliche Nutzfläche nicht entsprechend der Zahlungsbereitschaft der Interessenten vergeben, sondern von den örtlichen Verwaltungsorganen zugeteilt. Die Größe des Grundstücks wird entsprechend der Größe des geplanten Betriebs (Familienzusammensetzung), den Qualifikationen der Mitglieder und der "Landnorm" ermittelt. Die sogenannte durchschnittliche Landnorm ergibt sich aus "der Division des Landes der Kolchosen, Sowchosen und sonstigen Wirtschaftseinheiten eines Dorfes oder einer Gemeinde durch die Zahl der Personen, die auf eben dem Gebiet in der Landwirtschaft arbeiten"[118]. Die Durchführungsverordnung muß jedoch von dem örtlichen Exekutivorgan erarbeitet werden, so daß die Zuteilung von Grundfläche in gewissem Maße der Willkür der Verwaltungsorgane unterliegt, und individuelle Verhandlungsspielräume und Korruptionsmöglichkeiten eröffnet werden. Das Land, über das die örtliche Verwaltung verfügen darf, wird aus "minderwertigem Boden, ungenutztem oder nicht seiner Bestimmung entsprechend genutztem, sowie verpfändetem, nicht ausgelöstem Land" gebildet[119], so daß die Bodenqualität bisher eher schlecht war.

---

[115] Ebd., Einleitung und Art.3.

[116] Ebd., Art.5. Infolgedessen gelten für Lohnarbeiter auch andere Schutz- und Lohnbestimmungen als für die Betriebsmitglieder; ebd., Art.31.

[117] Ebd., Art.42 e). Die Beschränkung der Einstellung von Lohnarbeitern ist ein Unterscheidungsmerkmal zu Kleinbetrieben in der Landwirtschaft.

[118] Ebd., Art.10.

[119] Ebd., Art.7.

Bis 1996, als ein Gesetz über die Bodenreform verabschiedet wurde[120], konnte Boden für die Gründung einer bäuerlichen (Farm-)Wirtschaft nur von Sowchosen und Kolchosen bereitgestellt werden. Dazu mußte offiziell das örtliche Volksvertretungsorgan gemeinsam mit dem Landwirtschaftsministerium über die Auflösung der betroffenen Sowchose bzw. Kolchose entschieden haben. Interessenten müssen bei der Leitung eines solchen landwirtschaftlichen Betriebs Anträge auf die Bereitstellung von Land stellen. Die Sowchos- oder Kolchosleitung muß sodann das Arbeitskollektiv bzw. die Kolchosversammlung einberufen, die mit Zweidrittel-Mehrheit über den Antrag zu entscheiden hat[121].

Generell gilt für das für bäuerliche Betriebe bereitgestellte Land, daß es in das Eigentum des bäuerlichen Betriebs übergeht und innerhalb der angegebenen Handlungsrechte genutzt werden darf. Eine Veräußerung des Bodens ist jedoch in den ersten fünf Jahren nach dessen Erhalt nicht erlaubt[122], was möglicherweise sicherstellen soll, daß die Betriebsgründer tatsächlich zumindest mittelfristig eine landwirtschaftliche Nutzung und nicht primär spekulative Zwecke anstreben.

Die Zahl der bäuerlichen (Farm-)Wirtschaften ist seit ihrer Einführung von 320 (1992) auf 3.186 (1995) gestiegen und erreichte Mitte 1996 über 4.000[123]. Damit haben sie in der Landwirtschaft zahlenmäßig eine weit größere Bedeutung erlangt, als Kleinbetriebe oder Kooperativen[124]. Zwar blieb die Zahl der Kolchosen und Sowchosen relativ unverändert (Ende 1994 existierten 1128 Kolchosen und 724 Sowchosen), weil deren Privatisierung noch nicht begonnen hatte; die Bedeutung der bäuerlichen (Farm-)Wirtschaften stieg jedoch, was

---

120 "Torpaq islahatı haqqında A.R.nin Qanunu" (Gesetz über die Bodenreform), Nr.155-1Q, 16.7.96, in: Biznesmenin Bülleteni, Nr.31 (96), 1996.

121 Sahibkarlığa vä Bazar Iqtisadiyyatının Inkişafına Yardım Fondu (Hrsg.), Fermer täsärrufatları (Farmwirtschaften), Baku: o.Vlg. 1996, S.10. Siehe auch Art.16, 2., "Kändli (fermer) täsärrufatı ...", a.a.O.

122 Art.28, 2., "Kändli (fermer) täsärrufatı ...", a.a.O.

123 Siehe Tabelle 4.5 in Kapitel IV, Abschnitt 3.3; Sahibkarlığa vä Bazar Iqtisadiyyatının Inkişafına Yardım Fondu (Hrsg.), Fermer täsärrufatları ..., a.a.O., Tab.2, S.7.

124 Siehe Tabelle 4.5 in Kapitel IV, Abschnitt 3.3.

auch an der Zunahme der von diesen bewirtschafteten landwirtschaftlichen Nutzfläche abzulesen ist: Am 1.1.1995 standen ihnen 1,4%, am 1.6.1996 5,0% der landwirtschaftlichen Nutzfläche zur Verfügung[125].

Einige allgemeine Grundsätze über Bodennutzung und Bodenreform wurden bereits kurz nach der Unabhängigkeit Aserbaidschans im November 1991 im Bodenkodex festgelegt[126]. Die Eigentumsübertragung für landwirtschaftlich nutzbaren Boden ist innerhalb der ersten 5 Jahre nach der Übereignung generell verboten. Wird das Land dennoch verkauft, so kann der vormalige Eigentümer innerhalb der nächsten 15 Jahre nicht mehr kostenlos Boden vom zuständigen Verwaltungsorgan erhalten[127].

Desweiteren müssen Grundstücke ihrer Zweckbestimmung entsprechend genutzt werden, ansonsten können die privaten Handlungsrechte entzogen werden[128]. Dazu werden die Böden in Aserbaidschan in sieben verschiedene Nutzungsformen aufgeteilt[129]. Damit wird dem Prinzip des Art.2 des Bodenkodex Rechnung getragen, wonach der Staat die ertragreiche Nutzung verbessern und die Steigerung der Bodenergiebigkeit forcieren soll.

Zum Thema Bodeneigentum und Bodenreform wurde bestimmt, daß explizit ein Recht auf privates Grundeigentum besteht. Die Verfügungsgewalt über staatliches Grundeigentum, und damit auch die Entscheidungsgewalt über die Privatisierung von Boden soll das jeweilige örtliche Verwaltungsorgan erhalten[130].

---

125 Sahibkarlığa vä Bazar Iqtisadiyyatının Inkişafına Yardım Fondu (Hrsg.), Fermer täsärrufatları ..., a.a.O., Tab.2, S.7.

126 "A.R.nın torpaq Mäcälläsi" (Bodenkodex), Nr.254-XII, 9.11.91, in: ASM, Nr.2, 1992, S.3ff.

127 Ebd., Art.12. Ausnahme ist die Vererbung von Boden unter der einheimischen Bevölkerung. Ebd., Art.11 und 12.

128 Ebd., Art.32.

129 Böden werden in Aserbaidschan nach folgenden Kategorien aufgeteilt: 1. Boden mit landwirtschaftlicher Bestimmung, 2. zum Lebensraum, 3. zur industriellen und Infrastrukturnutzung, 4. zum Zwecke der Erholung und des Landschaftsschutzes, 5. Waldflächen, 6. Wasserflächen und 7. sog. Reserveflächen. Ebd., Art.5.

130 Ebd., Art.7.

Prinzipiell ist die Zuteilung privater Handlungsrechte an Grund und Boden dann gestattet, wenn dort der ständige Wohnsitz des Antragstellers ist, wenn er das Grundstück als private Hofwirtschaft nutzt, aber auch, wenn der Boden generell für die wirtschaftliche Nutzung vorgesehen wird[131]. Für die genannten Zwecke soll Land kostenlos übereignet werden[132].

Die konkrete Ausgestaltung der Bodenreform war jedoch bis Ende 1995 noch nicht ausgereift. In den Gesetzen über die Agrarreform und die Reformen der Sowchosen und Kolchosen (beide vom Februar 1995)[133] ist zwar die Kommerzialisierung und teilweise Privatisierung im Agrarsektor vorgesehen, sie behandeln aber bereits Detailfragen, ohne daß über grundlegende Bestimmungen über die Eigentumsübertragung von Land entschieden wurde[134].

Im Gesetz über die Agrarreform wird auf die geplanten Veränderungen in den verschiedenen Betrieben auf kommunaler Ebene eingegangen. Die Zuständigkeiten für einzelne Betriebsarten werden festgelegt, und es wird bestimmt, welche Objekte in staatlichem Eigentum bleiben und welche in kommunales Eigentum übergeführt und damit unter Verfügungsgewalt der örtlichen Verwaltung gestellt werden sollen[135]. Der Agrarsektor wird einem speziellen staatlichen Schutz unterstellt, der sich darin äußert, daß hier weitreichende staatliche Regulierungen vorgesehen sind, beispielsweise in bezug auf das Verhältnis

---

[131] Dazu zählt nicht nur die landwirtschaftliche, sondern auch die industrielle sowie kunsthandwerkliche Nutzung; ebd., Art.10.

[132] Eine Eigentumsrestitution ist - entgegen der Praxis in einigen anderen osteuropäischen Staaten - nicht vorgesehen. Ebd., Art.11.

[133] "Aqrar islahatının äsasları haqqında A.R. Qanunu" (Gesetz über die Grundzüge der Agrarreform), 18.2.95, in: Biznesmenin Bülleteni, Sondernummer 1995; "Sovxoz vä kolxozların islahatı haqqında A.R. Qanunu" (Gesetz über die Reform der Sowchosen und Kolchosen), Nr. 978, 18.2.95, in: Biznesmenin Bülleteni, Sondernummer 1995.

[134] Die Grundlagen über die Bodenreform wurden erst ein Jahr später, am 16. Juli 1996 verabschiedet. Siehe: "Torpaq islahatı ...", a.a.O.

[135] In staatlichem Eigentum verbleiben u.a. wissenschaftliche und Bildungseinrichtungen, Landschaftsschutzgebiete, Objekte der Wasserwirtschaft. Art.4, "Aqrar islahatının äsasları ...", a.a.O. Soziale Einrichtungen werden auch nachdem sie privatisiert wurden staatlich unterstützt, wenn sie öffentliche Aufgaben wahrnehmen; regional- und strukturpolitische Aufgaben, die der Entwicklung und dem Erhalt eines Agrarmarktes dienen, übernimmt der Staat. Ebd., Art.15f.

zwischen der Preisentwicklung wichtiger landwirtschaftlicher Produkte und deren Inputs[136].

Das Gesetz über die Reform der Sowchosen und Kolchosen legt die Zuständigkeiten und Mitspracherechte bei der Privatisierung der staatlichen Argarbetriebe fest und bestimmt die Aufgaben der jeweiligen Behörden. Auf jeder politischen Entscheidungsebene soll eine Kommission gegründet werden, die für die Durchführung der landwirtschaftlichen Privatisierung zuständig ist. An oberster Stelle steht, als letzte Instanz, die *Staatliche Kommission für die Agrarreform*, die durch den Präsidenten eingesetzt wird und ihm gegenüber rechenschaftspflichtig ist. Darunter werden auf der Ebene der Region die *Regionalen (Rayon-) Kommissionen für die Agrarreform* vom Vorsitzenden der regionalen Verwaltung gebildet. Die *Örtlichen Kommissionen für die Agrarreform*, die von der Vollversammlung der jeweiligen Sowchose bzw. Kolchose zu bilden sind und sich aus Vertretern der Beschäftigten, der örtlichen Verwaltung und der ansässigen Bevölkerung sowie dem Betriebsleiter zusammensetzen sollen, haben die Aufgabe, die konkrete Eigentumsübertragung vor Ort (in der Sowchose/Kolchose) auszuarbeiten und durchzuführen.

Die örtliche Verwaltung, die laut dem Bodenkodex wesentliche Entscheidungsbefugnisse bei der Privatisierung von Boden erhalten soll, bekommt somit auch bei der Ausarbeitung der Privatisierungspläne für die Sowchosen und Kolchosen auf regionaler und örtlicher Ebene weitreichende Mitbestimmungsrechte. In Anbetracht dessen, daß die örtliche Verwaltung vom Präsidenten ins Amt berufen wird und das oberste Gremium bei der Agrarreform ebenfalls eine vom Präsidenten eingesetzte Kommission bildet, dürfte die Privatisierung der staatlichen landwirtschaftlichen Betriebe relativ konfliktfrei, weil innerhalb klientelistischer Beziehungen geplant, verlaufen. Da die örtliche Verwaltung auch die Handlungsrechte über die übrigen kommunalen Einrichtungen (wie wichtige Infrastrukturbetriebe) erhält, ist abzusehen, daß diese Behörde (bzw. deren Leitung) weitreichenden Einfluß im ländlichen Gebieten behalten wird.

---

[136] Ebd., Art.13.

Laut dem Gesetz über die Reform der Sowchosen und Kolchosen erhalten die dort Beschäftigten einen Bodenanteil, über den sie dann eigenständig verfügen dürfen. Eine große Unsicherheit herrscht allerdings über den Umgang mit bereits gegründeten privaten Pachtbetrieben auf dem Grund bisheriger Sowchosen oder Kolchosen. Es wurde diskutiert, diese Ländereien mit Beginn der Agrarreform vom Pächter zurückzunehmen, was allerdings dem Pachtgesetz hinsichtlich der Forderung nach Langfristigkeit der Verträge widerspricht.

Erst das Gesetz über die Bodenreform vom Juli 1996 legt allgemeine Grundsätze fest, die Voraussetzung für die eben dargestellten Gesetze sind[137]. Boden soll in Aserbaidschan in die Formen der in nationalem, der in kommunalem und der in privatem Eigentum stehenden Ländereien aufgeteilt werden[138]. Privatpersonen wird das Land kostenlos übereignet, das sie bereits bewohnen oder legal bebaut haben. Ebenso werden ihnen Gärten, die sie vom Staat gepachtet oder als Kollektiv genutzt haben, zugesprochen[139]. Ferner erhalten sie einen Anteil an einer Kolchose oder Sowchose, sofern sie dort dauerhaft arbeiten oder wohnen bzw. gearbeitet haben und in Rente gegangen sind bzw. in den Wehrdienst eingezogen wurden. Wer sich jedoch illegal Land angeeignet hat (und dieses nicht zurückgibt), verliert seinen Anspruch auf einen Anteil des Landes von Sowchosen und Kolchosen[140].

Im Gesetz über die Bodenreform wird zudem festgelegt, daß ein Anrecht auf ein Landstück einer Sowchose bzw. Kolchose die dort ständig Beschäftigten, diejenigen mit ständigem Wohnsitz auf den Ländereien, die pensionierten Mitarbeiter, die noch in der Region wohnen, die vorübergehend Abwesenden sowie die Belegschaft der auf dem Gebiet der Sowchose/Kolchose befindlichen Betriebe haben. Bis zu fünf Prozent der landwirtschaftlichen Nutzfläche und die gesamte landwirtschaftlich wenig nutzbaren bzw. wertlosen Flächen der Betrie-

---

[137] "Torpaq islahatı ...", a.a.O. Die Bestimmungen des Gesetzes über die Bodenreform werden wegen ihrer Komplexität hier nicht im einzelnen analysiert, lediglich einige allgemeine Aspekte werden beleuchtet.

[138] Ebd., Art.3, und im einzelnen Art.6 bis Art.8.

[139] Ebd., Art.10.

[140] Ebd., Art.12.

be werden in den "Bodenfonds" der Gemeinde (= gemeindeeigener Bodenbestand) gestellt[141]. Die Gemeindeverwaltung hat das Recht, Land aus dem "Bodenfonds" zur Nutzung (dauerhaften Überlassung oder Pacht) an folgende, in der entsprechenden Reihenfolge angegebenen Personen zu vergeben[142]:

- an Flüchtlinge, die vorübergehend auf Ländereien von Sowchosen oder Kolchosen untergebracht sind;
- an natürliche oder juristische Personen, die in der entsprechenden Region (*Rayon*) leben und noch keinen Bodenanteil erhalten haben;
- an natürliche oder juristische Personen, die in der entsprechenden Region (*Rayon*) leben und bereits einen Bodenanteil erhalten haben;
- an sonstige natürliche oder juristische Personen der Republik Aserbaidschan; und schließlich
- an ausländische natürliche oder juristische Personen.

Über die Erfolge in der Landwirtschaftsreform lassen sich derzeit noch keine Aussagen treffen, weil erst seit Mitte 1996 die wichtigsten gesetzlichen Grundlagen dafür in Kraft sind. Bisher wurden erst einzelne Sowchosen bzw. Kolchosen aufgelöst und die Ländereien an private Wirtschaftssubjekte übereignet.

Die langwierigen Diskussionen über die Durchführung der Bodenreform müssen teilweise darauf zurückgeführt werden, daß die Landwirtschaft in Aserbaidschan einen großen Anteil am gesamtwirtschaftlichen Output ausmacht und dort etwa ein Drittel aller Arbeitskräfte beschäftigt ist. Bei den Reformen soll verhindert werden, daß durch die Restrukturierung größere Produktionsrückgänge ausgelöst werden.

Der Hauptgrund der Verzögerung dieser Reformen ist jedoch darin zu sehen, daß die Verteilungswirkungen bei einer Bodenreform sehr weitreichend sind. Bei Privatisierungsvorhaben werden in der Regel Interessengruppen mobilisiert, die das Verfahren zu ihren Gunsten zu beeinflussen versuchen. Wenn es um eine Boden- und Landwirtschaftsreform geht, sind die Verteilungswirkungen noch ausgeprägter als bei der Eigentumsübertragung von Betrieben, weil Boden

---

[141] Ebd., Art.11.

[142] Ebd., Art.7.

ein begrenzter Produktionsfaktor ist. Da die Basis der landwirtschaftlichen Akkumulation der Boden ist, haben die Betriebsleiter nicht die Möglichkeit, Betriebsvermögen in einen neu gegründeten privaten Landwirtschaftsbetrieb zu transferieren, wie dies in der Industrie üblich ist[143]. Besonders die Betriebsleiter von Sowchosen und Kolchosen sowie die regionalen Sowchosverwaltungen werden ein Interesse daran haben, daß die staatlichen Großbetriebe aufrechterhalten werden, weil sie ansonsten ihre einflußreichen Positionen verlieren würden. Der dominante Status der örtlichen Verwaltung bei der Organisation der Privatisierung auf dem Land verdeutlicht, wie die örtliche Elite es verstanden hat, in der Agrarreform ihren Einfluß geltend zu machen.

3 Privatisierung in Aserbaidschan

3.1 Die aserbaidschanische Privatisierungsbehörde

Am 7.1.1993 wurde das "Gesetz über die Privatisierung des staatlichen Eigentums" verabschiedet, in dem die Prinzipien der Überführung des staatlichen Eigentums in privates sowie die Verteilung der Zuständigkeiten bei der Privatisierung dargelegt werden[144]. Die Privatisierung wird vom "*Dövlät Ämlak Komitäsi*" (= *Staatliches Vermögenskomitee*), der aserbaidschanischen Privatisierungsbehörde, vorbereitet, die im Juli 1993 ihre Tätigkeit aufgenommen hat. Ihre Aufgaben sind folgendermaßen beschrieben:

1. Sie muß die institutionellen Rahmenbedingungen analysieren und gegebenenfalls die Beseitigung von Hindernissen (insbesondere juristischer Art) veranlassen.

---

[143] Zu dieser Form der "spontanen Privatisierung" in den staatlichen Industriebetrieben siehe Abschnitt 3.2.

[144] "A.R.nda dövlät mülkiyyätinin özälläşdirilmäsi haqqında A.R.nın Qanunu" (Gesetz über die Privatisierung des staatlichen Eigentums), Nr.445, 7.1.93, in: Biznesmenin Bülleteni, Nr.3 (8), 1994, S.9-14. Man beachte, daß die Privatisierung von Boden und Wohnungsbestand in gesonderten Gesetzen geregelt wird; ebd., Art.2. Das Gesetz über die Privatisierung des Wohnungsbestandes wurde am 26.1.1993 angenommen. Ein Gesetz über die Privatisierung von Boden wurde erst Mitte 1996 verabschiedet; spezielle Gesetze über die Agrarreform und die Reform der Sowchosen und Kolchosen traten bereits Anfang 1995 in Kraft. Siehe auch Abschnitt 2.3.3.

2. Sie muß das Privatisierungsprogramm erstellen, das jährlich bis zum 1. November vom Präsidenten verabschiedet und anschließend bis zum 20. Dezember des Jahres durch das Parlament angenommen werden soll. Darin sollen die zu privatisierenden Objekte (mit relevanten technischen und ökonomischen Daten) aufgeführt und danach klassifiziert werden, nach welcher Methode sie in Privateigentum überführt werden sollen. Ferner soll darin der Anteil des staatlichen Vermögens, das privatisiert werden soll, sowie die zeitliche Abfolge (Sequencing) und die Geschwindigkeit des Vorgehens (Pacing) konkretisiert werden. Schließlich soll auch die Nutzung der infolge der Privatisierung erworbenen Mittel festgelegt werden.
3. Sie muß regionale Verwaltungen für die Privatisierung einsetzen, diese in methodischen Fragen beraten und den korrekten Verlauf der Privatisierung überwachen.[145]

Das Dilemma einer Privatisierungsbehörde besteht im Prinzip darin, daß sie "für ihre eigene Überflüssigkeit zu sorgen"[146] hat. Wird ihr, wie in Aserbaidschan, keine zeitliche Befristung ihrer Tätigkeit vorgegeben, dann besteht die Gefahr, daß die Beschäftigten der Behörde bestrebt sind, die Privatisierung hinauszuzögern, um ihre Arbeitsplätze zu sichern.

Ferner unterliegt eine einzelne Privatisierungsbehörde keinen Kontrollmechanismen, wenn kein Erfolgsdruck existiert und keine Konkurrenz herrscht. Kontrollmechanismen für die Arbeit der Privatisierungbehörde könnten beispielsweise dadurch eingeführt werden, daß die Beschäftigten der Behörde an den Privatisierungserlösen beteiligt werden, und darum ein persönliches Interesse an dem Verkauf der Staatsbetriebe hätten. Weiterhin könnten mehrere Privatisierungsagenturen als Kapitalgesellschaften eingerichtet werden, die über den Aktienmarkt hinsichtlich ihres Erfolgs bewertet werden, und darum - in Kon-

[145] Siehe hierzu Art.9 und Art.10, "A.R.nda dövlät mülkiyyätinin ...", a.a.O.

[146] U. Wagner, "Schaffung von Entscheidungsspielräumen: Privatisierung und Reform des Vertrags- und Unternehmensrechts", in: K.-H. Hartwig, H.J. Thieme (Hrsg.), Transformationsprozesse in sozialistischen Wirtschaftssystemen. Ursachen, Konzepte, Instrumente, Berlin: Springer 1991, S.253-279, Zit. S.257.

kurrenz zueinander stehend - eine erfolgsorientierte Privatisierungspolitik durchführen[147].

In Aserbaidschan gibt es jedoch nur eine Privatisierungsbehörde, die direkt dem Präsidenten unterstellt ist. Betriebs- und Kombinatsleiter, Bürokraten und Minister können je nach ihrem politischen Einfluß ihre Interessen in der Behörde geltend machen. Daß in Aserbaidschan solche Bargaining-Prozesse stattfanden, ist daran zu erkennen, daß bis Mitte 1995 weder der Termin zur Verabschiedung eines Privatisierungsprogramms eingehalten, noch überhaupt ein mehrheitsfähiges Konzept entworfen werden konnte. Erst zwei Jahre nach Einsetzung der Privatisierungsbehörde wurde 1995 ein solches Programm verabschiedet[148].

3.2 Ziele der Privatisierung und Interessengruppen

Als primäres Privatisierungsziel wird angesichts der Ineffizienzen in den Staatsbetrieben der ehemaligen Zentralverwaltungswirtschaften zumeist die Steigerung der betrieblichen Effizienz genannt. Daneben werden weitere Anforderungen an die Privatisierung gestellt, die die Geschwindigkeit, die soziale Akzeptanz und häufig auch die Erhöhung der Staatseinnahmen betreffen[149]. Während die erstgenannten Forderungen relativ unumstritten sind, ist das fiskalische Ziel zumeist kurzfristig nicht zu erreichen, wie Erfahrungen verschiedener Transformationsländer zeigen. Die staatlichen Einnahmen aus der Privatisierung fallen meist niedriger als erwartet aus, so daß es sinnvoll ist, nicht die kurzfristigen Privatisierungserlöse zur Aufbesserung der Staatseinnahmen, sondern

---

[147] H. Schmieding, M.J. Koop, Privatisierung in ..., a.a.O., S.19f.

[148] "A.R.nda 1995-1998-ci illärdä dövlät mülkiyyätinin özälläşdirilmäsinin Dövlät Programı" (Staatsprogramm zur Privatisierung des Staatseigentums für die Jahre 1995-1998), 21.7.95, in: Biznesmenin Bülleteni, Nr.21 (51), 1995. Es handelt sich im Juli 1995 um die 14. Fassung des Programms. Siehe: o.V., "The programme of privatisation as viewed by experts", in: CSIS (Hrsg.), Azerbaijan: Policy & Economy, No.28 (58), 14.7.95, S.12-14.

[149] Siehe beispielsweise: H. Schmieding, M.J. Koop, Privatisierung in Mittel- und Osteuropa: Konzepte für den Hindernislauf zur Marktwirtschaft, Kiel: Institut für Weltwirtschaft 1991, S.3f.; H. Leipold, "Probleme und Konzepte der Privatisierung von Staatseigentum", in: Wirtschaftswissenschaftliches Studium, 21.Jg. (1992), S.54-59.

die langfristig zu erwartenden Zuwächse in den Steuereinnahmen infolge von Produktivitätssteigerungen in den Betrieben als vorrangiges fiskalisches Ziel zu bezeichnen[150]. Daher kann eine schnelle Privatisierung befürwortet werden, um die Restrukturierung der Betriebe und einen baldigen Wirtschaftsaufschwung zu beschleunigen.

Eine schnelle Privatisierung wird jedoch vorerst mit steigender Arbeitslosigkeit, also auch steigenden Sozialausgaben und wachsender Unzufriedenheit in der Bevölkerung einhergehen. Sofern die Regierung dies vermeiden und die Sozialverträglichkeit des Programms sicherstellen will[151], wäre zu klären, wie die sozialen Kosten der Umstrukturierung aufgefangen werden können. Beispielsweise können vor dem Verkauf eines Betriebs Ausschreibungen gemacht werden, mit der Auflage, daß im Sanierungskonzept ein Sozialprogramm enthalten sein muß. Das bedeutet aber für die Privatisierungsbehörde, daß sie einen sehr großen Aufwand hat, um die Vorhaben der Interessenten sowohl hinsichtlich des Sanierungskonzepts als auch des vorgesehenen Sozialprogramms zu bewerten. Sozialverträglichkeit und Geschwindigkeit können sich also ausschließen, und es hängt von der Ausgestaltung und den Methoden der Privatisierung ab, welches der Ziele vorrangig erreicht werden kann.

Allein zwischen den genannten Zielen der Privatisierung können also Konflikte auftreten. Aber nicht nur die Frage, welche normative Ziele verfolgt werden, wirft für die Erarbeitung eines Privatisierungskonzepts Probleme auf, sondern auch der Einfluß von Wirtschaftssubjekten, die ihre eigenen Interessen und Ziele (zumeist Maximierung von Einkommen und Einfluß) einzubringen versuchen. Während die Bevölkerung oder Arbeitnehmer in Aserbaidschan gar nicht oder nur schwach organisiert waren, um ihre Interessen in dem Bargaining-Prozeß um die Privatisierung einbringen zu können, stellten Betriebsleiter

---

[150] Siehe beispielsweise: G. Schwartz, P.S. Lopes, "Privatisierung: Erwartungen, Zielkonflikte und Ergebnisse", in: Finanzierung & Entwicklung, 30.Jg. (1993), Heft 2, S.14-17; D. Cornelsen, "Privatisierung in Mittel- und Osteuropa - sind Erfahrungen aus Ostdeutschland übertragbar?", in: B. Gahlen, H. Hesse, H.J. Ramser (Hrsg.), Von der Plan- zur Marktwirtschaft. Eine Zwischenbilanz, Tübingen: Mohr 1992, S.101-115, insbes. S.114; man beachte, daß bei der Privatisierung in Ostdeutschland auch Sanierungskosten der Regierung anfielen.

[151] Dies gilt umso mehr, wenn es sich um eine demokratisch legitimierte Regierung handelt, die ein Interesse daran hat, wiedergewählt zu werden.

(Insider), Politiker (einschließlich Minister) und Bürokraten einflußreiche Interessengruppen dar[152].

Die Betriebsleitung wird versuchen, ihren Einflußbereich im Betrieb und ihr Einkommen zu bewahren. Dazu wäre, sofern die Betriebe einer "harten Budgetrestriktion" unterliegen, eine schnelle Restrukturierung und möglicherweise auch Privatisierung erforderlich, um die Konkursgefahr zu mindern. Unterliegen die Betriebe hingegen bis zur Privatisierung einer "weichen Budgetrestriktion", wie es in Aserbaidschan der Fall war, oder wird eine Arbeitsplatzgarantie von Seiten der Regierung ausgesprochen, wenn sich keine Kaufinteressenten finden, dann ist zu erwarten, daß die Betriebsleitung die Privatisierung hinauszögern wird[153]. Denn das Risiko, den eigenen Arbeitsplatz zu verlieren, tritt dann erst nach der Privatisierung auf.

Um aus einer bevorstehenden Privatisierung noch Vorteile zu ziehen, kann die Betriebsleitung versuchen, aufgrund ihres Informationsvorsprungs Betriebsdaten nur selektiv herauszugeben. Damit kann sie die Pläne der Privatisierungsbehörde oder von Kaufinteressenten im eigenen Interesse beeinflussen. Auch können wichtige Daten den Kaufinteressenten nur gegen Kompensationszahlungen ("windfall gains") zugänglich gemacht werden[154]. Da die Handlungsrechte der Betriebsleitung bereits vor Beginn der Privatisierung ausgeweitet worden waren[155], kann diese sich bis zur endgültigen Entscheidung über die Eigentumsübertragung auf Kosten des Betriebs bereichern ("end games"[156]). Beispiels-

---

[152] Wiesner identifiziert in ihrer aktuellen Untersuchung über die Privatisierung in Aserbaidschan folgende Interessengruppen als Akteure dar: die Industriebürokratie, Insider (= Manager von Staatsbetrieben), Neureiche, Politiker, Bürokraten, Arbeitnehmer und ausländische Organisationen. L.L. Wiesner, Privatisation in Previously Centrally Planned Economies: The Case of Azerbaijan: 1991-1994, Frankfurt/M.: Lang 1997, S.326ff.

[153] Siehe hierzu: A. Schüller, D. Wentzel, "Die Etablierung von Wettbewerbsmärkten: Zur Herstellung eines funktionsfähigen Preissystems", in: K.-H. Hartwig, H.J. Thieme, Transformationsprozesse in sozialistischen Wirtschaftssystemen. Ursachen, Konzepte, Instrumente, Berlin: Springer 1991, S.281-304, insbes. S.300.

[154] H. Schmieding, M.J.Koop, Privatisierung in ..., a.a.O., S.24.

[155] Siehe zur Kommerzialisierung und Dezentralisierung von Handlungsrechten in Aserbaidschan Abschnitt 2.2 und Abschnitt 2.3.

[156] H. Schmieding, M.J. Koop, Privatisierung in ..., a.a.O., S.4.

weise kann der Leiter eines Staatsbetriebs ein eigenes Unternehmen gründen und zwischen seinem Betrieb und dem Staatsbetrieb "lukrative Verträge"[157] abschließen, über die er sich Vermögenswerte des Staatsbetriebs aneignet. Dieses Verhalten wird als eine Art "spontaner Privatisierung" bezeichnet und wurde auch in Aserbaidschan beobachtet[158].

Die Interessen der politischen Eliten gingen in das Privatisierungsprogramm insofern ein, als die Staatsbetriebe in fünf Kategorien nach unterschiedlichen Kompetenzen bei der Bewilligung der Privatisierung aufgeteilt wurden:

1. Betriebe, deren Privatisierung verboten ist. Dazu gehören unter anderem die Rüstungsindustrie, die Wasserwirtschaft, Zuchtbetriebe und die Saatgutherstellung.
2. Betriebe, die nur mit Beschluß des Präsidenten privatisiert werden. Darunter fallen strategisch wichtige Betriebe, die potentiell Devisenbringer werden können, wie die Baumwollreinigung, Tabakverarbeitung und Weinindustrie, Betriebe im Brennstoff- und Energiesektor, in der chemischen, petrochemischen und biochemischen Industrie, in der Schwarzmetall- und Hüttenindustrie, im Maschinenbau und der Metallverarbeitung. Desweiteren fallen unter diese Kategorie die Betriebe in der Getreideverarbeitung, in der Telekommunikation sowie Infrastrukturbetriebe.
3. Betriebe, die nur mit Zustimmung des Ministerkabinetts, auf Beschluß der Privatisierungsbehörde veräußert werden. Hierbei handelt es sich unter anderem um alle Betriebe, die eine "außerordentliche Bedeutung" auf dem Güter-, Dienstleistungs- und Arbeitsmarkt haben und nicht unter die ersten beiden Gruppen fallen.
4. Betriebe, die nur mit Zustimmung der örtlichen Verwaltungsorgane (auf Beschluß der Privatisierungsbehörde) privatisiert werden dürfen. Hierunter fallen vor allem regionale Infrastruktureinrichtungen, wie Nahverkehrsbetriebe, öffentliche Bäder (Hamam) und die Müllabfuhr.
5. Zwingend privatisiert werden unter anderem Betriebe im Einzelhandel, Gaststätten, Dienstleistungsbetriebe in der Landwirtschaft, Betriebe der

[157] Ebd., S.8.

[158] Darunter fallen beispielsweise die Finanztransaktionen zwischen verschiedenen Betrieben; siehe Kapitel II, Abschnitt 3.3.3.

Leichtindustrie, der Nahrungsmittelindustrie, Brotfabriken, Holzverarbeitungsbetriebe und Papierfabriken[159].

In den Kategorien 2 bis 4, wo die entsprechenden Exekutivorgane darüber entscheiden, ob und unter welchen Bedingungen ein Betrieb privatisiert wird, eröffnen sich potentiellen Käufern und der Betriebsleitung Verhandlungsspielräume. Sie können, je nach Verhandlungsmacht, ihre Interessen gegenüber dem entsprechenden Exektivorgan geltend machen. Besonders so uneindeutige Formulierungen, wie die unter 3. so bezeichneten Betriebe, die "eine außerordentliche Bedeutung" für die Wirtschaft haben, unterstützen einen Bargaining-Prozeß und Rent-seeking auf Seiten der Exekutivorgane und der Wirtschaftsbürokratie.

3.3 Privatisierungsmethoden und Versteigerungsverfahren

Die oben genannten Anforderungen an die Privatisierung (Effizienzsteigerung, soziale Akzeptanz, Geschwindigkeit, Einnahmensteigerung) werden von verschiedenen Privatisierungsmethoden in unterschiedlichem Maße erfüllt. Eine "intelligente Kombination der Privatisierungskonzepte"[160] kann dazu beitragen, die Vorteile der Verfahren zu nutzen und die Nachteile zu minimieren. Das Verfahren der "spontanen Privatisierung", bei dem sich die Belegschaft (insbesondere die Betriebsleitung) eigenständig private Handlungsrechte am Betriebsvermögen aneignet, bei dem also die Initiative für die Eigentumsübertragung von der Belegschaft ausgeht (auch: "privatization from below"[161]), wurde in einigen Ländern als eigenständige Privatisierungsmethode formal-

[159] Art.11 und Art.12, "A.R.nda dövlät mülkiyyätinin ...", a.a.O. sowie Anhang 1, "A.R.nda 1995-1998-ci illärdä ...", a.a.O.

[160] H. Leipold, "Probleme und Konzepte ..., a.a.O., S.59.

[161] S. Fischer, "Privatization in East European Tranformation", in: C. Clague, G.C. Rausser (Hrsg.), The Emergence of Market Economies in Eastern Europe. Blackwell: Cambridge/Mass. 1992, S.227-243, Zit. S.237. Siehe auch: S. Johnson, H. Kroll, "Managerial Stategies for Spontaneous Privatisation", in: Soviet Economy 7 (1991), Heft 4, S.281-316.

rechtlich anerkannt[162]. Dadurch werden die kreativen/unternehmerischen Persönlichkeiten in den Prozeß der Privatisierung eingebunden und das betriebsinterne Wissen kann optimal genutzt werden. In Aserbaidschan ist diese Form jedoch offiziell nicht vorgesehen, obwohl inoffiziell häufig festgestellt wird, daß die Betriebe bereits ihren "*gizli sahib*" (geheimen Eigentümer) hätten: "Insider" würden sich aus dem Vermögen der Staatsbetriebe Vorteile verschaffen, und die Privatisierung wäre bereits abgeschlossen.

Formal sind im aserbaidschanischen Privatisierungsprogramm als die beiden grundsätzlich möglichen Privatisierungsmethoden der öffentliche Verkauf und die kostenlose Verteilung (bzw. Verschenken) des Staatseigentums kombiniert vorgesehen. Letztere Methode wird durch die Ausgabe von Gratisgutscheinen (Investitionscoupons[163]) an die Bevölkerung, die im Verlauf der Privatisierung als Zahlungsmittel eingesetzt werden können, durchgeführt. Sie dienen dazu, den Kapitalmangel - einen wesentlichen Hemmfaktor für eine schnelle Privatisierung - zu lindern[164]. Den Betrieben wird dann zwar kein "frisches Kapital" für Umstrukturierungsmaßnahmen zugeführt, dafür genießt diese Methode eine hohe Akzeptanz in der Bevölkerung, weil das breite Publikum an der Privatisierung teilnehmen kann, und nicht nur die "Insider" der Betriebe aufgrund ihrer Informationsvorsprünge und der "spontanen Privatisierung" sogenannte "windfall gains" erzielen können (siehe Abb. 3.7).[165]

[162] Die Belegschaft bzw. Betriebsleitung muß sich eigenständig Kaufinteressenten für den Betrieb suchen, beispielsweise auch Partner zur Gründung eines Joint ventures.

[163] Entsprechend der russischen Bezeichnung sind solche Investitionscoupons allgemein unter dem Namen *Voucher* bekannt geworden.

[164] In Aserbaidschan betragen die Ersparnisse der Bevölkerung bei der staatlichen Sparkasse (*Ämanet Bank*) knapp ein Hundertstel des von der Privatisierungsbehörde errechneten aserbaidschanischen Staatsvermögens. Angaben aus dem *Staatlichen Vermögenskomitee*.

[165] Zur Diskussion der Vor- und Nachteile des "free mass transfers" siehe beispielsweise: A.H. Gelb, C.W. Gray, The Transformation of Economies in Central and Eastern Europe. Issues, Progress, and Prospects, Washington: World Bank 1992, S.22.

Abb. 3.7: Zusammenhänge zwischen Privatisierungsmethoden und Anforderungen an die Privatisierung

	Geschwindigkeit	soziale Akzeptanz	Effizienz des Betriebs	Staatseinnahmen
Verschenken	+	+	tendenziell: -	tendenziell: -
Auktionen: - über öffentliche Versteigerung	+	?	tendenziell: +	+
- *kommerzieller Wettbewerb* (mit Kaufbedingungen)	+	?	+	+
- Investitionsausschreibung	-	?	+	+

Anmerkungen: + positive Beziehung
- negative Beziehung
? keine eindeutige Beziehung

Quelle: zusammengestellt aus H. Schmieding, M. Koop, Privatisierung in Mittel- und Osteuropa: Konzepte für den Hindernislauf zur Marktwirtschaft, Kiel: Institut für Weltwirtschaft, S.3f.; H. Leipold, "Probleme und Konzepte der Privatisierung von Staatseigentum", in: Wirtschaftswissenschaftliches Studium, 21.Jg. (1992), S.54-59.

Die Gratisgutscheine in Aserbaidschan sollen pro Staatsbürger aus vier Anteilsscheinen (= vier *çeks*) bestehen, die die Form namenloser Wertpapiere haben[166]. Es werden 32 Millionen *çeks* für drei Jahre in Umlauf gebracht. Während dieser Zeit können die Bürger über ihre Anteile frei verfügen und mit ihnen auch handeln. Nach drei Jahren soll die Privatisierung auf *çek*-Basis abgeschlossen sein.

[166] Pkt. 3, 4, 5, "A.R.nda 1995-1998-ci illärda ...", a.a.O. Die rechtlichen Erben von Kriegsopfern und Opfern des 20. Januar 1990, die am "Befreiungskrieg" Beteiligten und Verwundeten sowie die "Helden der Nation", die "Helden der Sowjetunion" und die "Helden der sozialistischen Arbeit" erhalten einen doppelten Anteil (insgesamt also acht *çeks*).

In Aserbaidschan sollen prinzipiell 15% der Anteile eines Betriebs (gegen *çeks* und/oder Geld) der Belegschaft zufallen[167]. Daneben können die Beschäftigten auch auf Auktionen und an der Börse Aktien zu vergünstigten Bedingungen erwerben: 30% des Kaufpreises wird ihnen vollkommen erlassen, 30% müssen im Laufe von 5 Tagen und die restlichen 40% erst im Laufe von 3 Jahren gezahlt werden[168]. Die Möglichkeit zum Erwerb von Anteilen des eigenen Betriebs erhöht die Akzeptanz der Privatisierung, kann aber eine effiziente Betriebsführung gefährden, weil das Interesse der Beschäftigten in der Regel eher bei einer kurzfristigen Einkommensmaximierung, als bei der langfristigen Rentabilität des Gesamtbetriebs liegt. Da in Aserbaidschan die der Belegschaft gehörenden Anteile weniger als eine Sperrminorität ausmachen, ist das Risiko, Entscheidungen auf der Eigentümerversammlung blockieren zu können jedoch nur relativ gering, zumal es sich in der Regel um Streubesitz handeln wird.

Die verbleibenden 85% der Anteile eines Betriebs sollen im Fall von Kleinbetrieben auf Auktionen veräußert werden. Im Fall von Aktiengesellschaften sollen sie zu mindestens 50% auf *çek*-Auktionen und zu 10-20% auf Auktionen gegen Geld versteigert werden. Die restlichen 15-25% sollen in Investmentfonds eingehen[169].

Es lassen sich drei Arten von Auktionen unterscheiden: *Öffentliche Versteigerungen* finden statt, wenn an den Käufer keine Bedingungen (beispielsweise die Einhaltung eines Sanierungskonzepts) gestellt werden. Beim sogenannten *kommerziellen Wettbewerb* (*kommersiya musabiqäsi*) werden von der Privatisierungsbehörde bestimmte Vorgaben gemacht, die der Käufer einhalten muß. Der Betrieb wird jeweils dem Meistbietenden verkauft, so daß durch diese Verfahren die Eigentumsübertragung relativ schnell bewerkstelligt werden kann. Schließlich kann ein Betrieb auch in Form einer *Investitionsausschreibung* zum

---

[167] Siehe auch Abb. 3.8 in Abschnitt 3.4. Bei der Ausgestaltung von Vergünstigungen und Vorzugsrechten der Belegschaft wird in einigen Ländern nach den Formen des *Management-Buy-Out* oder *Employee-Buy-In* unterschieden. Im aserbaidschanischen Privatisierungsprogramm wird hier kein Unterschied gemacht, sondern die gesamte Belegschaft gleich behandelt.

[168] Anhang 5, "A.R.nda 1995-1998-ci illärdä ...", a.a.O.

[169] Ebd., Teil 8. Siehe auch Abb.3.8 in Abschnitt 3.4.

Verkauf angeboten werden, und der Interessent, der das "beste" Investitions- bzw. Sanierungskonzept erstellt, erhält den Zuschlag (Investitionswettbewerb, *investisiya musabiqäsi*). Letztere Form kann sehr langwierig sein, weil die Privatisierungsbehörde eine Bewertung der Konzepte vornehmen muß.

Die beiden letztgenannten Verfahren, bei denen der Verkauf an Auflagen geknüpft ist, können am ehesten gewährleisten, daß der Käufer ein Sanierungskonzept durchführt und den Betrieb zu restrukturieren beabsichtigt. In Aserbaidschan sollen maximal 10% der zu privatisierenden Betriebe mittels dieser Verfahren verkauft werden[170]. Bis Mitte 1996 war noch nicht festgelegt, welche Betriebe in Form von solchen Ausschreibungen veräußert werden sollen, und wie das Verfahren ausgestaltet sein soll; ferner stand auch nicht fest, wie groß der Anteil des Investors am Betrieb sein soll, was jedoch Konsequenzen für die Entscheidungsfindungen im Betrieb hat.

Die Bewertung der Betriebe ist in Aserbaidschan infolge der hohen Inflationsrate, der zwischenbetrieblichen Schulden und des fehlenden Kapitalmarktes schwierig. Die Betriebsleitung ist verpflichtet, mit der Privatisierungsbehörde zusammenzuarbeiten und bestimmte betriebsinterne Angaben offenzulegen. In Aktiengesellschaften sollen Privatisierungskommissionen eingerichtet werden, die unter anderem einen Privatisierungsplan erstellen, das Betriebsvermögen bewerten und Bilanzen über die letzten fünf Jahre bei der staatlichen Privatisierungsbehörde einreichen müssen, damit der Privatisierungsbehörde wichtige Informationen über die Betriebe zur Verfügung stehen. Um zu vermeiden, daß falsche Angaben gemacht werden, wurde im Privatisierungsprogramm Aserbaidschans festgeschrieben, daß die Betriebsleiter und Buchhalter für die Richtigkeit der Daten persönlich haftbar sind[171].

Um die Unsicherheit über den Wert eines Betriebs (beispielsweise infolge der Zurückhaltung von Informationen) zu senken, könnten Auktionen in mehreren Versteigerungsrunden durchgeführt werden, bei denen gleichzeitig verschiedene Betriebe angeboten werden, so daß aufgrund der sich herausbildenden Preis-

---

[170] Ebd, Anhang 4.

[171] Anhang 2, "A.R.nda 1995-1998-ci illärdä ...", a.a.O.

relationen Aussagen über den relativen Wert der Betriebe gemacht werden können. Außerdem würden die "Insider" durch ihre Gebote in den ersten Runden ihre Präferenzen offenlegen, so daß sich das Insiderwissen schnell ausbreiten und eine Bewertung des Betriebs möglich würde[172]. Für Auktionen in Aserbaidschan wurde das konkrete Vorgehen für die Versteigerungen allerdings noch nicht erarbeitet.

3.4 Kapitalanlagegesellschaften

Wegen der asymmetrischen Informationsverteilung zwischen Betriebsleitung und Interessenten, und aufgrund der mangelnden Erfahrung der (Klein-)Aktionäre in der Bewertung von Betrieben, sind die Kosten der Informationsbeschaffung und -verarbeitung für den einzelnen Investor sehr hoch. Die Informationskosten für den Kleinanleger können jedoch gesenkt werden, wenn er seine Anteile bei Kapitalanlagegesellschaften/Investmentfonds anlegt. In Aserbaidschan können prinzipiell private Investitionsfonds gegründet werden, die *çeks* oder Geldeinlagen zum Erwerb von Unternehmensanteilen annehmen (siehe Abb. 3.8).

Die Investmentfonds können an der Privatisierung teilnehmen, indem sie Anteile von Betrieben erwerben und Investmentzertifikate (gegen *çeks* oder Geldvermögen) ausgeben, so daß private Anleger sich an diversifizierten, risikoarmen Portfolios beteiligen können. Um eine Risikostreuung zu gewährleisten, sind die Investmentgesellschaften verpflichtet, höchstens 25% des Fondsvermögens in Effekten *eines* Emittenten zu halten. Um den Kapitalmarkt zu stimulieren, werden Fonds, die *çeks* verwalten, für 3 Jahre von verschiedenen Kosten (Steuern, Gebühren) befreit[173].

---

[172] Ein solches Verfahren wurde in der Tschechischen und der Slowakischen Republik durchgeführt. Siehe: N. Shafik, "Massenprivatisierung in der Tschechischen und der Slowakischen Republik", in: Finanzierung & Entwicklung, 31.Jg. (1994), No.4, S.22-24.

[173] Anhang 7, "A.R.nda 1995-1998-ci illärdä ...", a.a.O.

Abb. 3.8: Privatisierungsverfahren in Aserbaidschan

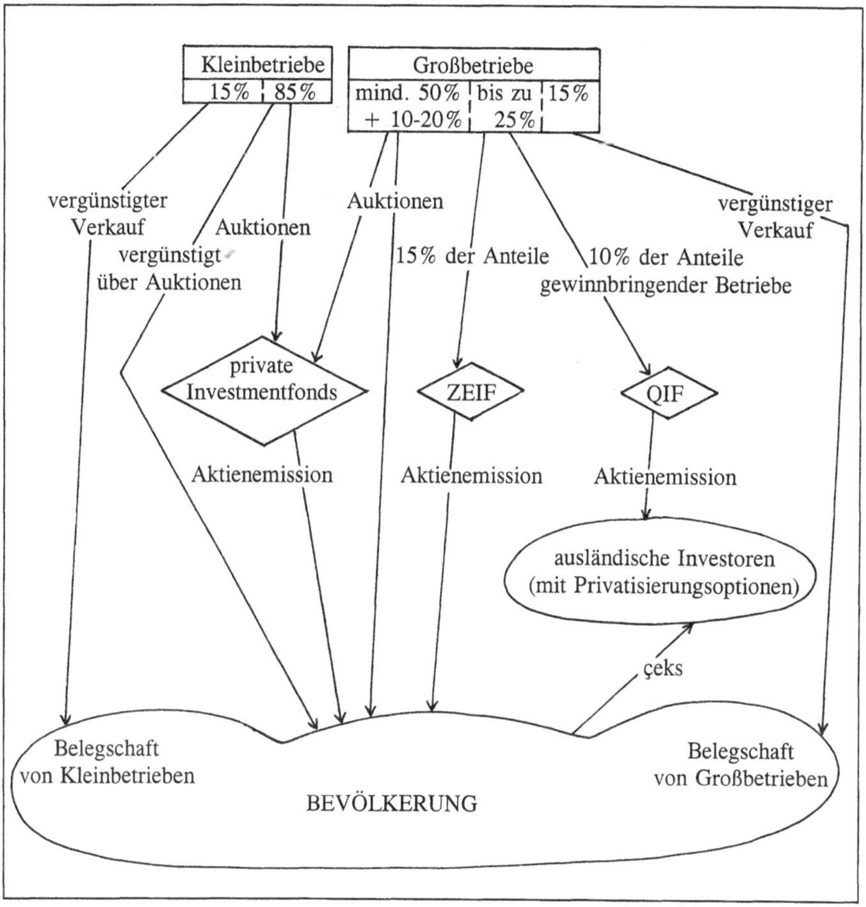

Anmerkung: Aus Gründen der Übersichtlichkeit wurden die Möglichkeiten des Handels von *çeks* bis auf den Verkauf an ausländische Investoren in die Abbildung nicht aufgenommen. Die *çeks* können sowohl unter der Bevölkerung gehandelt als auch an Investmentfonds verkauft werden.

Quelle: eigene Zusammenstellung aus "A.R.nda 1995-1998-ci illärdä dövlät mülkiyyätinin özälläşdirilmäsinin Dövlät Programı (Staatsprogramm zur Privatisierung des Staatseigentums für die Jahre 1995-1998), 21.7.95, in: Biznesmenin Bülleteni, Nr.21 (51), 1995.

Neben privaten Investmentgesellschaften sollen durch die Privatisierungsbehörde zwei weitere Arten von Investitionsfonds gegründet werden, die als quasistaatliche bzw. nationale Investitionsfonds bezeichnet werden können, weil sie zunächst der staatlichen Privatisierungsbehörde (bzw. der durch diese zu gründenden Verwaltungseinrichtung für das staatliche Vermögen, *Milli Depozit Sistemi*) unterstehen[174]. Wie groß der staatliche Einfluß auf die Entscheidungen der Investmentsfonds - und damit auf die Unternehmenspolitik - sein wird, kann noch nicht definitiv prognostiziert werden, weil Ende 1995 noch nicht feststand, wie groß der staatliche Anteil an diesen Fonds sein soll.

Die Aktiva der staatlichen Investmentfonds, die die Abkürzung *ZEIF* (*Zämanätli Ehtiyat Investisiya Fondları* - Reserveinvestitionsfonds mit Garantie) tragen, sollen jeweils aus Aktien von Betrieben **eines** Wirtschaftszweiges gebildet werden. Von jeder zu privatisierenden Aktiengesellschaft sollen automatisch 15% der Aktien dem entsprechenden ZEIF zugeteilt werden. Ein ZEIF wird eigene Aktien emittieren, nachdem die treuhänderische Verwaltungseinrichtung *Milli Depozit Sistemi* die Aktiva des Fonds bewertet hat. Auf Gesuch der Privatisierungsbehörde muß ein ZEIF auch Aktien emittieren, die der Finanzierung eines "wichtigen Investitionsprojekts" dienen. Dadurch erhält die Privatisierungsbehörde auch strukturpolitische Aufgaben, die ihrem eigentlichen Ziel der Privatisierung zuwiderlaufen. Darum können die Betriebsleiter zu Rent-seeking-Verhalten angeregt werden, indem sie auf die Privatisierungsbehörde einwirken, daß sie zu ihren Gunsten Investitionsprojekte fördert. Daneben kann die Portfoliopolitik eines ZEIF durch politische Entscheidungen beeinflußt und eine rentabilitätsorientierte Betriebspolitik durch staatliche Reglementierung konterkarriert werden.

Der *QIF* (*Qapalı Investisiya Fond* - Geschlossener Investitionsfonds) ist ein Investitionsfonds, dessen Anteilsscheine lediglich ausländische Anleger kaufen können. Er soll einen Anreiz für ausländische Investoren in Aserbaidschan

---

174 Das *Milli Depozit Sistemi* stellt eine Art "Treuhandanstalt" dar, der die Aktiengesellschaften (mittlere und große Betriebe) treuhänderisch unterstellt werden, und die die Durchführung der Privatisierung übernimmt. Sie darf keine eigenen Geschäfte mit den ihr übertragenen Wertpapieren durchführen. Die Vorschriften für die Arbeit des *Milli Depozit Sistemi* waren Ende 1995 von der Privatisierungsbehörde noch nicht erarbeitet. Ebd., Pkt.5.

schaffen und den Zufluß ausländischer Devisen fördern. Allerdings ist zu bezweifeln, ob die QIF-Aktien tatsächlich wie geplant an ausländischen Finanzmärkten plaziert werden können, denn der Fonds ist sehr inflexibel. Zwar wird der Fonds aus Aktien der rentabelsten Unternehmen Aserbaidschans zusammengestellt (aus bis zu 10% von deren Aktien); das Portfolio des QIF darf nach dessen Gründung jedoch nicht mehr verändert werden[175]. Dadurch sind die Kurse der QIF-Aktien nur von den einmal in den Fonds aufgenommenen Betrieben abhängig, und die sich verändernde Gewinnsituation infolge von Strukturwandel kann in der QIF-Politik nicht berücksichtigt werden. Daher wird ausländischen Investoren höchstens kurzfristig ein Anreiz gegeben, in den QIF zu investieren. Im Falle eines tiefgreifenden strukturellen Wandels in Aserbaidschan könnte es jedoch wieder zum Abstoßen der QIF-Anteilsscheine kommen.

Mit der Zulassung ausländischer Investoren bei der Privatisierung soll sowohl die Kapitalknappheit gelindert als auch der Bestand staatlicher Währungsreserven aufgebessert werden. Ausländische Interessenten, die an der Privatisierung teilnehmen wollen, müssen vorab eine staatliche "Privatisierungsoption" (*özälläşdirmä opsionu*) erwerben, die sie dazu berechtigt, *çeks* oder direkt Aktien der Staatsbetriebe zu kaufen[176]. Der Umfang ausländischer Beteiligung an der Privatisierung wird durch die Begrenzung der angebotenen "Optionen" eingeschränkt[177], was auf die in der Transformation häufig zu beobachtende Angst vor dem "Ausverkauf der Wirtschaft" zurückgeführt werden kann. Diese Befürchtung gründet auf den meist sehr niedrigen Preisen für den Kauf der sanierungsbedürftigen Staatsbetriebe. Dabei wird häufig nicht berücksichtigt, daß der neue (ausländische) Eigentümer Sanierungsmaßnahmen durchführen und Investitionen zur Erneuerung der Anlagen und der Technologie tätigen muß, so daß seine Kosten den Kaufpreis bei weitem übersteigen. Zudem trägt der Zufluß "frischen Kapitals" zum Erhalt von Arbeitsplätzen bei, und eine erfolgreiche Unternehmung sichert und steigert die Steuereinnahmen.

---

[175] Ebd., Pkt.10 und Anhang 6.

[176] Ebd., Pkt.4 und Anhang 3.

[177] Es sollen 4,8 Millionen "Optionen" verkauft werden (15% der Menge der çeks).

3.5 Bewertung und Stand der Privatisierung

Im aserbaidschanischen Privatisierungsprogramm werden durch die Kombination von Verkauf und Verschenken des staatlichen Betriebsvermögens die Vorteile dieser beiden Methoden kombiniert. Mit der Zuteilung von Privatisierungsgutscheinen werden eher verteilungspolitische Ziele berücksichtigt. Die gesamte Bevölkerung bekommt die Möglichkeit, an der Privatisierung teilzunehmen - auch wenn Kapitalknappheit herrscht - was zu einer breiten Akzeptanz beiträgt. Außerdem stimmen die Belegschaftsmitglieder der Privatisierung eher zu, wenn sie ein Vorkaufsrecht an einem Teil der Betriebsaktien erhalten und ihnen vergünstigte Zahlungsmodalitäten eingeräumt werden, wie es in Aserbaidschan der Fall ist. Diese Vorzugsbedingungen können die Eigentumsübertragung beschleunigen, weil nicht lange nach Investoren gesucht werden muß.

Beim ausschließlichen Verschenken bestünde allerdings die Gefahr, daß der Aktienbesitz vorerst breit gestreut wäre und die Beeinflussung der Betriebspolitik (unter anderem das Entwerfen eines Sanierungskonzepts) nicht bzw. noch nicht durchgesetzt werden kann. Erst im Laufe des Aktienhandels über den Sekundärmarkt würden sich die Anteile in den Händen derer konzentrieren, die ein großes Interesse am Mitwirken an der Betriebspolitik haben und dies durch eine hohe Zahlungsbereitschaft (beim Kauf von Anteilen) ausdrücken. Dieses Problem wird in Aserbaidschan minimiert, indem die Betriebsaktien nicht verschenkt, sondern versteigert werden, wobei sowohl *çeks* als auch Geld als Zahlungsmittel fungieren.

Investoren erwerben prinzipiell aus folgenden Gründen Anteile an einem Betrieb: Entweder sie erwarten, an den Einkommensströmen des Betriebs teilzuhaben, oder sie wollen auf die Unternehmenspolitik und damit auf den Gewinn Einfluß nehmen[178]. Das erste Ziel, das vorwiegend Kleinanleger verfolgen, wird kurzfristig in Aserbaidschan eher keinen Anreiz für Investoren darstellen (außer in der Erdölbranche, die jedoch vorerst nicht privatisiert wird), weil die

[178] R. Frydman, A. Rapazcynski, "Privatisierung in Osteuropa: Stirbt der Staat ab?", in: Finanzierung & Entwicklung, Jg.30 (1993), No.2, S.1-13.

Staatsbetriebe zumeist hohe Schulden haben und keine Regelung über die Behandlung dieser Altlasten gefunden wurde. Die Anleger müssen damit rechnen, daß sie aus ihrem Betriebsanteil keine Dividenden erzielen werden, so daß ihr Interesse am Kauf von Betriebsanteilen gering sein könnte. Hinzu kommt, daß sich private Wirtschaftssubjekte die Anlagen vieler Staatsbetriebe bereits persönlich angeeignet haben, so daß der Wert dieser Betriebe gegen Null geht.

Die zweitgenannte Absicht, ein Mitwirkungsrecht auf betriebliche Entscheidungen zu erhalten, wird zunächst voraussichtlich von "Insidern", die schon ein ausreichendes Wissen über Betriebsinternas haben, ausgedrückt. Das birgt die Gefahr, daß von außen kein neues betriebswirtschaftliches und technisches Wissen in den Betrieb eingebracht wird, und daß das bisher in den Staatsbetrieben übliche Rent seeking-Verhalten beibehalten wird. Eine Kontrolle der Betriebspolitik über den Kapitalmarkt oder einen Markt für Manager ist in Aserbaidschan noch nicht möglich, weil diese Märkte noch nicht ausgebildet sind. Inwiefern ein solchermaßen privatisierter Betrieb effizienter als vorher ist, hängt also in entscheidendem Maße davon ab, ob er Wettbewerbsbedingungen ausgesetzt ist[179]. Weiterhin ist es notwendig, daß "hard budget constraints" durchgesetzt werden, also keine Erhaltungssubventionen durch die Regierung gewährt werden. Sofern die Insider aber enge Beziehungen zur Politik haben (und möglicherweise selber politische Positionen einnehmen), ist zu erwarten, daß Rent-seeking gegenüber dem Profit-seeking überwiegt.

Die Durchführung der *çek*-Privatisierung soll voraussichtlich drei Jahre in Anspruch nehmen, bis die ausgeteilten *çeks* für den Kauf von Betriebsanteilen verwendet wurden. Bis Ende 1995 lief die Umsetzung des Programms allerdings noch nicht an, weil zunächst die Parlamentswahlen im November 1995 abgewartet wurden. Viele noch ausstehende Vorbereitungen, wie der Druck der Privatisierungs-Gutscheine, die Erarbeitung von Durchführungsbestimmungen sowie die Einrichtung des treuhänderischen *Milli Depozit Sistemi* und der örtlichen Abteilungen der Privatisierungsbehörde, können zu weiteren Verzögerungen beitragen. Im März 1996 wurde die formal-rechtliche Grundlage

---

[179] Siehe hierzu auch Kapitel IV.

über die Privatisierungsanteile (*çeks*) verabschiedet[180]; bis Ende 1996 wurden jedoch noch keine *çeks* ausgegeben.

Allerdings wurde 1996 mit der Privatisierung von kleinen Betrieben sowie von Bauprojekten, die nicht fertiggestellt wurden, begonnen. Kleinbetriebe (in erster Linie Dienstleistungsbetriebe und Bäckereien) werden auf Auktionen (gegen Geld) versteigert[181]. Zunächst wird durch die Privatisierungsbehörde der Ausgangswert des zu verkaufenden Betriebs ermittelt[182], und die potentiellen Interessenten werden registriert. Diese müssen eine Anzahlung in Höhe von 10% des Ausgangswertes leisten, um zur Auktion zugelassen zu werden; die Anzahlung wird jedoch den Interessenten, die den Betrieb nicht erworben haben, zurückerstattet.

Die nicht fertiggestellten Bauprojekte können sowohl von aserbaidschanischen Staatsbürgern, nicht-staatlichen juristischen Personen bzw. juristischen Personen, deren Staatsanteil nicht über 25% lag, sowie auch von ausländischen juristischen oder natürlichen Personen erstanden werden - ohne das letztere eine "Privatisierungsoption" erwerben mußten[183]. Dadurch wird die Beteiligung ausländischer Investoren in Bauprojekte erleichtert. Da von der Bauwirtschaft wichtige Impulse auf die übrige Wirtschaft ausgehen (Beschäftigungseffekte, forward- und backward-linkages, insbesondere die Schaffung von Gewerbeflächen), kann dies ein wichtiger Beitrag zur Konjunkturförderung sein. Die nicht

---

180 "A.R.nda dövlät özälläşdirmä payları (çekläri) haqqında Äsasnamä" (Grundlagen über die Privatisierungsanteile), 25.3.96, in: Biznesmenin Bülleteni, Nr.16 (81), S.1-4.

181 "Kiçik dövlät müässisälärinin (obyektlerinin) özälläşdirilmäsi vä sähmlär satışı üzrä pullu auksionların (härracların) keçirilmäsi haqqında Äsasnamä" (Grundlagen über die Auktionen zur Privatisierung und Aktienverkauf von kleinen Staatsbetrieben), 25.3.96, in: Biznesmenin Bülleteni, Nr.16 (81), S.12-16.

182 Grundlage dafür war: "Özälläşdirilän dövlät mülkiyyätinin qiymätländirilmäsinä dair metodik göstärişlär" (Methodische Richtlinien zur Bewertung des zu privatisierenden Staatsvermögens), 25.3.96, in: Biznesmenin Bülleteni, Nr.16 (81), S.5-8.

183 "Tikintisi dondurulmuş, tikintisinin normativ müddätläri ötmüş vä tikintisi başa çatdırılmamış obyektlerin özälläşdirilmäsi haqqında Äsasnamä" (Grundlagen über die Privatisierung von Bauprojekten, die eingefroren wurden, die vorgegebene Bauzeit überschritten haben oder nicht fertiggestellt wurden), 25.3.96, in: Biznesmenin Bülleteni, Nr.16 (81), S.9-11.

fertiggestellten Bauvorhaben sollen entweder über Auktionen oder über Ausschreibungen (unter Auflagen) verkauft werden. Im letzteren Fall soll im Verkaufsvertrag neben dem Kaufpreis die Zeit festgehalten werden, innerhalb derer der Bau fertiggestellt werden soll, sowie andere Bedingungen, wie die Nutzung des Gebäudes oder Arbeitsplatzgarantien.

Durch diese "kleine Privatisierung" werden zumindest im Dienstleistungssektor bereits informell bestehende Eigentumsstrukturen legalisiert. Da bis Ende 1996 noch keine *çeks* als Zahlungsmittel zum Einsatz kamen, war die Beteiligung auf solche Wirtschaftssubjekte beschränkt, die das nötige Startkapital hatten; insofern hatte die Belegschaft der Kleinbetriebe als solche keine besonderen Begünstigungen.

Die Vorbereitungen für die Privatisierung der Großbetriebe dauerten Ende 1996 noch an. In dieser Zeit wird voraussichtlich die "spontane Privatisierung" weiter fortschreiten, indem das Management der Staatsbetriebe mit dem dortigen Betriebsvermögen eigene private Betriebe aufbaut. Inweifern darüber ein rentabler und wettbewerbsfähiger privater Wirtschaftssektor erwächst, kann zum jetzigen Zeitpunkt noch nicht bewertet werden.

IV. KAPITEL: WIRTSCHAFTSPOLITISCHE MASSNAHMEN ZUR FÖRDERUNG DER STRUKTURELLEN ANPASSUNG

1 Vorbemerkung: Hemmnisse bei der Sturkturanpassung in der Transformation

In einer flexiblen, anpassungsfähigen Marktwirtschaft setzen sich im Wettbewerbsprozeß innovative und effiziente Betriebe durch, die eine optimale Allokation der Ressourcen gewährleisten. Ein Wettbewerbsprozeß ist dadurch gekennzeichnet, daß Wirtschaftssubjekte nach rentablen Investitionsprojekten suchen, in denen sie Vorsprungsgewinne erzielen können. Um an den Gewinnen teilzuhaben, treten Konkurrenten in den Markt ein, so daß anfängliche Monopolgewinne wieder abgebaut werden. Die Monopolstellung des 'Innovators' bleibt also nur eine vorübergehende und wirkt als ein Anreiz, Konkurrenten in den Markt zu ziehen. Durch das stete Suchen nach rentablen Investitionsmöglichkeiten werden die Produktionsfaktoren effizient eingesetzt. Innovative Unternehmer erzielen Gewinne, während ineffiziente Betriebe aus dem Markt gedrängt werden. In einem solchen dynamischen Wettbewerbsprozeß ist das Einkommensstreben der Wirtschaftsakteure der Motor für Innovation, Anpassungsfähigkeit und technischen Fortschritt.[1]

Damit solch ein Wettbewerbsprozeß in Gang kommen kann, müssen Marktunvollkommenheiten beseitigt werden. In einer Transformationsökonomie genügt es nicht, allein private Handlungsrechte, freie Preise und ein funktionsfähiges Geldwesen einzuführen. Infolge der mangelhaften Ausbildung von Marktinstitutionen und wegen der monopolistischen Wirtschaftsstruktur treten hohe Transaktionskosten und Kosten der Anpassung an veränderte ordnungspolitische Rahmenbedingungen auf, die die Herausbildung wettbewerbsfähiger Betriebe behindern können. Um davon einen Eindruck zu bekommen, wird im folgenden überblicksartig auf einige Anpassungshemmnisse in Aserbaidschan hingewiesen, indem auf Kosten der Informationsbeschaffung und -verarbeitung, Transportko-

---

[1] Siehe beispielsweise: F.A. Hayek, "Der Wettbewerb als Entdeckungsverfahren", in: Ders., Gesammelte Aufsätze von Friedrich August von Hayek, Tübingen: Freiburger Studien 1969, S.249-265.

sten, Kosten der "Umwidmung" (= Anpassung an geänderte Marktbedingungen) sowie Tausch- und Ausschlußkosten eingegangen wird[2].

Das Preissystem dient in einer Marktwirtschaft zur Informationsvermittlung, indem anhand von Preisänderungen Veränderungen in den ökonomischen Rahmenbedingungen wahrgenommen und somit an den neuen Knappheiten orientierte Anpassungen vorgenommen werden können. In Aserbaidschan wurden in den ersten Jahren der Transformation nicht alle Preise liberalisiert, so auch nicht der Preis für Kapital und der Wechselkurs als Preis für ausländische Währungen[3]. Daher wurden Preise (beispielsweise die Kreditzinsen) zwischen den Betriebsleitern und den Ministerien häufig ausgehandelt, wobei die Verhandlungsmacht und klientelistische Beziehungen eine besondere Rolle spielten.[4]

Daneben waren die Kosten der Informationsbeschaffung infolge gespaltener Märkte und Monopolmacht der Staatsbetriebe sehr hoch. Auf gespaltenen Märkte, wo neben Marktpreisen auch staatlich administrierte Preise für Staatsaufträge existierten, versuchten die Staatsbetriebsleiter Staatsaufträge zu umgehen, indem sie auf informellen Märkten Waren absetzten. Wegen der Illegalität unterlagen sie hier jedoch gewissen Risiken, so daß anstelle eines anonymen Absatzmarktes persönliche Beziehungen eine wichtige Bedeutung erlangen.

Wo weiterhin Staatsaufträge dominierten, traten für private Wirtschaftssubjekte Suchkosten auf, um Beschaffungswege ausfindig zu machen. Es bildeten sich häufig informelle Märkte, beispielsweise wenn die Produktion illegal über einen Fabrikverkauf abgesetzt wurde.

---

[2] Siehe zu Substitutionshemmnissen und -kosten: M.E. Streit, Theorie der Wirtschaftspolitik, Düsseldorf: Werner 1983, S.47ff.

[3] Zur Güterpreisliberalisierung siehe Kapitel III, Abschnitt 2.2.2. Zur Zinspolitik siehe Kapitel II, Abschnitt 3.2.2. Zur Wechselkurspolitik siehe Kapitel II, Abschnitt 2.2.2 und zur Wirkung des Wechselkurses auf den Außenhandel siehe dieses Kapitel, Abschnitt 2.1.

[4] So beispielsweise im jährlichen Bargaining um weitere subventionierte Kredite. Siehe Kapitel II, Abschnitt 3.3.2.

Weiterhin hängen Informationsbeschaffungs- und -verarbeitungsmöglichkeiten von der Funktionsfähigkeit des Kommunikationssystems (Telekommunikation, Postwesen) ab. Bei der Anbahnung von Geschäftsbeziehungen wirkt eine gut ausgebaute Kommunikationsinfrastruktur transaktionskostensenkend. In Aserbaidschan waren 1991 auf 1000 Einwohner 91 Telefone gemeldet[5], was auf eine mangelhafte telefonische Anbindung schließen läßt. Noch schwerwiegender ist, daß auch bei Existenz von Anschlüssen die Verbindung innerhalb der Republik und ins Ausland sehr schlecht ist. Innerhalb Bakus kommt es beispielsweise zu häufigen Fehlverbindungen und telefonischen Störungen. Unterbrechungen von Gesprächen, die auch mit dem Ausland auftreten, behindern insbesondere auch die Fax-Kommunikation. Nicht nur die Gespräche mit dem Ausland, sondern auch die innerhalb der Republik kommen üblicherweise nur über die Vermittlung der Post zustande, so daß sich Kontakte nicht immer sofort herstellen lassen. Durch solche Verzögerungen steigt der Zeitbedarf, um Verträge zwischen Geschäftspartnern auszuhandeln.

Neben diesen telefonischen Schwierigkeiten ist auch auf postalischem Weg die Kommunikation zeit- und kostenaufwendig. Briefe in das oder aus dem Ausland dauern bis zu drei Wochen, was kurzfristige Entscheidungen, die unter den sich schnell verändernden Umweltbedingungen in Aserbaidschan nötig sein können, behindert. Ferner ist das Senden wichtiger Unterlagen per Fax aus oben genannten Umständen störanfällig. Erschwerend kommt hinzu, daß die Post als Staatsmonopol sehr hohe Preise für Briefe und für über die Post in Auftrag gegebene Faxe verlangt, die ins Ausland gehen[6].

Die Kosten der Raumüberwindung hängen in erster Linie davon ab, wie das Transportnetz ausgebaut ist. In Aserbaidschan existiert infolge der sowjetischen Infrastrukturpolitik eine relativ gute Verkehrsinfrastruktur. Beispielsweise hat Aserbaidschan im Vergleich zur Türkei - trotz ausgeprägter Bergregionen in beiden Ländern - ein längeres Straßen- und Eisenbahnnetz pro 1.000 Quadrat-

---

[5] Azerbaijan: An Economic Profile, Washington: o.V. 1995, Tab.13, S.21.

[6] Ein DIN A4-Brief, der über 50g wiegt, kostet etwa 50 US-$; und auch ein einseitiges Fax kann bis zu 50 US-$ teuer werden.

metern[7]. Inzwischen wird aber geschätzt, daß etwa ein Drittel des Eisenbahnnetzes und zwei Drittel der Überlandstraßen stark reparaturbedürftig sind. Ebenso sind von den 65 Landeplätzen für Transportflugzeuge nur noch etwa die Hälfte nutzbar[8]. In Baku gibt es einen Hafen mit neun Liegeplätzen für Frachter[9]. Jedoch stehen auch im Hafen Instandsetzungsarbeiten an, weil der Meeresspiegel des Kaspischen Meeres steigt und viele technische Anlagen überflutet wurden[10]. Die Transportwege zu den relativ wichtigen Handelspartnern der GUS (vor allem Rußland, Ukraine und Kasachstan als große Absatzmärkte) sind über den bisher üblichen Einsenbahnweg zum großen Teil unterbrochen worden. Die Auseinandersetzungen in Tschetschenien versperren den Weg über Georgien nach Rußland, und die sowohl in Georgien als auch in Dağestan (die zu Rußland gehörende Region im Nordosten Aserbaidschans) existierenden Überfälle auf Transportzüge und Lastkraftwagen machen die Strecken sehr unsicher. Insgesamt steigen die Kosten für Betriebe in Aserbaidschan also wegen der schlechten Kommunikations- und Transportinfrastruktur.

Die Kosten der "Umwidmung" bzw. Anpassung an geänderte Marktbedingungen, also Kosten, die beim Strukturwandel auftreten, betreffen beispielsweise die Umstellung von Maschinen, den Einsatz neuer Technologien oder die Fort- und Weiterbildung von Mitarbeitern. Umstellungskosten treten in der Transformation beispielsweise auf, wenn Produktionsanlagen, die in der Sowjetunion für große Mengen ausgelegt waren, nicht teilbar sind, wie bei landwirtschaftlichen Nutzfahrzeugen, die nur für die Bewirtschaftung großer Felder geeignet sind. Weiterhin fallen Kosten der "Umwidmung" des Humankapitals an, weil die betriebswirtschaftliche Planung in einem privatisierten Betrieb nach völlig anderen Regeln als in einer Zentralverwaltungswirtschaft erfolgt, oder weil die Nutzung neuer Technologien erst erlernt werden muß.

---

[7] Azerbaijan: An Economic Profile, a.a.O., S.13f. Zum Vergleich der Länge des Straßen- und des Eisenbahnnetzes in Aserbaidschan, der Türkei und Mexiko siehe: Ebd., Tab.10, S.14.

[8] Ebd., S.14.

[9] Ebd., S.14.

[10] Azerbaijanian Government, Information for Investors. Baku: (Eigenverlag) 1995, S.12.

Schließlich sollen noch die Transaktionskosten erwähnt werden, die als Tausch- und Ausschlußkosten bezeichnet wurden und in besonderem Maße die Einhaltung, Überwachung und Durchsetzung von Verträgen betreffen. Niedrige Transaktionskosten dieser Art liegen dann vor, wenn klare Handlungsrechte definiert und über ein Rechtssystem durchsetzbar sind. Dies ist aber gerade in einer Transformationsökonomie nicht gegeben, so daß anstelle eines generellen Vertrauens in das Rechtssystem die Reputation der Geschäftspartner tritt. Dadurch treten enge personelle oder organisatorische Verflechtung zwischen Betrieben auf, die anstelle eines Wettbewerbsmarktes eine Zentralisierung und Verflechtung in der Volkswirtschafts vorantreiben[11].

Um Restrukturierungen in der Wirtschaft und eine Anpassung an Marktbedingungen zu unterstützen, können wirtschaftspolitische Maßnahmen ergriffen werden, die auf eine Senkung der Anpassungskosten und auf eine Beseitigung von Wettbewerbsschranken abzielen. Darunter fällt einerseits die Marktöffnung nach außen, mit dem Ziel, aserbaidschanische Betriebe der internationalen Konkurrenz auszusetzen[12]. Andererseits lassen sich Maßnahmen ergreifen, die die Investitionstätigkeit im Inland anregen sollen, wie beispielsweise die Förderung ausländischer Investoren und die Unterstützung der einheimischen Jungunternehmer[13].

2 Außenwirtschaftliche Öffnung in Aserbaidschan

2.1 Aserbaidschanische Wechselkurspolitik und internationale Wettbewerbsfähigkeit

In der Sowjetunion wurde der Außenhandel sowohl mengen- als auch wertmäßig geplant und vom staatlichen Außenhandelsmonopol durchgeführt. Durch die

[11] Zur Unternehmenskonzentration in der Wirtschaftstransformation siehe: A. Klesse, Die Transformation von Unternehmen in den osteuropäischen Staaten: eine institutionenökonomische Analyse, Frankfurt/M.: Lang 1996, S.203f., S.163ff.

[12] Siehe Abschnitt 2.

[13] Siehe Abschnitt 3.

Fixierung der Außenhandelspreise wurde verhindert, daß externe Einflüsse die zentrale Wirtschaftsplanung beeinflussen konnten. Die Produktions- und Außenhandelsstruktur war ein Ausfluß der zentralen Planung, in die staatliche Präferenzen eingingen. Eine Spezialisierung fand nicht entsprechend internationaler komparativer Vorteile statt. Beim Auseinanderbrechen der Sowjetunion waren die Betriebe nicht auf die internationale Konkurrenz vorbereitet und unterlagen nun einem enorm hohen Anpassungsdruck, sowohl hinsichtlich der Produktionskosten als auch der Produktqualitäten.

Ob die Produktion auf dem Weltmarkt konkurrenzfähig ist, hängt jedoch auch davon ab, ob die Preise durch einen über- oder unterbewerteten Wechselkurs verzerrt werden. In Aserbaidschan wurde bis 1995 der Wechselkurs für einige Transaktionen staatlich festgelegt, so daß gespaltene Märkte für ausländische Währungen existierten. Während für Importe Devisen auf dem freien Markt gekauft werden mußten und lediglich für strategisch wichtige Einfuhren die ausländischen Währungen vom Staat zu einem günstigeren Kurs bereitgestellt wurden, mußten die Deviseneinnahmen der Exporteure prinzipiell zum offiziellen Wechselkurs, bei dem der Manat überbewertet war, verkauft werden[14]. Dadurch wurden die Ausfuhren teurer und die Exportaktivität gehemmt. Die Importe wurden eher stimuliert, weil auch die Importeure nicht-strategischer Produkte (entsprechend ihrer Verhandlungsmacht) beim Staat ausländische Valuta zum offiziellen (nierigeren) Preis nachfragten.

Demzufolge war tendenziell eine Passivierung der Handelsbilanz zu erwarten, wie in Aserbaidschan 1993 und 1994 auch beobachtet werden konnte. Der 1992 noch steigende Handelsumsatz ist auf die umfangreiche Preisliberalisierung in den meisten ex-sowjetischen Republiken zurückzuführen, so daß seitdem viele aserbaidschanischen Exporte und Importe zu Weltmarktpreisen gehandelt wurden. Die 1992 beobachtbare Zunahme des Exporterlöses war vor allem auf die wertmäßige Zunahem der Erdölexporte (zu Weltmarktpreisen) zurückzu-

[14] Zur Wechselkurspolitik siehe auch Kapitel II, Abschnitt 2.2.2.

führen[15]. Nach 1992 hat sich die Handelsbilanz jedoch zunehmend passiviert (siehe Tab. 4.1).

Tabelle 4.1: Außenhandel Aserbaidschans, 1991-1994 (Mill. US-Dollar)

	Exporte	Importe	Handelsbilanz
1991	391,5	335,6	55,9
1992	1.484,0	939,9	544,1
1993	724,6 (48,8% des Vorjahres)	628,8 (66,9% des Vorjahres)	95,8
1994	636,8 (87,9% des Vorjahres)	777,9 (123,7% des Vorjahres)	-141,1

Quelle: IMF, Economic Reviews 1993. Azerbaijan, Washington: IMF 1993, Tab.32, S.74; DSK, Azärbaycan räqämlärdä 1994 (Aserbaidschan in Zahlen 1994), Baku: DSK 1995, S.8f.

Die Abnahme des Exportumfangs war eine 'normale' Reaktion auf den für Exporte überbewerteten Wechselkurs, durch den die Preise künstlich erhöht wurden. Die Reaktion des Exportvolumens hängt jedoch auch von der Elastizität der Exportnachfrage ab[16]. Da Aserbaidschan ein kleines Land ist, kann davon ausgegangen werden, daß eine Preissteigerung infolge eines überhöhten Wechselkurses zu einem weiteren Sinken der Exportnachfrage führt, weil im Ausland auf billigere Güter aus anderen Ländern zurückgegriffen werden kann.

---

[15] IMF Economic Reviews. Azerbaijan, Washington: IMF 1993, S.31. Siehe auch Kapitel I, Abschnitt 1.4.

[16] Zur Wirkung des Wechselkurses auf den Außenhandel siehe beispielsweise: K. Rose, Theorie der Außenwirtschaft, a.a.O., insbes. S.42-114.

Sofern ausländische Valuta für Importe zum offiziellen (niedrigen) Preis erworben werden konnten, waren die Preise für Importgüter relativ niedrig, so daß mit steigenden Importen zu rechnen war. Der nach dieser Erklärung anomale Rückgang des wertmäßigen Imports 1993 kann möglicherweise darauf zurückgeführt werden, daß die Importmenge gegenüber dem Vorjahr gleichgeblieben oder sogar gesunken ist, weil die Nachfragestruktur sich noch nicht an die geänderten Preisverhältnisse angepaßt hat (J-Kurven-Effekt). Vor allem ist zu beachten, daß bis Ende 1993 als Zahlungsmittel in Aserbaidschan weiterhin der Rubel anerkannt war, so daß der größtenteils innerhalb der Rubelzone stattfindende Außenhandel weniger von Wechselkursentwicklungen beeinflußt wurde. Als der aserbaidschanische Manat 1994 alleiniges gesetzliches Zahlungsmittel wurde und die relativen Preise der Importgüter durch die Überbewertung des Wechselkurses sanken, stieg die aserbaidschanische Importnachfrage.

Ferner ist zu berücksichtigen, daß ein Rückgang im Außenhandelsumsatz auch ein transformationstypisches Phänomen darstellt. Denn während nach dem Zerfall des zentralen Planungssystems in der Sowjetunion der staatlich geplante Handel abnahm, traten an dessen Stelle nicht sofort in gleichem Ausmaß privatwirtschaftlich ausgehandelte Verträge. Hinzu kamen Liquiditätsprobleme der Betriebe, so daß Zahlungsverpflichtungen häufig nicht erfüllt wurden und Bartergeschäften der Vorzug gegeben wurde[17].

Da in den ehemaligen sowjetischen Republiken eine hohe Nachfrage nach Gütern aus dem kapitalistischen Ausland bestand, stieß ein Wechselkurs, der die Importe verbilligt, zunächst auf breite Akzeptanz in der Bevölkerung. In der importkonkurrierenden Industrie (insbesondere Nahrungsmittel- und Bekleidungsindustrie) dürfte allerdings die wachsende Konkurrenz Unzufriedenheit ausgelöst haben. Denn die Betriebe waren gezwungen, sich an den qualitativ höherwertigen Produkten aus dem Ausland zu orientieren, um nicht aus dem Markt zu fallen. Dadurch wird einerseits eine schnelle Restrukturierung der Staatsbetriebe forciert und andererseits die Möglichkeit, Monopolpreise zu

[17] Zur Bedeutung von Barterhandel und den Gründen für dessen Auftreten siehe Abschnitt 2.3.

verlangen, erschwert. Es war daher zu erwarten, daß von der importkonkurrierenden Industrie die Forderung nach staatlicher Subventionierung laut werden würde[18]. Da einerseits die Regierung ebenfalls ein Interesse am Erhalt der Staatsbetriebe hatte, um eine steigende Arbeitslosigkeit zu vermeiden, und andererseits klientelistische Beziehungen zwischen Staatsbetriebsleitern und Politikern bestanden, wurden die Staatsbetriebe weiterhin mit günstigen Krediten versorgt und erhielten praktisch eine Solvenzgarantie[19]. Eine solche Subventionierung trug allerdings nicht zur Restrukturierung der Betriebe und der Anpassung an Weltmarkterfordernisse bei. Ferner wurde eine Selektion der konkurrenzfähigen von den verlustbringenden Betrieben verhindert. Jedoch war auch der Kapitalmangel in Aserbaidschan ein Hindernis für eine Restrukturierung der Staatsbetriebe, denn es waren keine langfristigen Kredite für Investitionsprojekte (beispielsweise Kauf von moderner Technologie) verfügbar[20].

Im Export waren viele Industrieprodukte Aserbaidschans auf dem Weltmarkt infolge der zumeist niedrigen Qualität nicht wettbewerbsfähig. Lediglich bei Primärgütern (unter anderem Schwarzmetallen und Erdöl), petrochemischen Produkten und arbeitsintensiven Gütern (insbesondere Baumwollprodukten) hatte Aserbaidschan komparative Vorteile[21]. Die Überbewertung der Währung kann jedoch dazu führen, daß auch hier die komparativen Vorteile infolge der 'überhöhten' Preise wegfielen. Von Juni 1992 bis März 1995 herrschte für

[18] Zur Theorie der Regulierung siehe: G.J. Stigler, "Theory of Economic Regulation", in: Bell Journal of Economics and Management Science, Vol.2 (1971), S.3-21.

[19] Siehe auch Kapitel II, Abschnitt 3.3.2.

[20] Daher ist die Zulassung ausländischer Investoren gerade während der Zeit, in der der Kapitalmarkt erst mangelhaft funktioniert, positiv zu bewerten. Zur Förderung ausländischer Investitionen siehe Abschnitt 3.1. Zur Bedeutung von Ausländerkonvertibilität siehe auch: H. Gröner, H-D. Smeets, "Transformation der Außenwirtschaft: Zur Öffnung und Weltmarktintegration geschlossener Volkswirtschaften", in: K.H. Hartwig, H. Thieme (Hrsg.), Transformationsprozesse in sozialistischen Wirtschaftssystemen. Ursachen, Konzeptem, Instrumente. Berlin: Springer 1991, S.357-405.

[21] Laut IMF-Bericht von 1992 wurden insbesondere für halbfertige Baumwollprodukte und Güter aus der Leichtindustrie sowie Petrochemie positive Exporterwartungen gehegt. IMF, Economic Reviews 1993. Azerbaijan, Washington: IMF 1993, S.32. Zu den aserbaidschanischen Exporten im einzelnen siehe: S. Oğan, Türk Ortak Pazarı Ülkeleri I: Azerbaycan Ekonomisi (Die Länder des gemeinsamen türkischen Marktes I: Die aserbaidschanische Wirtschaft), Istanbul: Türk Dünyası Araştırma Vakfı 1992, S.143f.

Exporteure eine Vielzahl an Wechselkursen. Sie mußten einen Teil ihrer Währungseinnahmen an den "Einheitlichen Währungsfond" (VVF) verkaufen, wobei die Kurse von Produkt zu Produkt variierten[22]. Die Einnahmen aus dem Export **strategischer Waren** (dazu zählten unter anderem Rohstoffe, Baumwolle, chemische Produkte, Buntmetalle, Klimaanlagen, Kühlschränke, elektrische Haushaltsgeräte) wurden implizit zu einem schlechteren als den nominalen Wechselkurs umgetauscht, denn für die an den VVF zu verkaufenden Devisen erhielten die Exporteure einen Gegenwert, der den Einnahmen entsprach, die sie beim Verkauf auf dem heimischen Markt erzielt hätten. Die Preise am Binnenmarkt waren aber gerade bei den strategischen Produkten noch sehr niedrig, da hier erst allmählich ein Liberalisiert durchgeführt wurde[23]. Daher verschärfte sich in diesen Branchen der exporthemmende Effekt eines überbewerteten Wechselkurses.

Im Verlauf der Jahre 1993 bis 1995 wurden die Bestimmungen über die Höhe der abzuführenden Exporteinnahmen (nach Produktgruppen gestaffelt) in unregelmäßigen Abständen mehrfach verändert[24]. Diese Instabilität der Wechselkurse infolge häufiger Änderungen der VVF-Bestimmungen und die Vielzahl der für die Exporteure offiziell geltenden Preise beim Devisenverkauf erhöhten die Transaktionskosten für die Unternehmer. Statt ihre Exportaktivitäten offiziell durchzuführen, wurde ein Anreiz geschaffen, Ausfuhren nicht beim Ministerium für Außenwirtschaftsbeziehungen zu melden - wie es Pflicht war - und den Handel nicht über Banktransaktionen, sondern informell gegen Bargeld abzuwickeln.

---

[22] Die Liste über die Höhe der an den VVF zu verkaufenden Exporteinnahmen umfaßte knapp 80 Produktgruppen. Siehe auch Kapitel II, Abschnitt 2.2.2.

[23] Auch 1995 existierten noch staatlich subventionierte Preise, beispielsweise für Energie und für öffentliche Verkehrsmittel.

[24] Beispielsweise November 1993: Während vorher 30-100% der Währungseinnahmen von den Exporteuren einbehalten werden durften, waren es nun nur noch 15-75%. April 1994: Exporteure durften 25% der Einnahmen beim Export von Edelmetallen, 35% beim Export anderer strategischer Produkte, 40-75% bei der Ausfuhr nicht strategischer Waren und bis zu 100% bei anderen speziellen Ausfuhren im Dienstleistungsbereich in ausländischer Währung einbehalten. IMF, Azerbaijan Republic - Recent Economic Developments, unveröff. 1994, S.24; Z. Ismayıl, "Färmanlar häyata keçmäyäcäksä, onu imzalamağa nä ehtiyac?" (Wozu werden Verordnungen unterzeichnet, wenn sie nicht umgesetzt werden?), in: Azadlıq, 30.4.94, S.11.

Mit der Überbewertung des Manat und der Devisenverkaufspflicht wurde der Export diskriminiert, so daß auch die Exportlobby eine Subventionierung ihrer Industrie fordern konnte. Den größten Anteil an den aserbaidschanischen Exporten hatte die ölverarbeitende und petrochemische Industrie. Es läßt sich beobachten, daß mit wachsender Beteiligung ausländischer Investoren in diesen Branchen ein marktnäherer (abgewerteter) und stabilerer Wechselkurs angestrebt wurde. Dies kann auf eine Stärkung der Interessen in der Ölbranche zurückgeführt werden.[25]

Ein beschränktes Nutzungsrecht über die eingenommenen Devisen (beschränkte Inländerkonvertibilität[26]) hatte den Zweck, die Deviseneinnahmen des Staates zu erhöhen[27]. Zusätzlich konnte durch die Überbewertung der nationalen Währung die Höhe der zu begleichenden Auslandsschulden in Manat gesenkt werden. Gesamtwirtschaftlich wurden dadurch allerdings falsche Signale gesetzt, denn eine Restrukturierung der Betriebe und deren Anpassung an Weltmarktbedingungen wurde erschwert.

Für den niedrigen (bzw. gesunkenen) Außenhandel Aserbaidschans müssen allerdings neben den ökonomischen und institutionellen Faktoren auch außenpolitische Gründe berücksichtigt werden. Beispielsweise wurden durch den Konflikt zwischen Rußland und Tschetschenien die Transportwege von Aserbaidschan in die nördlichen GUS-Republiken behindert, so daß der Außenhandel mit diesen Republiken abnahm. Der Anteil der Importe aus der GUS

---

[25] Eine Stabilisierung des Kurses nach dessen Flexibilisierung konnte 1995 infolge einer restriktiveren Geldpolitik erzielt werden; siehe Kapitel II, Abschnitt 2.1. Es liegt nahe, zu vermuten, daß diese stabilitätsorientierte Geldpolitik eingeschlagen wurde, weil sie Voraussetzung für eine Zunahme ausländischer Direktinvestitionen und für ausländische Kredite (insbesondere Finanzhilfen für Stabilitätsprogramme u.a. vom Internationalen Währungsfond) war.

[26] Zu verschiedenen Aspekten der Konvertibilität siehe: H. Gröner, H.-D. Smeets, "Transformation der Außenwirtschaft ...", a.a.O, S.367.

[27] Siehe auch Kapitel II, Abschnitt 2.2.

sank von 62,5% aller aserbaidschanischen Einfuhren 1994 auf 32,6% im Januar bis August 1996[28].

2.2 Handelspolitik

2.2.1 Außenhandelsreglementierungen

Wie bereits im vorangegangenen Abschnitt ausgeführt, hätte eine Liberalisierung des Außenhandels den Vorteil, daß die einheimischen Betriebe einem Wettbewerbsdruck ausgesetzt wären, der sie zu einer effizienten Produktion veranlassen würde. Zudem wäre - besonders für ein kleines Land wie Aserbaidschan - die Außenhandelsliberalisierung gesamtwirtschaftlich förderlich, denn durch Außenhandel kann ein höheres Wohlfahrtsniveau erzielt werden als im Zustand der Autarkie. Die Güter, bei deren Herstellung das Land aufgrund der Faktorausstattung komparative Vorteile aufweist, können über die am einheimischen Markt absetzbare Menge hinaus produziert und exportiert werden. Gleichzeitig können die relativ billigeren Produkte des Auslands, wie Hochtechnologie, eingeführt und müssen nicht im Land selber hergestellt werden.[29]

Mit der Unabhängigkeit Aserbaidschans brachen zunächst die Außenhandelsstrukturen auseinander. Der bisher in der Sowjetunion zentral geplante Güteraustausch mußte nun von Regierungen verschiedener Staaten oder einzelnen Betriebsleitern ausgehandelt werden und ein Teil des bisherigen (sowjetischen)

---

[28] Für 1994 berechnet aus: DSK, Azärbaycan räqämlärdä 1994 (Aserbaidschan in Zahlen 1994), Baku: DSK 1995, S.237, 242; für Januar bis August 1996 aus: DSK, "1996-cı ilin yanvar-sentyabrında respublikanın sosial-iqtisadi väziyyäti haqqında" (Soziale und Wirtschaftslage der Republik von Januar bis September 1996), Baku: DSK 1996, S.19f.

[29] Zum Grundprinzip komparativer Vorteile im internationalen Handel siehe beispielsweise: K. Rose, Theorie der Außenwirtschaft, München: Vahlen 1989, S.281ff. Zu Wohlfahrtseffekten durch den internationalen Handel siehe beispielsweise auch: N. Wagner, M. Kaiser, F. Beimdiek, Ökonomie der Entwicklungsländer. Eine Einführung, Stuttgart: G. Fischer 1989, S.87ff.

Binnenhandels wurde durch die Unabhängigkeit Aserbaidschans zum Außenhandel[30].

1992 wurde in Aserbaidschan aus dem *Komitee für Außenwirtschaftsbeziehungen* (*Xarici Iqtisadi Älagäler Komitäsi*), das zum *Wirtschafts- und Plankomitee* (*Iqtisadiyyat vä Planlaşdırma Komitäsi*) gehörte, ein eigenständiges Ministerium gegründet[31]. Es ist für die Überwachung des Außenhandels zuständig, führt den staatlichen Handel durch und schließt bilaterale Handelsverträge ab. Alle Außenhandelsgeschäfte mußten bei diesem Ministerium gemeldet werden, Lizenzen waren jedoch - außer für strategisch wichtige Exportgüter - nicht nötig.

Der Großteil des Außenhandels durfte auf der Grundlage privat abgeschlossener Verträge durchgeführt werden. Lediglich der Export strategisch wichtiger Güter wurde bis April 1994 vom staatlichen Außenhandelsmonopol (vertreten durch das *Ministerium für Außenwirtschaftbeziehungen*) nach Genehmigung durch den Präsidenten durchgeführt. Ab April 1994 durften schließlich alle juristischen Personen strategisch wichtige Güter ausführen, mußten allerdings Lizenzen beantragen, die im Rahmen von durch den Präsidenten erlassenen Exportquoten erteilt wurden. Die Exporte wurden nach oben hin begrenzt, damit die Versorgung des heimischen Marktes sichergestellt wäre; und es wurde eine Mindestexportmenge festgelegt, damit der Zufluß von Devisen in den "Einheitlichen Währungsfond" (VVF) gewährleistet war.[32]

---

30 Der Handel mit den früheren Sowjetrepubliken wird seitdem als Handel mit dem *nahen Ausland* bezeichnet, während die Beziehungen mit den Ländern, die keine Sowjetrepubliken waren, Handel mit dem *fernen Ausland* genannt werden.

31 "A.R.nın Xarici Iqtisadi Älagälär Nazirliyinin yaradılması haqqında A.R. Prezidentinin Färmanı" (Präsidalerlaß über die Gründung des Ministeriums für Außenwirtschaftsbeziehungen), Nr.819, 2.6.92.

32 "A.R.nda xarici ticarätin särbästlaşdirilmäsi haqqinda A.R. Prezidentinin Färmanı" (Präsidialerlaß zur Liberalisierung des Außenhandels), Nr.125, 5.4.94, in: ASM, Nr.7, 1994, S.14-17.

Mit den neuen Bestimmungen über Außenhandelsregulierungen von 1996 wurden Export- und Importtätigkeiten weiterhin liberalisiert[33]. Generell gilt nun, daß private Wirtschaftssubjekte nur bei der zuständigen Zollbehörde ihre Unterlagen einreichen und die Verträge nicht mehr beim *Ministerium für Außenwirtschaftsbeziehungen* registrieren lassen müssen. Lediglich der Export von Rohöl und Erdölprodukten, elektischer Energie, Schwarzmetallen, Eisenerzen und gereinigter Baumwolle muß von dem genannten Ministerium genehmigt werden. Weiterhin muß für den Handel mit Kriegsmaterialien und Narkotika eine Anordnung des Ministerkabinetts vorliegen. Für andere schützenswerte Güter und Leistungen vergibt das *Ministerium für Außenwirtschaftsbeziehungen* eine Exportgenehmigung, nachdem ein Gutachten der jeweils zuständigen staatlichen Stelle eingeholt wurde. Dies ist für den Export von wilden Tieren und Pflanzen, von aus diesen gewonnenen Rohstoffen für medizinische Zwecke, von Informationen über Lagerstätten für Wärmeenergie und mineralische Rohstoffe, von Erfindungen und Know-how sowie von Kunstgegenständen und für den Import von Pflanzenschutzmitteln, medizinischen Präparaten sowie einigen Dienstleistungen (unter anderem Reparaturarbeiten) erforderlich.

Während private Wirtschaftssubjekte seit 1996 im allgemeinen lediglich bei der Zollbehörde ihre Außenhandelsaktivität melden müssen, benötigen Staatsbetriebe[34] eine Expertise des *Ministeriums für Außenwirtschaftsbeziehungen.* In Anbetracht dessen, daß der Anteil der Staatsbetriebe am Außenhandel Aserbaidschans noch sehr hoch ist[35], bleibt damit dem genannten Ministerium noch ein großer Einfluß auf die Außenhandelsaktivitäten.

Eine den Außenhandel ebenfalls stark einschränkende Regelung ist die nach wie vor bestehende Importpreiskontrolle. Das *Ministerium für Außenwirtschaftsbeziehungen* gibt die Preise sowie die Grenzen für den Wechselkurs vor, die für

---

33 "A.R.nda xarici ticarätin tänzimlänmäsi qaydaları" (Bestimmungen über die Regulierung des Außenhandels), auf Grundlage des "A.R.nda xarici ticarätin tänzimlänmäsi haqqında A.R. Prezidentinin Färmanı" (Präsidialerlaß über die Regulierung des Außenhandels), Nr.481, 6.8.96, in: Biznesmenin Bülleteni, Nr.35 (100), 1996.

34 einschließlich der Betriebe, an denen der Staat zu mindestens 30% beteiligt ist

35 Es liegen zwar keine Angaben darüber vor, die bisher erst langsam beginnende Privatisierung legt jedoch diese Vermutung nahe.

Importe angesetzt werden dürfen. Eine Erklärung dafür könnte im fehlenden Wettbewerb in Aserbaidschan liegen, so daß die Regierung dafür Sorge tragen will, daß keine überhöhten Preise für importierte Güter verlangt werden. Es ist jedoch problematisch, den Wettbewerb über eine zentrale Instanz simulieren zu lassen. Es ist unklar, woher sie Informationen über adäquate Preise für Importe bekommen wird. Von einer zentralen Instanz festgelegte Preise spiegeln nicht unbedingt Marktpreise wider, sondern verleiten vielmehr die betroffenen Importeure zu Rent-seeking-Aktivitäten.

Wegen der Zahlungsprobleme in Außenhandel - die Devisenreserven waren ungenügend und es existierten in den ehemaligen Sowjetrepubliken noch keine funktionierenden Verrechnungsstellen - kam es zu massiven Zahlungsverzögerungen und wachsenden Schulden im Außenhandel[36]. Die Verschuldung der Betriebe verschiedener Republiken untereinander kann auch als zwischenstaatliche Verschuldung aufgefaßt werden, weil es sich bei den Schuldnern zumeist um Staatsbetriebe handelt[37]. Im Januar 1993 wurden in Aserbaidschan die Betriebe dazu angehalten, ihre Außenhandelsschulden innerhalb von zwei Wochen zu begleichen. Der Betriebsleiter sowie der Hauptbuchhalter trugen die Verantwortung für die Tilgung. Für jeden überzogenen Tag sollten 0,5% Strafzinsen an den Staatshaushalt gezahlt werden. Die Importeure wurden aufgefordert, die Bestände auf ihren Devisenkonten zur Begleichung ihrer Verbindlichkeiten zu nutzen oder Devisenkredite im Geschäftsbankensektor aufzunehmen[38]. Solche Kredite waren aber kaum verfügbar und wurden vorwiegend für Importe gewährt, die in die Produktion exportierbarer Güter

---

[36] Zu den Devisenreserven Aserbaidschans siehe Kapitel II, Abschnitt 2.2.2. Das Zahlungssystem ("interbranch settlement system") zwischen den ex-sowjetischen Republiken wurde zum 1.1.1992 aufgelöst. An dessen Stelle sind bilaterale Zahlungsvereinbarungen zwischen Aserbaidschan und einzelnen Republiken getreten. Wegen der Überweisungsdauer und Zahlungsschwierigkeiten zwischen den Republiken sind im internationalen Handel die Transaktionskosten sehr hoch. Außenhandelsoperationen, insbesondere mit den ehemaligen sowjetischen Republiken, wurden darum bevorzugt als Bartergeschäfte durchgeführt. Siehe: IMF, Economic Reviews 1993, ..., a.a.O., S.25 und S.29. Zu Bartergeschäften siehe Abschnitt 2.3.

[37] Allerdings wurde in Aserbaidschan noch keine Lösung des Problems der "notleidenden Kredite" gefunden.

[38] "A.R.nda hesablaşmaların tänzimlänmäsi haqqında A.R. Prezidentinin Färmanı" (Präsidialerlaß zur Regulierung der Verrechnungen), Nr.402, 13.1.93.

eingingen; denn nur so konnte der Kreditgeber sicherstellen, daß die Schulden auch wieder zurückgezahlt würden. Insofern ließ sich diese Vorschrift nicht durchsetzen. Zudem hätte diese Maßnahme nur dazu geführt, daß Kredite zum Zweck der Schuldentilgung, anstatt für investive Zwecke aufgenommen würden (Fehlallokation der knappen Finanzmittel), ohne daß das grundsätzliche Problem der zwischenbetrieblichen Verschuldung gelöst worden wäre.

Um die Zahlungsprobleme im Außenhandel zu lösen, wurden auf zwischenstaatlicher Ebene bilaterale Handelsabkommen geschlossen, die die Menge und den Preis der zu handelnden Güter für jeweils ein Jahr festlegten, und entsprechende reziproke Kreditlinien eröffneten. Die Zahl der Länder, mit denen ein bilaterales Handelsabkommen existierte, ist von 38 (1993) auf 56 (1995) gestiegen. Die wichtigsten dieser Partner sind einige GUS-Republiken (vor allem Rußland und Turkmenistan), die europäischen Staaten, die USA, die Türkei und der Iran[39]. Um die Verschuldung zwischen den Betrieben verschiedener Länder weiterhin zu senken, wurden Exporte nur gegen Vorauszahlung bzw. Einräumung eines Akkreditifs gestattet[40].

---

[39] "A.R.nda ixrac vä idhal ämääliyyatları üzrä gömrük rüsumlarının däräcäläri haqqında A.R. Nazirlär Kabinätinin Qärarı" (Beschluß des Ministerkabinetts über die Zollsteuern auf Export- und Importoperationen), Nr.401, 21.7.93, in: Biznesmenin Bülleteni, Nullnummer, 1993; "A.R.nda ixrac vä idhal ämääliyyatları üzrä gömrük rüsumlarının däräcäläri haqqında A.R. Nazirlär Kabinätinin Qärarı" (Beschluß des Ministerkabinetts über die Zollsteuern auf Export- und Importoperationen), Nr.252, 27.6.94, in: Biznesmenin Bülleteni, Nr.17 (22), 1994; "A.R.nda ixrac vä idhal ämääliyyatları üzrä gömrük rüsumlarının däräcäläri haqqında A.R. Nazirlär Kabinätinin Qärarı" (Beschluß des Ministerkabinetts über die Zollsteuern auf Export- und Importoperationen), Nr.90, 24.4.95, in: Biznesmenin Bülleteni, Nr.9 (38) und Nr.10 (39), 1995.

[40] "A.R.nda xarici ticarätin sämäräliliyinin artırılması tädbirlär haqqında A.R. Prezidentinin Färmanı" (Präsidialerlaß über die Maßnahmen zur Steigerung der Leistungsfähigkeit im Außenhandel), Nr.91, 10.1.94, in: ASM, Nr.1, 1994. Diese Bestimmung wurde 1996 in Abschnitt 5 der "A.R.nda xarici ticarätin tänzimlänmäsi qaydaları", a.a.O. noch einmal unterstrichen.

2.2.2 Zollpolitik

Drei Monate nach der Unabhängigkeit der Republik Aserbaidschan wurde zum 30.1.1992 ein eigenständiges, dem Präsidenten unterstelltes *Zollkomitee* aus der Umwandlung der Zollabteilung des ehemaligen sowjetischen Zollkomitees eingerichtet[41]. Ein Gesetz über Zolltarife wurde erst im Juni 1995 verabschiedet[42]. Bis dahin galten für die Zollpolitik die jährlich vom Ministerkabinett erarbeiteten Regeln (*Äsasname*) über den "vorübergehenden Exportzoll" und den "vorübergehenden Importzoll". Darin wurden die Zollsätze für die einzelnen Waren anhand der Produktklassifizierung der *Brussels Tariff Nomenclature* (BTN) angegeben[43]. Die Zollsätze, die bei Transaktionen mit Ländern erhoben wurden, mit denen ein bilaterales Handelsabkommen vereinbart war, betrugen in der Regel die Hälfte der sonst zu entrichtenden Zölle. Sie wurden entweder als Wertzoll in Prozent des Ausfuhr- bzw. Einfuhrwertes oder als Mengenzoll in Europäischer Währungseinheit (dort: EKU) angegeben. Die Zollgebühr betrug (gleichbleibend von 1993 bis 1995) 0,15% des Werts der ein- bzw. ausgeführten Produkte. Nur für Bartergeschäfte mußten private Betriebe 0,25% zahlen.

Die höchsten Importzölle wurden auf folgende Produkte bzw. Produktgruppen erhoben (siehe Tab. 4.2): Alkoholika, Tabak, Kosmetika, Leder- und Pelzwaren, Rohr- und Korbwaren, Teppiche, Keramik und Personenkraftfahrzeuge. Für Nahrungsmittelimporte (v.a. Gemüse, Obst und Tee) und die Einfuhr einiger Elektromaschinen, besonders elektrischer Haushalts- und Kühlgeräte, wurden 1994 und 1995 die Zollsätze angehoben. Somit wurden einerseits die Importe von Luxusgütern (Alkoholika und auch Schmuck), andererseits die von

---

[41] "Käçmiş SSRI Kömrük Komitäsinin Azärbaycan Kömrük Idaresinin A.R. tabeliyinä käçirilmäsi haqqında A.R. Milli Şurasının Qärarı" (Beschluß des Nationalrats über die Überführung der aserbaidschanischen Zollverwaltung des ehemaligen sowjetischen Zollkomitees unter aserbaidschanische Zuständigkeit), Nr.60, 15.1.92, in: ASM, Nr.1, 1992; "A.R. Kömrük Komitäsinin yaradılması haqqında A.R. Prezidentinin Färmanı" (Präsidialerlaß über die Einrichtung des Zollkomitees), Nr.561, 30.1.92.

[42] "Gömrük tarifi haqqında A.R.nın Qanunu" (Gesetz über Zolltarife), 20.6.95, in: Biznesmenin Bülleteni, Nr.32 (62), 1995.

[43] "A.R.nda ixrac vä idhal ämääliyyatları üzrä gömrük rüsumlarının däräcäläri ..." vom 21.7.93, 27.6.94 und 24.4.95, a.a.O.

Produkten, die traditionell in Aserbaidschan hergestellt werden wie beispielsweise Teppiche, relativ hoch besteuert. Die Besteuerung der Importe von Elektrogeräten ließe sich auch als Luxussteuer interpretieren, die zwecks Steigerung der Staatseinnahmen eingeführt wurde (Finanzzoll). Allerdings kann sie auch als Schutzzoll für die einheimische Elektroindustrie eingeführt worden sein, nachdem die Einfuhr ausländischer Elektrogeräte stark zugenommen hat. Angesichts der Knappheit an Nahrungsmitteln in Aserbaidschan kann angenommen werden, daß der Importzoll vor allem fiskalischen Charakter hat, und/oder daß die Landwirtschaftslobby ihr Interesse am Schutz der heimischen Produktion durchsetzen konnte.

Neben dem teilweisen Schutz der importkonkurrierenden Industrie mit Hilfe von Einfuhrzöllen auf Fertigprodukte wurde der Import von Roh- und Hilfsstoffen, Ersatzteilen und Ausrüstung für die heimische Produktion von der Zollsteuer freigestellt. Auch die vorübergehende Einfuhr von Produkten, die in Aserbaidschan weiterverarbeitet und dann wieder reexportiert wurden, unterlag keiner Zollsteuer. Weiterhin wurden 1995 von Importzöllen gänzlich befreit:

1) Einfuhren, die auf der Grundlage von Staatsverträgen (Staatshandel) getätigt wurden;
2) Waren, die nur vorübergehend eingeführt, und an denen keine Veränderungen vorgenommen wurden (Transferhandel);
3) Importe von humanitären und technischen Hilfsgütern, die zur kostenlosen Verteilung vorgesehen waren sowie
4) bestimmte Einfuhren ausländischer Investoren für Betriebszwecke oder für ihr ausländisches Personal[44].

Die Importe wurden bis Mitte 1994 nicht mit der Mehrwertsteuer belastet. Ab Februar 1995 galt diese Befreiung nur noch für einige Importgüter mit Ursprung außerhalb der GUS[45].

---

[44] "A.R.nda ixrac vä idhal ämääliyyatları üzrä gömrük rüsumlarının däräcäläri haqqında A.R. Nazirlär Kabinätinin Qärarı" (Beschluß des Ministerkabinetts über die Zollsteuern auf Export- und Importoperationen), Nr.90, 24.4.95, in: Biznesmenin Bülleteni, Nr.10 (39), 1995, S.20. Zur Förderung ausländischer Investoren siehe auch Abschnitt 3.1.

[45] "A.R. ärazisinä gätirilän Müstäqil Dövlätlär Birliyi üzvü olan dövlätlärin hududlarından känarda istehsal edilmiş äla vä däyär vergisindän azad olunan malların siyahısı haqqında A.R.

Tabelle 4.2: Importzölle ausgewählter Produkte, 1993-1995

Produkte (mit BTN-Gruppen-nummern)	1993		1994		1995	
	a	b	a	b	a	b
Alkoholika (22)	10-50%	20-100%	10-70%	20-140%	5-10% 0,2-4,0 EKU/L.	10-20% 0,4-8,0 EKU/L.
Tabakwaren (24)	25%	50%	0-35%	0-70%	10% 3 EKU/ Tsd. St.	20% 6 EKU/ Tsd. St.
Reinigungsartikel (34)	15%	30%	0-10%	0-20%	0-15%	0-30%
Lederwaren (42)	15%	30%	5%	10%	10%	20%
Pelzwaren (43)	30%	60%	30%	60%	10-15%	20-30%
Rohr- und Korbwaren (46)	20%	40%	20%	40%	10%	20%
Teppiche (57)	20%	30%	30%	60%	50%	100%
Keramik (69)	20%	40%	0-20%	0-40%	0-20%	0-40%
Dampfkessel, elektrische Maschinen u.a. (84+85)	0-5%	0-10%	5-25%	10-50%	0-25%	0-50%
PKW (8703)	20%	30%	15%	25%	0,3 EKU/ qcm	0,6 EKU/ qcm

Anmerkungen:
a: Zollabgaben auf Importe aus Ländern, mit denen Präferenzabkommen vereinbart wurden
b: Zollabgaben auf Importe aus sonstigen Ländern

Quelle: "A.R.nda ixrac vä idhal ämääliyyatları üzrä gömrük rüsumlarının däräcäläri haqqında A.R. Nazirlär Kabinätinin Qärarı" (Beschluß des Ministerkabinetts über die Zollsteuern auf Export- und Importoperationen), Nr.401, 21.7.93, in: Biznesmenin Bülleteni, Nullnummer, 1993; entsprechender Beschluß Nr.252, 27.6.94, in: Biznesmenin Bülleteni, Nr.17 (22), 1994; entsprechender Beschluß Nr.90, 24.4.95, in: Biznesmenin Bülleteni, Nr.9 (38), 1995.

Nazirlär Kabineti Qärarı" (Beschluß des Ministerkabinetts über die Liste der außerhalb der GUS produzierten Güter, die von der Mehrwertsteuer befreit werden), Nr.76, 6.4.95, in: Biznesmenin Bülleteni, Nr.8 (37), 1995.

Die wichtigsten Importgüter waren Nahrungsmittel, v.a. Öl, Mehl und Weizen sowie Zucker und Fleischprodukte; wobei besonders Mehl und Weizen in staatlichem Auftrag eingeführt wurden. Daneben importierte die Republik Aserbaidschan trotz ihrer reichen Öl- und Gasvorkommen Erdgas, besonders aus Turkmenistan[46]. 1994 setzten sich die Importe zu knapp 30% aus Rohöl und Erdgas, etwa zu 10% aus Maschinen und Ausrüstungsgütern und zu mindestens 20% aus Nahrungsmitteln zusammen.

Die Zollpolitik kann als importstimulierend bezeichnet werden. Infolge der wachsenden Importe ist auch der Konkurrenzdruck gestiegen und Monopolmacht abgebaut worden, wie sich an der Zahl der Betriebe, die über 35% Marktanteil haben, zeigt[47]: Anfang der 90er Jahre waren noch 80-90% aller Betriebe Monopolisten, 1995 nur noch 40-60%.

Wie bereist dargestellt, wurde die Exporttätigkeit durch die Überbewertung des Manat und durch die Devisenbewirtschaftung (Verkaufspflicht von Deviseneinnahmen bis März 1995) behindert. Auch die Zollpolitik wirkte exporthemmend. Wie aus der folgenden Tabelle 4.3 ersichtlich, waren die Exportzölle generell höher als die Importzölle. Zu den hoch besteuerten Produkte zählen Lebensmittel (v.a. Meerestiere, Zitrusfrüchte, Nüsse, Tee, pflanzliche und tierische Öle), Alkoholika, Tabak, Seide, Garn und Kupferprodukte.

Die 1993 ebenfalls noch hohen Ausfuhrzölle für Kautschuk-, Leder-, Kupfer- und Aluminiumprodukte wurden bis 1995 gesenkt und für Kautschuk- und Aluminiumausfuhren sogar gänzlich beseitigt. Die typischen Exportprodukte Aserbaidschans aus der Erdölförderung und -verarbeitung, den Ausrüstungsgütern für Raffinerien, chemischen Produkten, Schwarzmetallen, Klimaanlagen und Baumwollfasern unterlagen keinem Exportzoll[48].

---

[46] DSK, Azärbaycan räqämlärdä 1994 ..., a.a.O., S.239, 241.

[47] Ein Marktanteil von 35% definiert in Aserbaidschan die Grenze für den Monopolstatus. Siehe Kapitel III, Abschnitt 2.2.2.1.

[48] Zu den Exporten 1994 siehe: DSK, Azärbaycan räqämlärdä 1994 ..., a.a.O., S.238, 240. Ein Rückgang in der Ausfuhr von Ausrüstungsgütern für die Erdölbranche ist auch auf die Rüstungskonversion und damit Herstellung ebendieser Produkte in Rußland zurückzuführen.

Tabelle 4.3: Exportzölle ausgewählter Produkte, 1993-1995

Produkte (mit BTN-Gruppennummern)	1993		1994		1995	
	a	b	a	b	a	b
Lebensmittel (2-16, ohne 14)	0-100%	0-150%	0-100%	0-150%	0-100%	0-150%
Alkoholika (22)	15-80%	22,5-100%	80%	100%	80%	100%
Tabakwaren (24)	50%	100%	20%	40%	5-100%	10-200%
Kautschukprodukte (40)	3% 40-300 EKU	4,5% 52-450 EKU	-	-	-	-
Leder (41)	20-1530 EKU	30-3195 EKU	20-1530 EKU	30-3195 EKU	20-200 EKU	30-400 EKU
Seide (50)	15% 160-1000 EKU	22,5% 240-1500 EKU	10-15%	20-30%	10-15%	20-30%
Garne (51+52)	15,6-2080 EKU	23,4-3121 EKU	5-10% 208-2080 EKU	10-20% 312-3120 EKU	5% 20-2080 EKU	10% 40-3120 EKU
Kupferprodukte (74)	250-500 EKU	375-750 EKU	250-500 EKU	375-750 EKU	100-250 EKU	200-500 EKU
Aluminium (76)	130-300 EKU	205-450 EKU	130-300 EKU	205-450 EKU	-	-

Anmerkungen:
Die als Mengenzoll in der Europäischen Währungseinheit (EKU) angegebenen Zollabgaben beziehen sich jeweils auf eine Menge von 1000 kg.
a: Zollabgaben auf Exporte, die gegen ausländische Valuta (auf Grundlage eines Handelsvertrags) getätigt wurden
b: Zollsätze auf Exporte, die im Rahmen eines Bartervertrags getätigt wurden

Quelle: "A.R.nda ixrac vä idhal ämääliyyatları üzrä gömrük rüsumlarının däräcäläri haqqında A.R. Nazirlär Kabinätinin Qärarı" (Beschluß des Ministerkabinetts über die Zollsteuern auf Export- und Importoperationen), Nr.401, 21.7.93, in: Biznesmenin Bülleteni, Nullnummer, 1993; entsprechender Beschluß Nr.252, 27.6.94, in: Biznesmenin Bülleteni, Nr.17 (22), 1994; entsprechender Beschluß Nr.90, 24.4.95, in: Biznesmenin Bülleteni, Nr.10 (39), 1995.

Von den Exportzöllen wurden seit Mai 1995 lediglich die Produkte befreit,

- die zur Verarbeitung eingeführt und reexportiert wurden;
- die vorübergehend exportiert wurden, um im Ausland zu Halb- oder Fertigfabrikaten verarbeitet zu werden (und Produkte, die zum Zweck der Kompensation oder Kooperation ausgeführt wurden); sowie
- Exporte, die auf der Grundlage eines staatlichen Vertrags ausgeführt wurden.

Im Jahr 1994 waren von den Exportzöllen auch noch Ausfuhren im Rahmen von Bartergeschäften freigestellt, die auf staatlichen Auftrag hin oder für die Beschaffung "produktionsnotwendiger Inputs" getätigt wurden. Da Bartertransaktionen jedoch reduziert bzw. abgeschafft werden sollten[49], sind sowohl die Export-, als auch die Importzölle für Bartergeschäfte wesentlich höher (meist doppelt so hoch) als die sonst üblichen Zölle.

Von August bis November 1992 existierte eine Exportsteuer, die zwischen 15-40% des Ausfuhrwertes lag[50]. Sie blieb zwar nur kurze Zeit in Kraft; Ende 1995 (nach Abschaffung des "Einheitlichen Währungsfonds") sollte jedoch eine solche Steuer auf den Export strategisch wichtiger Güter wieder eingeführt werden, um die Staatseinnahmen, insbesondere die staatlichen Deviseneinnahmen zu erhöhen[51]. Eine solche Steuer hätte allerdings, besonders wenn sie eine Höhe wie 1992 aufweisen würde, einen exporthemmenden Effekt. Es kann erwartet werden, daß dadurch die Tendenz, den Außenhandel in die inoffizielle Schattenwirtschaft zu verlegen, verstärkt wird.

---

[49] Siehe hierzu Abschnitt 2.3.

[50] IMF, Economic Reviews 1993. ..., a.a.O., S.94.

[51] "'A.R.nın 1995-ci il respublika büdcäsi haqqında' A.R.nın Qanunu quvväyä minmäsi barädä A.R. Milli Mäclisinin Qärarı" (Beschluß des Parlaments über das Inkrafttreten des Gesetes über den Staatshaushalt von 1995), Nr.981, 24.2.95. Siehe auch: o.V., "In the parliament of Azerbaijan: debates around the budget for 1995", in: CSIS (Hrsg.), Azerbaijan: Policy & Economy, No.7 (37), 17.2.95, S.14-17.

2.2.3 Bewertung der Handelspolitik

Zusammenfassend läßt sich festhalten, daß abgesehen von wenigen importkonkurrierenden Branchen die Einfuhren keiner nennenswerten Zollsteuer unterworfen waren. Zusätzlich unterlagen die für die heimische Produktion eingeführten Ausrüstungsgüter keinen Importzöllen. Das ist prinzipiell produktionsförderlich und kann positive Wachstumseffekte auslösen. Importe wurden daher vorwiegend aus endogenen Gründen, nämlich der Knappheit an ausländischen Zahlungsmitteln, begrenzt. Insofern stellen bilaterale Handelsabkommen die momentan beste Möglichkeit dar, den Außenhandel aufrechtzuerhalten, obwohl sie (wie bei Bartergeschäften) den Handel auf ein Mindestmaß reduzieren. Denn es können jährlich maximal die zwischen den Staaten vertraglich vereinbarten Mengen abgesetzt werden.

Die Exporte wurden dagegen wesentlich stärker mit Zöllen besteuert. Das kann sowohl fiskalische und währungspolitische Gründe (Einnahme von Devisen) haben, als auch dem Zweck dienen, die Rohstoffausfuhren zu begrenzen. Für letzteren Grund spricht auch die Quotierung wichtiger Exportgüter. Während durch die Abwertung des Manat der Export stimuliert wurde, unterlag er im strategischen Bereich weiterhin staatlicher Reglementierung.

Die Quotierung der Ausfuhren kann eine Anpassung der Exportindustrie an die internationale Nachfrage behindern, denn ein bestimmtes Exportvolumen ist infolge der bilateralen Handelsabkommen und der staatlich bestimmten Ausfuhrmenge garantiert. Daher besteht kein Druck in den von Exportquoten betroffenen Branchen, sich an Weltmarktbedingungen anzupassen. Zudem verursacht staatliche Reglementierung häufig Bestechlichkeit der staatlichen Angestellten. Seit im Juni 1995 im Gesetz über die Zolltarife einheitliche Normen zur Ermittlung des Import- und Exportwerts sowie zur Berechnung von Gebühren und Zöllen festgelegt wurden, sind der Willkür von Staatsbediensteten und ihrer Möglichkeit, irreguläre Einkommen zu beziehen, engere Grenzen gesetzt.[52]

[52] Siehe "Gömrük tarifi ...", a.a.O.

Trotz der fortschreitenden Liberalisierung des Außenhandels kann das *Ministerium für Außenwirtschaftsbeziehungen* weiterhin die Außenhandelspolitik der Staatsbetriebe mitbestimmen. Der staatliche Einfluß auf das Handelsgeschehen wird solange bestehen bleiben, wie die Privatisierung nicht voranschreitet. Solange alle Verträge von Staatsbetrieben mit dem Ausland einer Expertise unterzogen werden müssen, wird nicht nur knappes Humankapital gebunden, sondern es fallen auch noch zusätzliche Ausgaben im ohnehin schon defizitären Staatshaushalt an[53]. Ferner muß die Einhaltung der staatlichen Vorschriften kontrolliert werden, was ebenfalls zu ineffizientem Ressourceneinsatz beiträgt.

Die Flexibilisierung des Wechselkurses und damit die Abwertung des Manat im Jahre 1995 hatte prinzipiell eine positive Wirkung auf die Exporttätigkeit. Exportförderlich war auch die Abschaffung des "Einheitlichen Währungsfonds", da seitdem ein marktnaher Wechselkurs für Exporteinnahmen gilt. Die Flexibilisierung des Wechselkurses trägt ferner zum Abbau der Preisverzerrungen auf dem aserbaidschanischen Markt bei und kann den strukturellen Wandel unterstützen, der die Konkurrenzfähigkeit auf dem Weltmarkt herbeiführen soll.

2.3 Barterhandel

Nach der wachsenden wirtschaftlichen Autonomie in den einzelnen sowjetischen Republiken seit 1989 wurde die zentrale Allokation von Gütern (insbesondere Zuteilung von Inputs an Betriebe) allmählich abgebaut. Als Reaktion auf die unsichere Versorgungslage der Betriebe erfolgten Lieferungen innerhalb der Sowjetunion bereits vor ihrer Auflösung oftmals nur gegen materielle Gegenleistungen, also in Form von Bartergeschäften[54].

Nach der Unabhängigkeit Aserbaidschans und der Einführung des Manat als nationale Währung traten zu den Versorgungsengpässen Zahlungsprobleme hinzu, weil die Währungen der einzelnen Republiken nicht konvertibel waren.

---

[53] H. Gröner, H.-D. Smeets, "Transformation der Außenwirtschaft ...", a.a.O., S.367.

[54] Siehe beispielsweise: IMF, World Bank, OECD, EBRD (Hrsg.), A Study of the Soviet Economy, Vol.1, Paris: OECD 1991, S.37f.

Als Zahlungsmittel zwischen den Republiken wurden demnach nur harte Währungen, insbesondere der US-Dollar und der Russische Rubel akzeptiert. Nachdem diese Zahlungsmittel aber knapp waren, gewannen Barterverträge weiterhin an Bedeutung. Der Barterhandel wurde zeitweise auf bis zu 50% des gesamten Handelsvolumens beziffert[55] und umfaßte in den ersten 8 Monaten des Jahres 1994 26,7% aller Importe und 39,6% aller Exporte[56].

Ein Teil des Barterhandels wurde als solcher jedoch statistisch falsch erfaßt. Bartergeschäfte wurden häufig lediglich formal abgeschlossen, damit die gegen Exporte eingenommenen Devisen offiziell nicht ausgewiesen werden mußten. Dadurch konnten die Devisenverkäufe an den "Einheitlichen Währungsfond" vermieden werden. Anstelle der warenmäßigen Gegenleistung zahlte der Empfänger dem Lieferanten dann in der Regel inoffiziell ein bares Entgelt[57].

Der Barterhandel hat gesamtwirtschaftliche Nachteile, weil das Handelsvolumen auf ein Mindestmaß gesenkt wird, indem der potentielle Handel zwischen zwei Partnern stets durch das wertmäßig niedrigere Angebot begrenzt wird. Das führt aber auch zu einer niedrigeren Beschäftigung, als sie beim Handel gegen Geld bzw. Kredit möglich wäre. Infolgedessen kann Barterhandel negative Produktionseffekte haben. Zudem nehmen bei sinkenden Umsätzen und Gewinnen infolge der geringen Exporttätigkeit auch die Staatseinnahmen, die Zolleinnahmen und die Devisenzuflüsse ab.[58]

Wegen der negativen volkswirtschaftlichen und fiskalischen Wirkung des Barterhandels wurden Versuche unternommen, diesen zu unterbinden. Die

---

[55] o.V., "Why today's barter trade is damaging the economy of Azerbaijan", in: CSIS (Hrsg.), Azerbaijan: Policy & Economy, No.17, 30.9.94, S.17-22.

[56] DSK, "Import i eksport produktsii po Azerbaidzanskoy Respublike za janvar-avgust 1994g." (Aserbaidschans Import- und Exporterzeugnisse von Januar bis August 1994), Baku: DSK 1994, S.13. Für Januar bis Juni 1994 wurde die Höhe der Exporte, die auf Basis von Barterverträgen getätigt wurden, auf 43% aller Exporte beziffert. Siehe: DSK, "1994-cü ilin yanvar-iyulunda respublikanın sosial-iqtisadi väziyyäti haqqında" (Soziale und Wirtschaftslage der Republik von Januar bis Juli 1994), Baku: DSK 1994.

[57] o.V., "Why today's barter trade ...", a.a.O., S.17ff.

[58] Ebd., S.19.

Bemühungen blieben allerdings halbherzig, denn wegen des Devisenmangels mußten Bartertransaktionen aufrechterhalten werden, um überhaupt die für den heimischen Bedarf notwendigen Einfuhren tätigen zu können. An den häufigen Änderungen der Bestimmungen zum Barterhandel wird dieses Dilemma der Regierung deutlich: Unter der noch zentral gelenkten Volkswirtschaft waren 1990 nur drei Staatsorgane dazu berechtigt, Bartergeschäfte durchzuführen - das Handelsministerium, das *Staatskomitee zur Versorgung der Wirtschaft* und die *Union der Konsumgenossenschaften Aserbaidschans*. 1991 wurde auch einzelnen Betrieben gestattet, unter bestimmten Bedingungen Barterverträge abzuschließen. Dieses Recht wurde 1992 aufgehoben, kurz darauf aber wieder zugelassen, bis 1994 schließlich die Bestimmung aufgestellt wurde, daß Bartergeschäfte der Zustimmung des *Ministeriums für Außenwirtschaftsbeziehungen* bedürfen[59]. Auch 1995 wurde vom Ministerkabinett noch entschieden, welche Produkte aufgrund von Dringlichkeiten in Form von Bartergeschäften eingeführt, und welche Waren als Gegenleistung bereitgestellt werden sollen. Beispielsweise wurde dem *Ministerium für Materialerfordernisse* für die Einfuhr wichtiger Produkte im August 1995 ein Kredit in Höhe von 36,6 Mill. US-$ von der Zentralbank eingeräumt, damit als Gegenleistung solche Produkte, bei denen Aserbaidschan komparative Vorteile hat (unter anderem Brennstoffe, Aluminium, Polyäthylen, fermentierter Tabak, Kühlschränke, Küchenmaschinen), aufgekauft werden können[60].

Es kann festgehalten werden, daß trotz der restriktiven Handhabung des Barterhandels dieser weiterhin eine wichtige Rolle im aserbaidschanischen Außenhandel behalten hat. Von Januar bis August 1996 wurden immer noch 13,1% der Importe und 37,8% der Exporte in Form von Bartergeschäften durchgeführt[61]. Eines der größten Hindernisse beim Außenhandel blieb die mangelhafte Verfügbarkeit ausländischer Währungen.

---

[59] Ebd., S.18.

[60] o.V., "Barter üçün malların siyahısı tärtib olunur" (Die Liste über die Güter für Bartergeschäfte wird aufgestellt), in: Ekonomiks, 23.8.95, S.3.

[61] DSK, "1996-cı ilin yanvar-sentyabrında ...", a.a.O., S.20.

3. Aserbaidschanische Investitionsförderung

3.1 Schutz ausländischer Investoren

Um die privatwirtschaftliche Initiative zu unterstützen und zu fördern wurden 1993 die *Hauptrichtungen der (staatlichen) Politik auf dem Gebiet der Entwicklung von Unternehmertum*[62] gemeinsam mit dem *Staatsprogramm zur Entwicklung von Unternehmertum*[63] verabschiedet. Es wird konstatiert, daß Jungunternehmer bisher nicht ausreichend mit finanziellen und technischen Mitteln versorgt wurden. Darüber hinaus sei das Fachwissen über technische, aber insbesondere über die marktwirtschaftlichen Zusammenhänge noch nicht befriedigend. Einen Beitrag zur Beseitigung dieses Mangels an Fachwissen und an Kapital können ausländische Investoren leisten.

Das Gesetz über den Schutz ausländischer Investitionen wurde schon relativ bald nach der Unabhängigkeit, nämlich am 15.1.1992, verabschiedet, um möglichst schnell Kapital und Know-how aus den kapitalistischen Ländern zu akquirieren und den technischen Rückstand aufzuholen[64]. Als ausländische Investoren gelten alle ausländischen juristischen Personen, ausländische oder staatenlose Bürger, die im Ausland eine Wirtschaftstätigkeit angemeldet haben und andere Staaten sowie internationale Organisationen[65]. Ausländische Investitionen können in folgender Form in Aserbaidschan vorgenommen werden[66]:

---

[62] "A.R.nda sahibkarlığın inkişafı sahäsindä dövlät siyasätinin äsas istiqamätläri" (Hauptrichtungen der (staatlichen) Politik auf dem Gebiet der Entwicklung von Unternehmertum), 26.1.93, hrsg. von A.R. Dövlät Antiinhisar Siyasäti vä Sahibkarlığa Kömäk Komitäsi, 1993.

[63] "A.R.nda sahibkarlığın inkişafı sahäsindä Dövlät Programı (1993-1995-ci illär)" (Staatsprogramm zur Entwicklung von Unternehmertum für die Jahre 1993-1995), 26.1.93, hrsg. von A.R. Dövlät Antiinhisar Siyasäti vä Sahibkarlığa Kömäk Komitäsi, 1993.

[64] Siehe Einleitung von: "Xarici investisiyanın qorunması haqqında A.R.nın Qanunu" (Gesetz über den Schutz ausländischer Investitionen), Nr.57, 15.1.92, in: Biznesmenin Bülleteni, Nr.4, 1993, S.23-32.

[65] Ebd., Art.2.

[66] Ebd., Art.3.

- als Beteiligung an einem Gemeinschaftsunternehmen mit aserbaidschanischen natürlichen oder juristischen Personen (Einrichtung eines Joint Ventures);
- indem ein Betrieb, der vollständig in ausländischem Eigentum steht, gegründet wird;
- durch den Erwerb von Betriebsvermögen (beispielsweise von Gebäuden, Aktien, Wertpapieren); Einzelheiten werden in speziellen Gesetzen geregelt[67];
- durch den Erwerb von Rechten über die Nutzung von Boden, natürlichen Ressourcen oder anderem Vermögen[68] - Boden selber kann allerdings von Ausländern *nicht* erworben werden (der Umfang möglicher Rechte über Boden wird im Bodenkodex geregelt); Rechte über die Bodennutzung dürfen auch als Sicherheit für Kredite oder zur Deckung von Verbindlichkeiten genutzt werden[69]; Konzessionen über die Förderung und Nutzung natürlicher Ressourcen werden in Übereinstimmung mit dem Ministerkabinett und dem Parlament eingeräumt[70].

Daneben werden auch alle anderen Vertragsformen zwischen ausländischen und aserbaidschanischen Wirtschaftssubjekten zugelassen (Auffangklausel)[71]. Prinzipiell können Ausländer auch an der Privatisierung staatlicher und kommunaler Betriebe teilnehmen, die jedoch bis Ende 1995 noch nicht begonnen hatte. Und sie können nicht abgeschlossene Bauprojekte übernehmen, wofür im März 1996 die gesetzliche Grundlage geschaffen wurde[72].

---

67 Zum Erwerb von Wertpapieren siehe auch: ebd., Art.36f.

68 Siehe auch: ebd., Art.38-40.

69 Ebd., Art.31.

70 Ebd., Art.40.

71 Siehe auch: T.J. Brendel, "Investitionsgesetze ausgewählter GUS-Republiken. Aserbaydschan, Belarus, Georgien, Kasachstan und Moldova", in: Jahrbuch für Ostrecht. Bd.25 (1994), 2. Halbbd., S.263-277, bes. S.267.

72 Siehe Art.4, "Xarici investisiyanın qorunması ...", a.a.O. und "Tikintisi dondurulmuş, tikintisinin normativ müddätläri ötmüş vä tikintisi başa çatdırılmamış obyektlerin özälläşdirilmäsi haqqında Äsasnamä" (Grundlagen über die Privatisierung von Bauprojekten, die eingefroren wurden, die vorgegebene Bauzeit überschritten haben oder nicht fertiggestellt wurden), 25.3.96, in: Biznesmenin Bülleteni, Nr.16 (81), S.9-11. Zur Beteiligung von Ausländern an der Privatisierung siehe: Kapitel III, Abschnitt 3.4.

Die ausländischen Investoren dürfen jegliche nicht verbotene Tätigkeit in Aserbaidschan ausüben, vorausgesetzt, sie haben eine Lizenz beantragt. Die Anteile der Gesellschafter eines Joint Ventures müssen ein Jahr nach der Registrierung zu mindesten 50% eingebracht sein, sonst wird die Lizenz rückwirkend aufgehoben[73]. Zur Wahrung der sanitären und ökologischen Verträglichkeit müssen die ausländischen Betriebe regelmäßig während ihrer Tätigkeit Gutachten vorlegen[74].

Ausländische Investoren unterliegen in Aserbaidschan dem vollen und unbedingten Rechtsschutz[75], das heißt, daß sie auf die Wirksamkeit der aserbaidschanischen Gesetze vertrauen können. Zudem besteht die Möglichkeit, ihre Rechte vor Gericht einzuklagen. Unter den gegebenen Bedingungen Mitte der 90er Jahre, als das Rechtssystem noch nicht zufriedenstellend funktionierte[76], war der formale Rechtsschutz de facto jedoch nicht wirksam.

Desweiteren genießen die Investoren "einen rechtlichen '*Bestandsschutz*' vor möglichen Rechtsveränderungen"[77], der in Aserbaidschan zehn Jahre beträgt, während derer auf jeden Fall die Gesetze gelten, die zum Zeitpunkt der Gründung des Betriebs wirksam waren[78]. Allerdings fallen unter diese Bestimmung nicht die Steuergesetze, die Umweltgesetzgebung und Gesetze über die nationale Sicherheit Aserbaidschans, deren jeweils neueste Fassung auch für ausländische Betriebe und Joint Ventures gilt[79]. Eine Enteignung oder Beschlagnahme von Betriebsvermögen ist jedoch nur in außerordentlichen Fällen möglich und beinhaltet die Zahlung eines Schadensersatzes, der die Höhe des realen Wertes des Vermögens zum Zeitpunkt der Verstaatlichung bzw. Beschlagnahme sowie

---

73 Art.21, "Xarici investisiyanın qorunması ...", a.a.O.

74 Ebd., Art.17.

75 Ebd., Art.9.

76 Angeblich waren die Vertreter der Gerichtsbarkeit in starkem Maße bestechlich.

77 T.J. Brendel, "Investitionsgesetze ...", a.a.O., S.271.

78 Art.10, "Xarici investisiyanın qorunması ...", a.a.O.

79 o.V., "How foreign investments are protected in Azerbaijan", in: CSIS (Hrsg.), Azerbaijan: Policy & Economy, No.1, 10.6.94, S.26-28.

den entgangenen Gewinn umfaßt. Die Entschädigung kann in Devisen ausgezahlt und darf ins Ausland überwiesen werden[80].

Joint Ventures oder ausländische Betriebe dürfen für ihre Geschäfte innerhalb Aserbaidschans ausländische Währungen nutzen[81]. Einzelheiten richten sich nach der Gesetzgebung zur Währungsregulierung. Da 1994 in Aserbaidschan die Nutzung von Devisen auf dem heimischen Markt grundsätzlich verboten wurde, und Ausnahmen nur mit Genehmigung der Nationalbank gestattet wurden, mußten auch ausländische Betriebe dort eine entsprechende Lizenz beatragen[82]. Der Reingewinn eines Joint Ventures darf aus Aserbaidschan exportiert werden.

Weiterhin werden ausländische Investoren in mehrfacher Hinsicht durch die Zollpolitik begünstigt. Laut Art.25 dürfen Betriebe, deren Grundkapital zu mindestens 30% in ausländischem Eigentum steht, ihre Produkte ohne Beantragung einer Exportlizenz ausführen. Ebenso dürfen betriebsnotwendige Inputs lizenzfrei eingeführt werden, was aber angesichts dessen, daß Importe generell lizenzfrei getätigt werden dürfen, unter den Zollbestimmungen der Jahre 1993-1995 kein Sonderrecht mehr darstellte. Die durch Exporte eingenommenen Valuta bleiben im Eigentum des Betriebes, so daß Betriebe mit ausländischer Beteiligung nicht der Devisenbewirtschaftung unterlagen, die während der Existenz des "Einheitlichen Währungsfonds" (VVF) 1992-1995 durch die Devisenverkaufspflicht herrschte. Vermögen, das aus dem Ausland eingeführt wird, um ins Grundkapital einzugehen, wird vom Importzoll sowie von Zollgebühren freigestellt. Ebenso darf das private Vermögen des ausländischen Personals zollfrei importiert werden[83].

---

80 Art.12, "Xarici investisiyanın qorunmasi ...", a.a.O.

81 Ebd., Art.24.

82 o.V., "Milli Bank lisenziyalar almağın qaydalarını tätbiq etmişdir" (Die Nationalbank hat die Bestimmungen zum Lizenzerwerb angewandt), in: Azärbaycan, 11.11.94, S.2.

83 Art.26 "Xarici investisiyanin qorunması ...", a.a.O. und "A.R.nda ixrac vä idhal ämääliyyatları üzrä gömrük rüsumlarının däräcäläri haqqında A.R. Nazirlär Kaminätinin Qärarı" (Beschluß des Ministerkabinetts über die Zollsteuern), Nr.90, 24.4.95, in: Biznesmenin Bülleteni, Nr.9 (38) und Nr.10 (39), 1995.

Die Höhe der Steuerpflicht von Betrieben mit ausländischer Beteiligung richtet sich nach den geltenden Steuergesetzen[84]. Während in Aserbaidschan die übliche Gewinnsteuer bei 35% liegt, müssen Joint Ventures, an denen die ausländische Beteiligung mindestens 30% beträgt, sowie ausländische juristische Personen nur 25% Gewinnsteuer zahlen[85]. Ebensolche juristischen Personen werden für zwei Jahre von der Gewinnsteuer befreit, wenn sie im produktiven Sektor tätig sind; nicht jedoch, wenn sie über die Hälfte ihres Gewinns im Dienstleistungssektor erwirtschaften[86].

Im Gesetz zum Schutz ausländischer Investitionen wurden also mehrere Erleichterungen und Schutzbestimmungen für ausländische Investoren festgeschrieben. Weil es schon 1992 in Kraft trat, bestand bereits frühzeitig ein gesicherter Rechtsrahmen für ausländische Investoren. Dennoch blieben Unsicherheiten bestehen, weil viele Gesetze häufig noch nicht existierten, auf die im Gesetz über den Schutz ausländischer Investitionen verwiesen wurde[87]. Daneben barg das Rechstssystem in Aserbaidschan insgesamt viele Unsicherheiten, weil für möglicherweise auftretende Vertragsbrüche noch keine Präzedenzfälle vorlagen.

Infolgedessen wurden von 1988 bis 1991 in Aserbaidschan insgesamt nur 86 Joint Ventures gegründet. 1992 betrug die Zahl der Neuregistrierungen 290, sank 1993 auf 158 und wuchs in den ersten neun Monaten des Jahres 1994 wiederum auf 234[88]. Bis zum 1.7.1995 waren schließlich fast 1.200 Joint

---

[84] Art.28, "Xarici investisiyanın qorunması ...", a.a.O.

[85] Art.4,3., Art.5,b., Art.11, "A.R.nda huquqi şäxslärin mänfäätindän vä gälirlärinin ayrı-ayrı növlärindän vergilär haqqında A.R.nın Qanunu" (Gesetz über die Gewinn- und Einkommensteuer juristischer Personen), Nr.258-XII, 9.11.91, in: Azärbaycan qäncläri, 12.12.91, S.2f.

[86] Art.6,a., "A.R.nda huquqi şäxslärin mänfäätindän ..." a.a.O.

[87] Beispielsweise trat das Gesetz über Währungsregulierung erst Ende 1994 in Kraft, und ein Gesetz über Konzessionen oder ein Programm zur Privatisierung wurde bis Ende 1995 noch nicht verabschiedet. Zur Bewertung der Investitionsgesetze in einigen GUS-Staaten siehe auch: T.J. Brendel, "Investitionsgesetze ...", a.a.O., S.264.

[88] Angaben aus dem *Staatskomitee für Antimonopolpolitik und zur Förderung des Unternehmertums*; leicht abweichende Zahlen werden in der Zeitschrift von CSIS gemacht: 1991-1992 gab es 505 Gründungen von Joint ventures, 1993 bis 1.10.1994 217 Neugründungen.

Ventures registriert, von denen allerdings nur 179 (14,9%) tatsächlich wirtschaftliche Aktivitäten aufgenommen haben, und zwar hauptsächlich im Handel (69% aller aktiven Joint Ventures)[89]. Die Höhe des von ausländischer Seite eingebrachten Grundkapitals betrug 1991 bis 1994 etwa 82 Mill. US-$, was im Durchschnitt knapp über der Hälfte des Kapitals der Gemeinschaftsunternehmen lag. Die meisten ausländischen Investoren stammten aus den angrenzenden Nachbarländern Türkei und Iran. Im September 1994 waren 319 Joint Ventures mit türkischen Betrieben (= 42% aller Gemeinschaftsunternehmen) und 181 mit iranischen Betrieben (= 24%) registriert.

Die große Zahl der Neugründungen an Joint Ventures seit 1994 läßt sich darauf zurückführen, daß in diesem Jahr der Beginn eines wirtschaftlichen Aufschwungs erwartet wurde, weil im Oktober desselben Jahres ein Vertrag zwischen der Staatlichen Aserbaidschanischen Ölgesellschaft und einem Konsortium westlicher Ölgesellschaften abgeschlossen wurde, der als Durchbruch im Ölgeschäft galt[90]. Darum wurde nicht nur mit großen Investitionen im Ölsektor, sondern auch mit "forward" und "backward linkages" in andere Branchen gerechnet.

Die Beteiligung ausländischer Investoren an aserbaidschanischen Banken ist von besonderem Interesse, weil diese Investitionen dem Aufbau eines funktionsfähigen Bankensystems förderlich sein können. Ausländische Bankiers bringen das nötige Know-how mit, um effiziente Banken aufzubauen. Die Besonderheiten für ausländische Investitionen in Banken werden durch das Bankengesetz geregelt und unterlagen seit der Verabschiedung des Gesetzes 1992 mehrfachen Änderungen. Der Anteil eines Teilhabers an einer Bank durfte generell nicht

---

o.V., "Number of joint ventures with the participation of foreign investors is growing", in: CSIS (Hrsg.), Azerbaijan: Policy & Economy, No.22, 4.11.1994, S.16-19.

89 Im Vorjahr war noch die Rede davon, daß etwa 25% der registrierten Joint Ventures wirtschaftlich aktiv sind. Angaben aus dem *Staatskomitee für Antimonopolpolitik und zur Förderung des Unternehmertums*.

90 Siehe beispielsweise: H. Biermann, E. Einig, F. Hesse, System-Transformation. Logik und Theorie sowie Darstellung am Beispiel der muslimisch beeinflußten GUS-Republiken, München: R. Oldenbourg 1996, S.228f.; V. Näcäfov, "Milli Mäclisin iclasında neft muqaviläsi täsdiq edildi" (Die Nationalversammlung hat in ihrer Sitzung den Erdölvertrag verabschiedet), in: Azärbaycan, 16.11.94, S.1.

über 12% liegen; lediglich der Staat oder eine Kommune durfte einen größeren Anteil an einer Bank halten[91]. Im März 1993 wurde das Gesetz jedoch dahingehend geändert, daß der Anteil ausländischer Teilhaber maximal 49% betragen durfte. Im Mai 1995 wurde diese Grenze ganz aufgehoben[92]. Es ist nun erforderlich, daß mindestens einer der ausländischen Teilhaber an einer Bank eine ausländische *Bank* ist. Die Höhe des Mindestanteils des ausländischen Investors wird durch die Zentralbank bestimmt. Sie lag Anfang 1995 bei 0,5 Mill. US-$[93]. Durch diese Gesetzesänderungen sollte ausländisches Know-how in den aserbaidschanischen Bankensektor eingebracht werden, damit durch ausländische Fachkräfte die intensiven Bemühungen unterstützt würden, im Bankensektor und auf den Kreditmärkten eine Normalisierung der Geschäftstätigkeit zu erreichen und die aserbaidschanische Währung zu stabilisieren. Da die Eintrittsbarriere für ausländische Konkurrenz im Bankensektor gelockert wurde und sich das politische Umfeld in Aserbaidschan stabilisiert hat, wurden bis Mitte 1995 bereits sieben Banken mit ausländischer Beteiligung gegründet. Weiteres Interesse wurde von russischen und amerikanischen Banken bekundet[94].

Generell sind jedoch die Bedingungen auf dem aserbaidschanischen Markt für ausländische Investoren noch nicht attraktiv. Solange die Privatisierung nicht durchgeführt wurde, der Umfang der Handlungsrechte also ungeklärt bleibt, sind die Transaktionskosten (beispielsweise bei der Suche von Verhandlungspartnern) für ausländische Investoren sehr hoch. Die Einrichtung von Freihandelszonen, die bereits in Art.41 des Gesetzes zum Schutz ausländischer Investitionen vorgesehen war, kann dagegen einen wichtigen Anreiz für ausländische Investoren schaffen, um in Branchen mit komparativen Vorteilen zu

---

[91] Art.6,1., "A.R.nda banklar vä bank fäaliyyäti haqqında A.R.nın Qanunu" (Gesetz über Banken und Bankoperationen), Nr.262, 7.8.92, in: ASM, Nr.15, 1992, S.28ff.

[92] Ebd., Art.6,2. und Art.6,1., unter Berücksichtigung der Änderungen vom 9.3.93 und 31.5.95.

[93] Ebd., Art.7,5 und o.V., "Amendments to the laws should attract foreign capital into the banking sphere and civilize a currency trade in Azerbaijan", in: CSIS (Hrsg.), Azerbaijan: Policy & Economy, No.15 (45), 14.4.95, S.15-16. Zum erforderlichen Grundkapital für Banken in Aserbaidschan siehe auch Kapitel II, Abschnitt 3.2.3.

[94] CSIS (Hrsg.), Azerbaijan: Policy & Economy, No.30 (60), 28.7.95, S.24; CSIS (Hrsg.), Azerbaijan: Policy & Economy, No.39 (69), 29.9.95, S.18.

investieren, beispielsweise in die Ölbranche oder chemische Industrie. Ende 1995 begann bereits die Planung für eine Freihandelszone beim Industriestandort Sumgait, einem Nachbarort der Hauptstadt Baku. Dennoch ist die mangelhafte marktwirtschaftliche Infrastruktur, besonders das schlechte Kommunikationsnetz[95], ein Hemmnis für ausländische Investoren.

3.2 Staatliche Unterstützung für einheimische Investoren

3.2.1 Kredithilfen für Klein- und Mittelbetriebe

Wenn einheimische Wirtschaftsakteure (ohne ausländische finanzielle Unterstützung) Betriebe gründen, dann können das wegen des Kapitalmangels in Aserbaidschan zunächst in der Regel nur kleine und mittelgroße Betriebe sein. Kleine und mittlere Betriebe können zumeist flexibel auf geänderte Umweltdaten reagieren, so daß sie in der Transformation gegenüber Großbetrieben komparative Vorteile aufweisen[96]. Sie können darum auch eine wichtige Rolle als potentielle Innovatoren und als Konkurrenten gegenüber den Staatsbetrieben haben. Das rechtfertigt die besondere Förderung kleiner und mittlerer Betriebe in der Transformation, zumal auch schon die Erfahrungen in der sowjetischen Landwirtschaft gezeigt haben, daß private Kleinbetriebe gegenüber den großen Sowchosen und Kolchosen wesentlich effizienter produzieren konnten[97].

Eine spezielle Unterstützung von Kleinbetrieben war auch in den *Hauptrichtungen der (staatlichen) Politik auf dem Gebiet der Entwicklung von Unternehmertum* und dem *Staatsprogramm zur Entwicklung von Unternehmertum* vor-

---

95 Siehe Abschnitt 1.

96 Hier sei die "Bargaining Power" der staatlichen Großbetriebe außer Acht gelassen.

97 Siehe Kapitel III, Abschnitt 2.3.3. Zum Beitrag von Kleinbetrieben in der Industrialisierung und wirtschaftlichen Entwicklung siehe beispielsweise: UNIDO, "The Role of Small and Medium Scale Industries in OIC Member States", in: Journal of Economic Cooperation Among Islamic Countries, Vol.8 (1987), S.1-54; M. Bruch, Kleinbetriebe und Industrialisierungspolitik in Entwicklungsländern, Tübingen: Mohr 1983.

gesehen[98]. Von der Regierung wurde 1992 ein spezieller Fonds eingerichtet, aus dem Kredite als Startfinanzierung für kleine oder mittlere Betriebe vergeben wurden[99]. Dieser *Nationale Fonds zur Förderung des Unternehmertums* (im folgenden: Fonds) wurde in die organisatorische Struktur des *Staatskomitees für Antimonopolpolitik und zur Unterstützung von Unternehmertum* (*Dövlät Antininhisar Siyasäti vä Sahibkarlığa Kömäk Komitäsi*, im folgenden: Antimonopol-Komitee) eingegliedert[100]. Die Haupttätigkeit des Fonds bestand darin, die ihm zur Verfügung stehenden Kreditmittel an kleine und mittlere Betrieben zu verteilen. Für die Kredite, die eine Laufzeit von ein bis zwei Jahren hatten, wurden günstige Zinsen und Tilgungsbedingungen eingeräumt: Zinsen und Tilgung wurden erst fällig, wenn der Absatz der Produkte begann und die Tilgung konnten nach Absprache auch noch später erfolgen.

Kredite wurden vorwiegend solchen Betrieben bereitgestellt, die in den als förderungswürdig eingestuften Branchen tätig waren. Dazu gehörten die Nahrungsmittelproduktion, innovative und ökologische Projekte sowie Infrastrukturvorhaben. Ihnen wurden folgende Zinsvergünstigungen eingeräumt: für Investitionen im landwirtschaftlichen Bereich wurden 25% des Zentralbank-Zinssatzes verlangt, für Vorhaben in der technischen Entwicklungen (Innovationen), im Recycling und der Herstellung von Baumaterialien 33,3%. Für Infrastrukturmaßnahmen und die Herstellung verarbeiteter sowie Endverbrauchsgüter waren 50% der Zentralbank-Zinsen zu zahlen, für Projekte, die die nationale Kultur fördern und "materielle Dinstleistungen" erstellen 66,6%, und

---

[98] "A.R.nda sahibkarlığın inkişafı sahäsindä dövlät siyasätinin äsas istiqamätläri" ..., a.a.O.; "A.R.nda sahibkarlığın inkişafı sahäsindä Dövlät Programı ...", a.a.O. Zur Definition von Klein- und Mittelbetrieb siehe Abschnitt 3.3. Siehe auch: "A.R.nda kiçik müässisä işçilärinin say häddinin müäyyän olunması haqqında A.R. Nazirlär Kabinätinin Qärarı (Beschluß des Ministerkabinetts über die Höhe der Beschäftigten in Kleinbetrieben), 23.7.93; "A.R.nda orta müässisä statusunun müäyyän edilmäsi haqqında A.R. Nazirlär Kabinätinin Qärarı" (Beschluß des Ministerkabinetts über den Status von mittleren Betrieben), 23.7.93.

[99] Zu den Aufgaben des Fonds siehe: "Azärbaycan Respublikası Sahibkarlığa Kömäk Milli Fondu haqqında Äsasnamä" (Satzung des Nationalen Fonds zur Förderung des Unternehmertums), Anhang von Präsidialerlaß Nr.269, 12.10.92.

[100] Pkt.5, "A.R.nın Dövlät Antininhisar Siyasäti vä Sahibkarlığa Kömäk Komitäsi haqqında Äsasnamä" (Satzung des Staatskomitees für Antimonopolpolitik und zur Förderung des Unternehmertums), Anhang von Präsidialerlaß Nr.152, 26.8.92.

für ökologische Projekte oder solche im Gesundheitswesen und ähnlichem waren die Kredite zinslos.

Dem Fonds wurden vom Finanzministerium 1993 100 Mill. Manat bereitgestellt, von denen 70 Mill. Manat als Kredit für Investitionsprojekte vergeben wurden. 1994 waren im Haushaltsplan 150 Mill. Manat an Kreditmitteln für den Fonds vorgesehen, tatsächlich konnten aber nur 78 Mill. Manat vergeben werden. 1995 wurden ursprünglich 300 Mill. Manat für den Fonds angesetzt, wurden aber im Zuge der Sparpolitik der Regierung nicht freigegeben (siehe Tab. 4.4)[101]. Da in diesem Jahr erstmals Zinseinnahmen zu erwarten waren, hat der Fonds dennoch eine Ausschreibung für subventionierte Kredite gemacht und konnte zwei Projekte aus den eingenommenen Geldern unterstützen.

Tabelle 4.4: Budget des *Nationalen Fonds zur Förderung des Unternehmertums* und Anzahl der daraus finanzierten Projekte, 1993-1995

Jahr:	1993	1994	1995
Im Staatsbudget vorgesehene Mittel (Mill. Manat):	100	150	300
tatsächlich bereitgestellte Kredite:	70	78	0
Antragseingänge (Zahl):	276	148	53
bewilligte Anträge:	40	28	19
in den Bereichen			
Landwirtschaft	21	14	k.A.
Konsumgüter	15	k.A.	k.A.
Zahl der Betriebe, an die Kreditmittel überwiesen wurden:	28	12	2

k.A. - keine Angaben verfügbar

Quelle: Angaben des *Nationalen Fonds zur Förderung des Unternehmertums*

[101] Bei einem offiziellen Wechselkurs von 118 Manat/Dollar Ende 1993 betrug das Budget des Fonds 1993 etwa 847.500 US-Dollar; es sank 1994 bei einem offiziellen Kurs von 2.200 Manat/Dollar Ende 1994 auf etwa 68.200 US-Dollar; und bei einem Wechselkurs von 4.500 Manat/Dollar lag das Budget des Fonds 1995 mit etwa 66.700 US-Dollar nochmals niedriger als im Vorjahr. Zu den Wechselkursen siehe Kapitel II, Abschnitt 2.2.2.

Weitere Einnahmen des Fonds sollen aus der Privatisierung kommen, die jedoch bis Ende 1995 noch nicht begonnen hatte[102]. Auch darf der Fonds Kredite vermitteln, die zur Förderung von kleinen und mittleren Betrieben von ausländischen Organisationen bereitgestellt werden. Solche standen jedoch bis Ende 1995 nicht zur Verfügung.

Die Kredite wurden in öffentlichen Medien ausgeschrieben, und der Fonds mußte die eingehenden Gesuche nach ihrer Förderungswürdigkeit, Dringlichkeit und Erfolgsaussicht prüfen. 1993 gingen 276 Anträge ein, denen jedoch nicht immer eine befriedigende Projektierung und Kostenaufstellung beigelegt wurde. Auch im Fonds selber gab es vorerst sehr unklare Vorstellungen darüber, wie Investitionsprojekte zu bewerten sind und welche Anforderungen an sie gestellt werden sollen. Nach ersten eigenen Erfahrungen und Gesprächen mit Vertretern ausländischer Staaten wurde 1994 eine Standardisierung des Verfahrens vorgenommen und die Antragsmodalitäten wurden in einer Broschüre dargestellt[103]. Die Antragsteller mußten ihrem Gesuch eine Beschreibung ihres Unternehmens, die Satzung des Betriebs, Belege über Besitz oder Eigentum an Grund und Boden sowie die technische und wirtschaftliche Begründung des Investitionsvorhabens vorlegen. Ferner mußten sie Sicherheiten vorweisen, üblicherweise in Form einer Bürgschaft von einer Bank oder einem anderen Betrieb mit gutem Leumund. An die Bürgschaft wurden jedoch niedrigere Anforderungen gestellt, als es bei der Kreditaufnahme bei Banken üblich war - es mußte nicht für einen doppelt so hohen Betrag gebürt werden, wie es bei Banken üblich war, sondern lediglich für die einfache Höhe des beantragten Kredits. Der rapide Rückgang der Kreditanträge kann mit dieser Verschärfung der Antragsmodalitäten zusammenhängen, weil dadurch deutlich gemacht wurde, daß Kredite nicht mehr allein auf Grund der Verhandlungsmacht der Antragsteller (wie in der früheren Sowjetunion), sondern anhand strenger Anforderungen an die Projekte bewilligt wurden.

---

[102] Siehe Kapitel III, Abschnitt 3.

[103] "Kiçik sahıbkarliqda investisiya layihälärinin texniki-iqtisadi äsaslandırılmasına dair metodik göstärişlär" (Methodische Richtlinien zur technisch-ökonomischen Begründung von Investitionsprojekten von Kleinunternehmern), 1994.

Etwa alle drei Monate sollen die Betriebe einen Rechenschaftsbericht vorlegen, damit der Fonds die korrekte Durchführung des Projekts und die Verwendung der Mittel überprüfen kann. Die Projekte selber können aber wegen des zeitlichen und finanziellen Aufwands kaum vor Ort inspiziert werden. Erstens ist der Fonds mit äußerst wenig Personal ausgestattet[104], und zweitens hat der Fonds lediglich seinen zentralen Sitz in Baku. Über 50% der Kreditmittel des Fonds waren aber an Betriebe außerhalb Bakus, meist im Landwirtschaftsbereich, vergeben worden. 1994 wurde zwar geplant, in den einzelnen Regionen Aserbaidschans Zweigstellen des Antimonopol-Komitees einzurichten, über die auch die Verwaltung der Kreditmittel des Fonds vor Ort vorgenommen werden sollte. Diese Pläne konnten jedoch wegen der knappen Finanzmittel bis Ende 1995 nicht durchgeführt werden.

Eine Bewertung der bisherigen Politik des *Fonds zur Förderung des Unternehmertums* war Ende 1995 noch nicht möglich, weil zu diesem Zeitpunkt erst die Zinszahlung von den ersten zweijährigen Krediten begann. Wegen der hohen Staatsverschuldung konnte jedoch eine kontinuierliche Förderung von Jungunternehmern nicht fortgesetzt werden. Zwar konnten 1995, als aus dem Staatshaushalt keine finanziellen Mittel für den Fonds freigegeben wurden, dennoch zwei Vorhaben mit den bisher schon eingegangenen Zinseinnahmen unterstützt werden. Auch haben von den ersten 20 Investoren bereits vier den Beginn der Tilgung zugesagt. Dennoch ist der Fonds, wie auch viele Banken in Aserbaidschan, unterkapitalisiert. Es war vorgesehen, daß er eine Kapitalausstattung in Höhe von 950 Mill. Manat (das waren 1995 bei einem Wechselkurs von 4.500 Manat/Dollar ca. 210.000 US-$) aus dem Staatsbudget erhält. Bis Ende 1995 betrugen seine Aktiva aber nur 35.000 US-$, was gerade dem seit Oktober 1995 für Banken erforderlichen Grundkapital entsprach, nicht mehr jedoch dem seit 1.1.1996 auf 50.000 US-$ angehobenen Mindestkapital.

Seine ohnehin niedrige Kapitalausstattung wurde zudem 1994 und 1995 durch den Aufbau eines weiteren Projekts geschmälert, das der Aus- und Fortbildung der Manager von kleinen und mittleren Betrieben dienen soll. Diese Agentur

[104] Von den 15 Planstellen, die 1994 existierten, waren nur 11 besetzt; 1995 war sogar von nur 11 Planstellen, von denen fünf besetzt waren, die Rede. Die Angestellten sind dort zumeist auch nicht in Vollzeit beschäftigt.

wurde 1994 mit Hilfe eines Programms der Europäischen Union gegründet, in die der Fonds 1994 und 1995 jeweils 10.000 US-$ einbringen mußte[105].

Weitere Pläne des Fonds, wie die Gründung eines Leasing-Unternehmens, das den kleinen und mittleren Betrieben einen leichteren Zugang zu technischer Ausrüstung verschaffen sollte, konnten bisher aus finanziellen Gründen nicht verwirklicht werden[106]. Auch die im Oktober 1995 eingerichtete Versicherungsgesellschaft, die Kreditsicherheiten für Betriebe übernehmen soll[107], wird voraussichtlich nur ein geringes Geschäftsvolumen haben, weil sie bisher sowohl finanziell als auch personell unterausgestattet ist. Daher wird sie nur wenige Kunden bekommen und keine Risikostreuung vornehmen können.

3.2.2 Steuererleichterungen

Neben der Subventionierung von Krediten für kleine und mittlere Betriebe wurden auch fiskalpolitische Instrumente zur Förderung des Strukturwandels eingesetzt. Hier ist insbesondere die nach Betriebsart und Tätigkeitsbereich unterschiedliche Gestaltung der Gewinnsteuer zu nennen. Der übliche Satz der Gewinnsteuer lag bei 35% bzw. für niedrigere Gewinne nur 25% (diese Reduktion galt 1992 für Gewinn bis zu 200.000 Manat). Kleinbetriebe wurden jedoch nach ihrer Gründung für zwei Jahre von der Gewinnsteuer befreit, wenn sie in der Herstellung von Verbrauchsgütern (landwirtschaftlichen Produkten, Konsumgütern, Baumaterialien) tätig waren. Einnahmen von Kleinbetrieben aus Bau- und Reparaturtätigkeiten, Aus- und Fortbildungsmaßnahmen sowie der Nutzung neuer Technologien unterlagen keiner Gewinnsteuer, so daß der Anreiz, in diesen ausdrücklich als förderungswürdig eingestuften Branchen zu

---

[105] Siehe zu der Agentur (*Kosia/Smeda*) Abschnitt 3.2.3.

[106] Seit 1995 besteht in Aserbaidschan auch die Möglichkeit, Betriebsanlagen über Leasingverträge zu mieten. Ein entsprechendes Gesetz wurde Ende 1994 verabschiedet, wurde aber aufgrund ungenügender Erfahrungen auf diesem Gebiet bisher kaum angewandt. "Lizinq xidmäti haqqında A.R.nın Qanunu" (Leasing-Gesetz), Nr.930, 29.11.94, in: ASM, Nr.22, 1994, S.3-7.

[107] "'Xäzär-95' sıgorta şirkätinin nizamnamäsi" (Satzung des 'Khäzär'-Versicherungsunternehmens), Oktober 1995.

investieren, besonders groß war. Für alle anderen Geschäfte wurden Kleinbetriebe im ersten Jahr ihrer Tätigkeit mit 25%, im zweiten Jahr mit 50% des üblichen Gewinnsteuersatzes besteuert[108].

Produktionskooperativen wurden ebenfalls für die ersten zwei Jahre ihrer Geschäftstätigkeit von der Gewinnsteuer befreit, wenn sie Baumaterialien hergestellt oder landwirtschaftliche Produkte verarbeitet haben oder wenn sie im Recycling tätig waren. Für alle anderen Geschäfte wurden im ersten Jahr 25%, im zweiten 50% der üblichen Gewinnsteuer erhoben[109]. Die Gewinnsteuerbefreiung bzw. -reduktion galt lediglich, wenn die Betriebe neu eingerichtet wurden, nicht jedoch, wenn sie auf das Sachkapital eines anderen aufgelösten Betriebs zurückgreifen konnten. Diese Klausel ist auslegungsbedürftig; die meisten privaten Betriebe in Aserbaidschan nutzten die Ausrüstung von Staatsbetrieben, die sie dort gepachtet oder gekauft hatten, und kamen dennoch in den Genuß dieser Steuervergünstigung.

Ein weiterer Anreiz für Wirtschaftstätigkeit im landwirtschaftlichen Bereich ging von der Bodensteuer aus, die zwar grundsätzlich auf die Bodennutzung erhoben wurde, von der aber bäuerliche (Farm-)Wirtschaften in den ersten drei Jahren ihrer Gründung befreit waren[110].

Solche Steuervergünstigungen können den Aufbau eines Betriebs erleichtern, indem sie die Kostenbelastung in den ersten Jahren reduzieren; sie stellen daher einen Anreiz für Unternehmensneugründungen dar. Der Strukturwandel wurde aufgrund der genannten Vergünstigungen in Aserbaidschan besonders zugunsten der Bereiche der Nahrungsmittelversorgung und Herstellung von Baumaterial gefördert, wo Engpässe in der aserbaidschanischen Volkswirtschaft vorlagen.

---

108 Art.6,8., "A.R.nda huquqi şäxslärin mänfäätindän ...", a.a.O.

109 Ebd., Art.6,7.

110 Art.14 a), "Torpaq vergisi haqqında A.R.nın Qanunu" (Gesetz über die Bodensteuer), 2.2.93, in: Azärbaycan, 4.5.93, S.2f. Zur Betriebsform der bäuerlichen (Farm-)Wirtschaft siehe: Kapitel III, Abschnitt 2.3.3.

Anzumerken wäre noch, daß Steuererleichterungen auch als regionalpolitisches Instrument eingesetzt wurden, indem Betriebsneugründungen in Bergregionen in den ersten beiden Jahren von der Gewinnsteuer befreit, und im dritten Jahr nur mit 50% des Steuersatzes belastet wurden[111]. Damit sollte die Entwicklung der weniger erschlossenen Gebiete gefördert und so möglicherweise die Landflucht begrenzt werden.

Eine gesonderte steuerliche Behandlung erfuhr der private Einzelhandel sowie das Gaststättengewerbe seit Mitte 1994, die allerdings weniger auf strukturpolitische, als vielmehr auf pragmatische Gründe zurückzuführen ist. Aufgrund der Schwierigkeit, die gegen Bargeld getätigten Umsätze in den genannten Gewerbebetrieben zu erfassen, wurde die gesonderte Erhebung von Mehrwert-, Gewinn- und/oder Einkommenssteuer abgeschafft. Statt dessen wurde die Zahlung einer Lizenzgebühr eingeführt, die an der Größe der genutzten Verkaufsfläche (und Hilfsfläche) bemessen wurde[112].

3.2.3 Maßnahmen zur Senkung von Informationskosten

Der Förderung von Jungunternehmen dienen auch transaktionskostensenkende Maßnahmen. Darunter fallen beispielsweise die Bereitstellung von Marktdaten und Maßnahmen zur Aus- und Fortbildung von Unternehmern. Im folgenden soll zunächst ein solches Vorhaben des *Staatskomitees für Antimopolpolitik und zur Förderung von Unternehmertum* vorgestellt werden. Anschließend wird ein Projekt, das mit Geldern aus der Europäischen Union unter Beteiligung des genannten Komitees aufgebaut wurde, analysiert.

Vom Antimopol-Komitee aus, dessen Aufgabe es ist, Wettbewerbspolitik zu betreiben und privatwirtschaftliche Tätigkeit zu fördern[113], wurden in den

---

[111] Art.6,3., "A.R.nda huquqi şäxslärin mänfäätindän ...", a.a.O.

[112] Zur Berechung der Lizenzgebühr und den Anreizen aus dieser Regelung siehe: Kapitel III, Abschnitt 2.3.1.

[113] "A.R.nın Dövlät Antiinhisar Siyasäti vä Sahibkarlığa Kömäk Komitäsi haqqında Äsasnamä" (Satzung des Staatskomitees für Antimopolpolitik und zur Förderung des Unternehmertums), Anhang von Präsidialerlaß Nr.152, 26.8.92.

ersten Jahren nach seiner Gründung 1992 zunächst Kontakte mit vergleichbaren Organisationen in anderen Ländern geknüpft, um von deren Erfahrungen zu lernen. Es wurden Gesetzesvorlagen erstellt und Programme zur Förderung privater Unternehmen sowie zur Entwicklung einer Marktinfrastruktur entworfen[114].

Mitte 1994 startete das Antimonopol-Komitee eine Initiative, um in den einzelnen Regionen (*Rayon*) Aserbaidschans dezentrale Entwicklungszentren für Unternehmer (*Sahibkarlığın inkişaf merkezleri*, im folgenden: Entwicklungszentren) einzurichten. Deren Zweck sollte sein, die Transaktionskosten von Unternehmern zu senken, indem dort verschiedene Marktdaten abrufbar wären. Es sollten Adressenlisten für die Suche nach Geschäftspartnern aufliegen, die marktüblichen Preise für verschieden Produkte bekanntgegeben werden und juristische sowie gegebenenfalls technische Beratung für Betriebsgründer erteilt werden. Ferner sollten hier Angebote von Fortbildungen und Ausschreibungen für Kredite (beispielsweise des oben genannten *Nationalen Fonds zur Förderung des Unternehmertums*[115]) ausliegen und Hilfestellungen bei der Antragstellung gegeben werden. Dadurch hätte auch das Personal in den zentralen Einrichtungen des Antimonopol-Komitees entlastet werden sollen.

Für die Entwicklungszentren wurde im Antomonopol-Komitee eine Satzung erarbeitet, die den örtlichen Verwaltungsbehörden mit der Aufforderung, diese Zentren einzurichten, weitergeleitet wurde. Demnach sollten die Entwicklungszentren innerhalb der örtlichen Verwaltung, die Räume und Personal für diese Zwecke zur Verfügung stellen sollten, eingerichtet werden. Jährlich sollten aus dem örtlichen Budget Finanzmittel zur Verfügung gestellt werden, was jedoch in einer später erarbeiteten Satzung wieder gestrichen wurde. Da die örtliche Bürokratie jedoch kein Interesse hatte, einen Teil ihrer Ausstattung für die Ein-

---

[114] Siehe beispielsweise: "Sahibkarlıq fäaliyyäti haqqında A.R.nın Qanunu" (Gesetz über unternehmerische Aktivität/Unternehmertum), Nr.405, 15.12.92, in: Biznesmenin Bülleteni, Nr.3 (8), 1994, S.1-7; "A.R.nda sahibkarlığın inkişafı sahäsindä Dövlät Programı (1993-1995-ci illär)" (Staatsprogramm zur Entwicklung von Unternehmertum für die Jahre 1993-1995), 26.1.93, hrsg. von A.R. Dövlät Antiinhisar Siyasäti vä Sahibkarlığa Kömäk Komitäsi, 1993.

[115] Siehe Abschnitt 3.2.1.

richtung der Entwicklungszentren zur Verfügung zu stellen, die organisatorisch dem Antimonopol-Komitee unterstellt sein würden, gab es auf den Aufruf des Komitees wenig Resonanz. Schulungen für die Verwaltungsangestellten, die vorwiegend in der Türkei stattfinden sollten, scheiterten an der Finanzierung, weil die Regierung dafür nicht genügend Devisen bereitstellte und die Angestellten nicht bereit bzw. imstande waren, ihre Fortbildung aus eigener Tasche zu finanzieren. Zudem wurden keine besonderen Anreize geschaffen, um solche Entwicklungszentren einzurichten. Ende 1995 (nach etwa eineinhalb Jahren der Akquisition) waren in den 65 aserbaidschanischen *Rayons* gerade 17 Entwicklungszentren registriert worden. Aber auch diese konnten ihre Tätigkeit nicht aufnehmen, weil keine Finanzmittel für ihre Arbeit zur Verfügung standen.

Neben diesem wegen bürokratischer Starrheiten und Kapitalmangel bisher erfolglosen Projekt zur Förderung der Marktinfrastruktur begann 1994 eine weitere Maßnahme zur Unterstützung kleiner und mittlerer Betriebe. In Zusammenarbeit mit dem Antimonopol-Komitee wurde im April 1994 mit Unterstützung von zwei europäischen Unternehmensberatern die Evaluierung für die geplante *"Kiçik vä orta sahibkarlığın inkişaf ajansı - Small and Medium Enterprise Development Agency"* (im folgenden kurz: *Kosia/Smeda*) begonnen. In einer zweijährigen "Initiierungsperiode" wurde mit finanzieller und fachlicher Unterstützung aus der Europäischen Union ein Dienstleistungsbetrieb für die Beratung und Ausbildung aserbaidschanischer kleiner und mittlerer Unternehmen aufgebaut, der sich mittel- bis langfristig aus den eigenen Einnahmen finanzieren sollte. Da in den ersten zwei Jahren - bzw. vier Jahren nachdem 1995 eine Verlängerung genehmigt wurde - ein Teil der Finanzierung aus dem TACIS-Programm der Europäischen Union, das zur Unterstützung der Transformationsländer eingerichtet wurde, übernommen wird, besteht für die Aufbauphase eine gewisse finanzielle Sicherheit.[116] Ferner bringt das am Projekt

---

[116] TACIS (Technical Assistance to the Commonwealth of Independent States) ist ein von der EU 1991 initiiertes Programm, dessen Hauptziel in der Unterstützung des Aufbaus der neuen Marktwirtschaften liegt. Das Budget von TACIS umfaßte bis Ende 1994 1.870 Mill. ECU. Von den bis Ende 1993 verausgabten 1.360 Mill. ECU flossen in die Republik Aserbaidschan 12,5 Mill. ECU. Die Schwerpunkte von TACIS in Aserbaidschan liegen auf der Beratung im Erdölsektor und bei der Privatisierung sowie bei Infrastrukturhilfen für Klein- und Mittelbetriebe. Siehe: TACIS, What ist Tacis? Partnerships and cooperation with the New Independent States, Brüssel: Tacis Information Office, 1994. Zur Kooperation mit

beteiligte europäische Personal das ökonomische Fachwissen mit, das für einen erfolgreichen Start des Unternehmens nötig ist.

Ursprünglich war *Kosia/Smeda* (auf Vorschlag der Europäischen Union) als eine rechtlich eigenständige Gesellschaft geplant, als dessen Teilhaber das Antimonopol-Komitee, die Industrie- und Handelskammer von Baku, die Stadtverwaltung Bakus und zwei Joint Ventures vorgesehen waren. Dadurch sollte die Dominanz bestimmter Interessengruppen, beispielsweise staatlicher Vertreter, vermindert und die Kosten zu Beginn des Betriebs sowie das Risiko geteilt werden. Anstelle einer Teilhabergesellschaft mit sechs Mitgliedern wurde die Agentur nach einigen Verhandlungen jedoch im Juli 1994 als juristisch eigenständiges Wirtschaftssubjekt registriert. Darin erhielt das Antimonopol-Komitee, als offizielles staatliches Organ für die Förderung von Unternehmertum, eine stärkere Position, als die anderen Mitglieder.

Die laufenden Geschäfte von *Kosia/Smeda* übernimmt der Direktor der Agentur und sein Vertreter, die beide auf Vorschlag des Antimonopol-Komitees ernannt werden. Die strategischen Unternehmensziele, die Unternehmensstruktur und die stategische Finanzpolitik bestimmt der "Monitoring Council". Er setzt sich ausdrücklich aus dem Vorsitzenden des Antimonopol-Komitees und dem Direktor des *Fonds zur Förderung des Unternehmertums* zusammen, sowie aus Vertretern des Arbeitsministeriums, des Koordinationsbüros von TACIS, der Akademie der Wissenschaften, der Industrie- und Handelskammer Baku, drei Gemeischaftsunternehmen u.a.. Die Zusammensetzung des Monitoring Council kann, "wenn nötig", geändert werden[117] - eine Formulierung, die keinen Aufschluß über mögliche Gründe gibt und zuläßt, daß je nach anstehenden Entscheidungen 'mißliebige' Mitglieder ausgeschlossen werden; lediglich der Leiter des Antimonopol-Komitees sowie der des *Nationalen Fonds zur Förderung des Unternehmertums* (der seinerseits dem Komitee unterstellt ist) haben einen unbedingten Sitz in dem Gremium.

Aserbaidschan siehe: TACIS, Summary of Indicative Programmes 1993-1995, Brüssel: Tacis Information Office 1995, S.15-18.

117 "Regulations of the 'Small and Medium Enterprise Development Agency'", 13.7.94, Punkt 4.3.

Nach der Registrierung hat *Kosia/Smeda* folgende Abteilungen eingerichtet:

- Die *Marketing-Abteilung* ist für die Öffentlichkeitsarbeit zuständig, die für den Erhalt der Agentur besonders deswegen notwendig ist, weil sie sich mittel- bis langfristig selber finanzieren soll. Diese Abteilung wirbt auch Senior-Manager aus aserbaidschanischen kleinen und mittleren Betrieben für die Beteiligung an Aus- und Fortbildungen im Rahmen des TACIS-Progamms "Work Attachment Programme", damit diese anschließend ihre Betriebe entsprechend der neuen Erfordernisse umstrukturieren können.
- Die *Consulting-Abteilung* ermittelt die Erwartungen an und Nachfrage nach Beratungen; sie vermittelt Beratungstermine mit speziellen Fachpersonen oder ausländischen Managern.
- Der *Business-Training-Unit* stehen 18 aserbaidschanische Fachkräfte zur Seite, die eine dreimonatige Spezialausbildung von europäischen Fachleuten erhalten haben (Stand: 1995); sie werden bei Bedarf als freie Mitarbeiter von *Kosia/Smeda* für betriebswirtschaftliche Fortbildungen eingestellt. Bis Ende 1995 waren für solche Kurse nur geringe Gebühren zu zahlen, die vorerst noch keine Gewinne für *Kosia/Smeda* abwarfen, sondern nur die Vergütung der Consulter abdecken sollten.
- Das *Business Communication Centre* erstellt Datenbanken über aserbaidschanische kleine und mittlere Betriebe sowie ausländische Unternehmen, die Interesse an einer Partnerschaft oder Zusammenarbeit haben. Diese Daten, einschließlich allgemeiner Informationen über Aserbaidschans Volkswirtschaft und Absichtserklärungen einzelner Betriebe über Kooperationen, werden an europäische Handelskammern weitergeleitet. Mitte 1995 waren bereits knapp über 100 aserbaidschanische Betriebe registriert; über die Gründung von 15 Joint Ventures wurde mit Unterstützung von *Kosia/Smeda* verhandelt.

Die Aufgabe des Antimonopol-Komitees, eine Marktinfrastruktur aufzubauen und private Betriebe mit Hilfe von Investitionsförderung oder Beratung zu unterstützen, konnte bisher vorwiegend dann erfolgversprechend angegangen werden, wenn ausländische fachliche und finanzielle Unterstützung zur Verfügung stand.

3.3 Die Entwicklung privatwirtschaftlicher Betriebe in Aserbaidschan

Privatwirtschaftliche Tätigkeit war in Aserbaidschan seit Verabschiedung des "Gesetzes über unternehmerische Aktivität (Unternehmertum)" im Dezember 1992 grundsätzlich erlaubt[118]. In diesem Gesetz werden die Prinzipien der wirtschaftlichen Handlungsfreiheit und der Gleichstellung aller Eigentumsformen, die bereits in den Gesetzen über die wirtschaftliche Unabhängigkeit Aserbaidschans sowie über das Eigentum genannt sind[119], spezifiziert. Unternehmerische Aktivität, definiert als jegliche gewinn- oder einkommensorientierte unabhängige Wirtschaftstätigkeit einer natürlichen oder juristischen Person, wurde damit offiziell legalisiert[120].

Zunächst war entsprechend der sowjetischen Gesetzgebung von 1988 lediglich die Kooperative als privater Wirtschaftsbetrieb zugelassen[121]. In einem solchen Betrieb hatte die Belegschaft gleiche Handlungsrechte inne. Nach Verabschiedung des Gesetzes über die Kooperativen 1988 in der Sowjetunion stieg ihre Zahl in Aserbaidschan von 309 (1987) auf über das Vierfache (mit 1291 Kooperativen 1988) an. Dieser Trend hielt bis 1991 an, als über 5700 Kooperativen existierten[122]. Seit 1992 hat mit dem Aufkommen neuer Betriebsformen ihre Zahl wieder abgenommen[123] (siehe Tab. 4.5).

---

[118] "Sahibkarliq fäaliyyäti haqqında A.R.nın Qanunu" (Gesetz über unternehmerische Aktivität/Unternehmertum), Nr.405, 15.12.92, in: Biznesmenin Bülleteni, Nr.3 (8), 1994, S.1-7.

[119] Siehe auch Kapitel III, Abschnitt 2.1.

[120] Art.1, "Sahibkarlıq fäaliyyäti ...", a.a.O.

[121] Zum Gesetz über Kooperativen in der Sowjetunion von 1988 siehe beispielsweise: IMF, World Bank, OECD, EBRD (Hrsg.), A Study of ..., Vol.2, a.a.O., S.263f.

[122] DSK, Azärbaycan räqämlärda 1992 (Aserbaidschan in Zahlen 1992), Baku: DSK 1993, S.160.

[123] Siehe auch die Ausführungen zum Kollektiveigentum in Kapitel III, Abschnitt 2.1.

Tabelle 4.5: Zahl der Betriebe in sogenannten "neuen Betriebsformen" (Kooperativen, Kleinbetriebe, Pachtbetriebe, bäuerliche (Farm-)Wirtschaften), 1991-1994

		1991		1992		1993		1994	
Kooperativen	Industrie	5.734	ca. 820	4.468	ca. 840	2.794	ca. 550	1.730	ca. 330
	Landw.		1.016		845		518		385
	Handel, Gaststätt.		ca. 1.220		ca. 920		ca. 530		ca. 525
Kleinbetriebe	Industrie	319	26	1.881	438	4.434	788	6.597	947
	Landw.		-		140		254		478
	Handel, Gaststätt.		67		786		2.307		3.174
Pachtbetriebe	Industrie	998	78	2.388	103	1.508	85	1.369	106
	Landw.		5		28		28		28
	Handel, Gaststätt.		897		1.893		1.025		930
bäuerliche (Farm-)Wirtschaften		-		320		440		815	

Quelle: DSK, Azärbaycan räqämlärdä 1992 (Aserbaidschan in Zahlen 1992), Baku: DSK 1993, S.160-163; DSK, Azärbaycan räqämlärdä 1993 (Aserbaidschan in Zahlen 1993), Baku: DSK 1994, S.28-31; DSK, Azärbaycan räqämlärdä 1994 (Aserbaidschan in Zahlen 1994), Baku: DSK 1995, S.37, S.40, S.42f.

Eine weitere private Betriebsform, die schon in der Sowjetunion seit 1989 auf der Grundlage des Präsidialerlasses über Pacht zugelassen wurde, war der Pachtbetrieb[124]. Mit der Verabschiedung des aserbaidschanischen Pachtgesetzes 1992[125] wurden eventuelle Unsicherheiten darüber beseitigt, ob der sowjetische Pachterlaß für Aserbaidschan weiter gilt. Infolgedessen nahm die Zahl der Pachtbetriebe sprunghaft zu. Nach der Zunahme der Pachtbetriebe 1992 von knapp 1000 im Vorjahr auf über 2300 nahm anschließend ihre Zahl bis 1994 stetig ab[126]. 1994 wurden noch 1369 Pachtbetriebe gezählt.

Genaue Angaben über die Gründe für den Rückgang der Pachbetriebe seit 1993 waren nicht zu erhalten. Möglicherweise kann er darauf zurückgeführt werden, daß die Pächter erste Erfahrungen mit eigenständiger Unternehmenstätigkeit erworben haben und nun eine größere Bereitschaft hatten, eigenständige Betriebe zu gründen. Dagegen spräche allerdings die weiterhin relativ hohe Rechtsunsicherheit und Unsicherheiten über Beschaffungs- und Absatzwege, die in einer Pachtbeziehung unter Umständigen niedriger sind. Anstelle der Selbständigkeit wäre eine vertikale Integration der Betriebe als vorteilhafter zu vermuten. Denn durch die Integration werden Transaktionskosten und die Unsicherheit über die Einhaltung von Veträgen gesenkt[127].

Der größte Teil der Pachtverträge wurde im Handel und Gaststättengewerbe abgeschlossen - 1991 fast 90%, 1994 noch knapp 70% aller Pachtkontrakte. Die zweitwichtigste Bedeutung hatte das Baugewerbe, in dem seit 1992 15-20% der Pachtbetriebe existierten[128]. In der Industrie und der Landwirtschaft fand sich dagegen nur eine relativ geringe Anzahl von Pachverträgen.

---

124 Siehe beispielsweise: M. Trapp, Der dekretierte Markt ..., a.a.O., S.202f.; H.. Conert, Die Ökonomie des ... a.a.O., S.194ff.

125 Siehe Kapitel III, Abschnitt 2.2.3.2.

126 Es treten leichte Abweichungen in den statistischen Jahrbüchern auf. Im folgenden sind die Angaben für 1992 aus dem Jahrbuch von 1994 entnommen.

127 Zu Unternehmensstrukturen und -verflechtungen in der Transformation siehe: A. Klesse, Die Transformation von Unternehmen in den osteuropäischen Staaten: eine institutionenökonomische Analyse, Frankfurt/M.: Lang 1996, insbes. S.163ff.

128 Zum Anteil des Baugewerbes siehe: DSK, Azärbaycan räqämlärdä 1994 (Aserbaidschan in Zahlen 1994), Baku: DSK 1995, S.42.

Der hohe Anteil der Pachtbetriebe im Handel und Gaststättengewerbe kann darauf zurückgeführt werden, daß hier kaum eine technische Ausstattung benötigt wird, so daß mit der Pacht keine weiteren langfristigen Investitionen getätigt werden müssen. In der Industrie dagegen sind Produktionsanlagen zur Verarbeitung der Rohstoffe oder Zwischenprodukte notwendig, die auch Instand gehalten werden müssen, so daß hier Kosten und Risiko für die Wirtschaftsakteure höher sind, zumal in aserbaidschanischen Staatsbetreiben viele Anlagen veraltet sind und die Ersatzteile aus anderen ehemaligen Sowjetrepubliken eingeführt werden müssen. Hinzu kommt die Unsicherheit darüber, welche Entscheidungsinstanz im Industriesektor für die Verpachtung zuständig ist. Dagegen wurde durch die Kommerzialisierung im Einzelhandel und Gaststättengewerbe 1992 auch die Möglichkeit, Pachtverträge abzuschließen, dezentralisiert und dadurch vereinfacht[129].

Der niedrige Anteil von Pachtverträgen in der Landwirtschaft kann sicherlich damit erklärt werden, daß seit 1992 die Möglichkeit besteht, private Betriebe in Form von "*bäuerlichen (Farm-)Wirtschaften*" zu gründen[130]. Der diesen Betrieben zur Verfügung gestellte Boden geht sofort in das Eigentum des Gründers bzw. der Betriebsmitglieder über, so daß umfassendere Handlungsrechte und ein größerer Planungshorizont bestehen als beim Abschluß eines Pachtvertrags. Bäuerliche (Farm-)Wirtschaften sind im Gesetz zwar als Familien- bzw. Kollektivbetrieb definiert, werden aber dennoch im Jahrbuch des *Staatlichen Statistikkomitees* nicht unter die Kooperativen subsumiert. Ihre Zahl ist von 320 im Jahr 1992 auf 815 im Jahr 1994 gestiegen und hat Mitte 1996 sogar eine Höhe von über 4.000 erreicht[131].

Im Jahrbuch des *Staatlichen Statistikkomitees* Aserbaidschans wird als "neue Betriebsform" ferner der Kleinbetrieb genannt, da dieser unter marktwirtschaftli-

---

[129] Zur Kommerzialisierung im Einzelhandel und Gaststättengewerbe siehe Kapitel III, Abschnitt 2.3.1.

[130] Zum Gesetz über bäuerliche (Farm-)Wirtschaften siehe Kapitel III, Abschnitt 2.3.3.

[131] Sahibkarlığa vä Bazar Iqtisadiyyatının Inkişafına Yardım Fondu (Hrsg.), Fermer täsärrufatları, a.a.O., Tab.2, S.7.

chen Bedingungen agiert[132]. Die Gründung von Kleinbetrieben wurde bereits in der Sowjetunion 1990 legalisiert[133]. Ihre Zahl hat in Aserbaidschan sprunghaft zugenommen und stieg von 319 im Jahr 1991 auf 1881 im Jahr 1992, auf 4.434 in 1993 und 6.597 in 1994. Allerdings muß die Entwicklung von Kleinbetrieben vorsichtig interpretiert werden, weil diese nicht unbedingt private Betriebe sind, sondern durchaus auch Staatsbetriebe sein können[134]. Ein Anwachsen ihrer Zahl kann also auch mit der Zerschlagung großer Staatsbetriebe erklärt werden. Da Kleinbetriebe vor allem im Einzelhandel und Gaststättengewerbe registriert sind, kann ihr sprunghaftes Anwachsen auch auf die Dezentralisierung der Entscheidungsbefugnisse in diesen Wirtschaftszweigen zurückgeführt werden[135]. Ferner liegt die Vermutung nahe, daß auch einige der ehemaligen Pachtunternehmer einen eigenständigen Kleinbetrieb gegründet haben. Möglicherweise wurden im Zuge der Kommerzialisierung im Handel und Gaststättengewerbe 1992 die dort existierenden Pachtbetriebe in eigenständige Wirtschafteinheiten mit dem juristischen Status eines Kleinbetriebs umgewandelt.

Abgesehen von den bäuerlichen (Farm-)Wirtschaften waren über 50% aller Privatbetriebe in den Branchen Handel und Gaststättengewerbe tätig. Der Umsatz im Handel und Gaststättengewerbe wurde 1994 zu 7,1% von Kleinbetrieben und 8,5% von Pachtbetrieben erwirtschaftet. Der Umsatz in der Industrie wurde zu

---

132 Seit 1995 werden unter dem Kapitel der "Neuen Betriebsformen und Entwicklung der Marktbeziehungen" auch die Joint Ventures aufgeführt; siehe: DSK, Azärbaycan räqämlärda 1994 (Aserbaidschan in Zahlen 1994), Baku: DSK 1995, S.41. Zur Entwicklung der Joint Ventures siehe Abschnitt 3.1.

133 Zum Erlaß des Ministerrats der UdSSR über Kleinbetriebe siehe: IMF, World Bank, OECD, EBRD (Hrsg.), A Study of ... Vol.2, a.a.O., S.266ff.

134 Als Kleinbetrieb zählt in der Industrie ein Betrieb mit bis zu 50 Beschäftigte, als mittelgroß einer mit 51-300 Beschäftigten. In der Landwirtschaft gilt entsprechend bis zu 20 bzw. 21-200 Beschäftigte, im Einzelhandel 10 bzw. 11-50, im Gaststättengewerbe 15 bzw. 16-50, im Transportwesen 20 bzw. 21-75. Siehe hierzu: "A.R.nda kiçik müässisä işçilärinin say häddinin müäyyän olunması haqqında A.R. Nazirlär Kabinätinin Qärarı" (Beschluß des Ministerkabinetts über die Höhe der Beschäftigten in Kleinbetrieben), 23.7.93; "A.R.nda orta müässisä statusunun müäyyän edilmäsi haqqında A.R. Nazirlär Kabinätinin Qärarı" (Beschluß des Ministerkabinetts über den Status von mittleren Betrieben), 23.7.93. Zur Förderung von Klein- und Mittelbetrieben siehe auch Kapitel IV, Abschnitt 3.2.1.

135 Siehe hierzu auch Kapitel III, Abschnitt 2.3.1.

nur 0,7% von Kleinbetrieben, dafür aber zu 16,3% in Pachtbetrieben getätigt[136]. Pachtbetriebe haben ferner im Baugewerbe eine wichtige Stellung eingenommen; sie machten 1994 10,3% des dortigen Umsatzes[137]. Die Zahl der Beschäftigten in privaten Betrieben wird 1994 allerdings erst mit etwa 3-5% aller Beschäftigten angegeben[138].

Der Anteil privater Betriebe an der volkswirtschaftlichen Wertschöpfung ist immer noch gering. Die Zunahme der statistisch erfaßten privaten Betriebe muß teilweise auf die Legalisierung der bisher illegalen privaten Wirtschaftstätigkeit zurückgeführt werden, die bereits in der Sowjetunion in der Schattenwirtschaft existierte[139]. Ein besonderer Anreiz für die Gründung privater Betriebe mithilfe von staatlichen Förderprogrammen blieb nahezu aus, da der mit dieser Aufgabe versehene *Nationale Fonds zur Förderung des Unternehmertums* personell und finanziell unterausgestattet war.

Kapitalmangel ist in Aserbaidschan einer der größten Engpässe beim Entstehen eines starken Privatsektors. Wie bereits gezeigt, wird ein Großteil der Bankkredite für nicht-produktive Zwecke (beispielsweise zur Umschuldung) verwendet[140]. Dadurch stehen für Jungunternehmer, wenn sie Investitionen fremdfinanzieren wollen, nur teure Kredite zur Verfügung. Zudem werden hohe Anforderungen an die Kreditsicherheiten gestellt.

---

136 DSK, Azärbaycan räqämlärda 1994 ..., a.a.O., S.37, S.42. Aus dem *Staatskomitee für Antimonopolpolitik und zur Förderung des Unternehmertums* wurde abweichend zum Statistischen Jahrbuch die Angabe gemacht, daß der Anteil der Kleinbetriebe an der Industrieproduktion 1994 1,2% betrug.

137 DSK, Azärbaycan räqämlärdä 1994 ..., a.a.O., S.42.

138 o.V., "On the development of entrepreneurship in Azerbaijan", in: CSIS (Hrsg.), Azerbaijan: Policy & Economy, No.13 (43), 31.3.95, S.12-15; sowie Angaben des *Staatskomitees für Antimonopolpolitik und zur Förderung des Unternehmertums*

139 Siehe beispielsweise: Gregory Grossman, Die "zweite Wirtschaft" und die sowjetische Wirtschaftsplanung, Köln: Bundesinstitut für ostwissenschaftliche und internationale Studien 1984

140 Siehe auch Kapitel II, Abschnitt 3.3.5 und dieses Kapitel, Abschnitt 2.2.1 (zur Verschuldung im Außenhandel).

Eine Linderung des Kapitalmangels durch ausländische Direktinvestitionen kann bisher auch noch nicht als befriedigend gewertet werden. Aufgrund der Rechtsunsicherheit und der bis 1994 noch bestehenden politischen Instabilitäten verhielten sich ausländische Investoren zunächst noch abwartend[141]. Der Abschluß eines ersten Vertrags für ein Erdölkonsortium 1994 stellte jedoch einen Indikator für eine wirtschaftliche und politische Stabilisierung in Aserbaidschan dar. Die hohen Transaktionskosten bei der Suche nach Partnern zur Gründung eines Gemeinschaftsbetriebs können zudem möglicherweise mit Hilfe der Agentur *Kosia/Smeda* gesenkt werden. Wegen der hohen Inflationsrate und der Erwartung bleibender Preissteigerungen werden langfristige Investitionen dennoch vermieden (kurzer Zeithorizont der Investoren). Die Zeitpräferenzrate der aserbaidschanischen Unternehmer ist niedrig und stellt ein weiteres Hindernis für eine langfristige Zusammenarbeit mit ausländischen Unternehmen dar.

Mit hohen Transaktionskosten ist weiterhin die Anbahnung von Geschäftsbeziehungen und die Ausführung von Verträgen verbunden. Dies ist in erster Linie auf das mangelhafte Kommunikationswesen und das reparaturbedürftige sowie risikobefrachtete Transportnetz zurückzuführen[142]. Zusätzlich sind Informationen über Anbieter, Preise, Qualitäten nur unter hohem Aufwand erhältlich, weil es keine Messen und kaum Werbematerial gibt und das Vertriebssystem in Aserbaidschan noch unterentwickelt ist. Es kann vermutet werden, daß als Reaktion auf die hohen Transaktionskosten eine vertikale Integration von Betrieben von Vorteil ist[143]. Da es im sowjetischen Aserbaidschan kein Kleingewerbe gab, sind keine ausreichenden Erfahrungen in handwerklichen und betriebswirtschaftlichen Bereichen vorhanden, so daß die Betriebsgründer sich dieses Know-how zumeist in einem langandauernden Lernprozeß ("learning-by-doing") aneignen müssen.

Die Gründung eines privaten Betriebs erfordert eine größere Risikobereitschaft, als in Ländern mit einer etablierten marktwirtschaftlichen Infrastruktur. Einen

---

141 o.V., "On the development of entrepreneurship in Azerbaijan", in: CSIS (Hrsg.), Azerbaijan: Policy & Economy, No.13 (43), 31.5.95, S.12-15.

142 Siehe Abschnitt 1.

143 Zur horizontalen und vertikalen Verflechtung von Unternehmen in der Transformation siehe auch: A. Klesse, Die Transformation von Unternehmen ..., a.a.O., Kapitel 7, insbes. S.163ff.

wichtigen Beitrag zur Fortbildung von Unternehmern und zum Aufbau von Kommunikationsforen können möglicherweise mit ausländischer Unterstützung aufgebaute Betriebe, wie *Kosia/Smeda*, leisten. Dennoch bleiben große Unsicherheiten in der rechtlichen Infrastruktur bestehen, die sowohl häufige Gesetzesänderungen (insbesondere in der Steuergesetzgebung) als auch die Einhaltung der Gesetze durch die Staatsbürokratie betreffen. Zudem erhöht die Verzögerung der Privatisierung die Unsicherheit über zukünftige Handlungsrechte in Aserbaidschan.

FÜNF JAHRE WIRTSCHAFTSTRANSFORMATION IN ASERBAIDSCHAN - EINE ZUSAMMENFASSUNG

In der vorliegenden Arbeit wurden die Fortschritte in der Wirtschaftstransformation der Republik Aserbaidschan in den ersten fünf Jahren (1991-1995) ihrer Unabhängigkeit untersucht. Es wurde dargestellt, welche Reformen im Währungs- und Geldsystem durchgeführt und wie weit die Handlungsrechte dezentralisiert und private Wirtschaftsaktivitäten gefördert wurden. Im folgenden sollen wesentlichen Ergebnisse noch einmal zusammengefaßt und die Konsequenzen für die Herausbildung von privater Wirtschaftsaktivität und ökonomischer Effizienz berurteilt werden.

Der Übergang von einer Zentralverwaltungs- zu einer Marktwirtschaft wurde in Aserbaidschan bereits Mitte der 80er Jahre eingeleitet, als die Republik noch Bestandteil der Sowjetunion war und dort der wirtschaftliche Umbau (*Perestroika*) begann. Das Bestreben nach wirtschaftlicher, politischer und kultureller Autonomie wurde in Aserbaidschan mit der Unabhängigkeitserklärung vom 18. Oktober 1991 endgültig vollzogen. Seitdem wurde der Übergang zu einer Marktwirtschaft, wenn auch teilweise halbherzig, weiterverfolgt.

Mit der Einrichtung einer eigenen Zentralbank 1992 begann die monetäre Abkopplung Aserbaidschans von der Rubelzone. Zunächst wurde die aserbaidschanische Währungspolitik noch stark von den Entwicklungen in der Rubelzone beeinflußt. Nachdem jedoch 1994 der Aserbaidschanische Manat als eigene nationale **Währung** eingeführt wurde - vorher war er bereits eineinhalb Jahre parallel zum Rubel im Umlauf -, konnten die staatlichen Reglementierungen im Devisenhandel relativ schnell aufgehoben, und es konnte bis 1995 ein einheitlicher Devisenmarkt geschaffen werden.

Der Binnenwert des Manat konnte bis 1995 nicht stabilisiert werden, weil trotz **Reformen im Bankensystem** (formale Schaffung eines zweistufigen Bankensystems) zunächst an der zentralen Kreditallokation wenig geändert wurde. Die größten Finanzinstitute waren halbstaatliche Banken, die Staatsbetrieben zinsgünstige Kredite (wegen der hohen Inflationsrate sogar zu real negativen

Zinssätzen) einräumten, auch wenn sie unrentabel wirtschafteten. Die Kreditallokation an Staatsbetriebe wurde nicht nach Rentabilitätsgesichtspunkten vorgenommen, sondern entsprechend politischer Interessen oder der Verhandlungsmacht der Betriebsleiter. Die Kredite dienten oft lediglich der Umschuldung fälliger Kredite, anstatt der Restrukturierung oder anderen produktiven Zwekken.

Neben den halbstaatlichen Banken, deren Kunden Staatsbetriebe waren, existierten bereits seit Ende der 80er Jahre private Banken. Ihre Zahl stieg rapide an, sie waren allerdings aufgrund einfacher Gründungsvoraussetzungen zumeist unterkapitalisiert. Die privaten Banken räumten vor allem ihren Teilhabern Umlaufmittelkredite ein, die auf dem Interbankenmarkt aufgenommen worden waren. Diese Finanzanlagen waren nur kurzfristiger Art und wegen der hohen Inflationsrate und des Rückzahlungsrisikos sehr teuer.

Die Transformation im Geld- und Währungssystem weist typische Schwierigkeiten der Wirtschaftstransformation auf, die die Reihenfolge der Refomen betreffen. Güterpreise und Zinsen können schlagartig liberalisiert werden, während für die Etablierung neuer Institutionen (i.S. von Regeln und Verhaltensweisen) ein längerer Zeitbedarf erforderlich ist. In Aserbaidschan wurden die Kreditzinsen für Staatsbetriebe zunächst nicht freigegeben, so daß die (billigen) Kredite nicht produktiven Verwendungen zugeführt, sondern auf dem Geldmarkt (privaten Banken) weiterverkauft wurden (Arbitrage). Gleichzeitig wurden nur wenige institutionelle Voraussetzungen geschaffen, um Zahlungsdisziplin der Betriebe zu erreichen, beispielsweise über den Aufbau einer Bankenaufsicht und eines Zahlungssystems. Die Etablierung eines Konkursverfahrens wurde bis zum Beginn der Privatisierung aufgeschoben, was angesichts der dort aufgetretenen Verzögerungen einer de facto-Aufrechterhaltung von "soft budget constraints" in Staatsbetrieben gleichkam. Als schließlich die Leitzinsen der Zentralbank 1995 real positiv wurden, bestand demnach weiterhin kein Druck zu einer effizienten Unternehmensführung. Zudem wurde das Problem der Altschulden der Staatsbetriebe ebenfalls nicht gelöst und durch die Anhebung der Kreditzinsen sogar noch verschärft. Die Lösung des Schuldenproblems ist jedoch eine Voraussetzung für eine erfolgreiche Privatisierung. Die Reformen im Bankensektor müssen daher als ungenügend eingestuft werden, um allein über den Zinsmechanismus eine effiziente Kapitalallokation gewährleisten zu können.

Um effiziente Anreize in Staatsbetrieben zu setzen, wäre die Schaffung klarer Eigentumsrechte hilfreich. Bevor die Privatisierung in Aserbaidschan begann, wurden in den Staatsbetrieben zunächst die Handlungsrechte erweitert, indem jene in die finanzielle Unabhängigkeit entlassen wurden (**Kommerzialisierung**). 1992 wurden die meisten Güterpreise freigegeben (der Rest wurde sukzessive angehoben und schließlich liberalisiert), und die Betriebe mußten ihre Preise auf der Grundlage einer Kostenrechnung selber kalkulieren sowie eingeständig Verträge aushandeln. Allerdings wurde der Umfang der staatlichen Eingriffe in die unternehmerischen Entscheidungen der Staatsbetriebe nur allmählich gesenkt, was unter anderem mit Starrheiten in der Administration und mit dem Versuch, die Beschäftigung aufrechtzuerhalten, zusammenhängen kann.

Desweiteren wurden Handlungsrechte marktnäher verteilt, indem einige Staatsbetriebe in kleinere Wirtschaftseinheiten überführt wurden (**Entmonopolisierung**). Dadurch wurden die Betriebe auch auf die "kleine Privatisierung" vorbereitet, und es bestand für die dort Beschäftigten ein größerer Anreiz, diese zunächst noch-staatlichen Betriebe als ihr (zukünftiges) Eigentum zu betrachten, und sich für den Erhalt der Betriebssubstanz einzusetzen. Diese Form der Zerschlagung von Großbetrieben fand in Aserbaidschan vor allem 1992 im Einzelhandel und Gaststättengewerbe statt.

Daneben entstanden private Handlungsrechte auch dort, wo Anlagen von Staatsbetrieben an private Wirtschaftssubjekte verpachtet wurden. Die Verpachtung stellte eine Möglichkeit dar, die Produktions- und Absatzprobleme eines Staatsbetriebs zu lindern, denn der Pachtbetrieb erstellte Vorleistungen für das Staatsunternehmen oder nahm dessen Produkte ab. Zudem erzielten die Staatsbetriebe aus der Verpachtung zusätzliche Einnahmen.

Die **Privatisierung** der Staatsbetriebe, als Maßnahme zur Etablierung privater Eigentumsrechte, die bereits 1992 gesetzlich festgeschrieben worden war, verzögerte sich jedoch bis Ende 1995, als schließlich nach einem langen Bargaining-Prozeß ein Programm zur Privatisierung verabschiedet wurde. Solche

Verhandlungsprozesse, in denen sich Interessengruppen Vorteile zu verschaffen versuchen, treten vor Privatisierungen auf, da sich durch die Übertragung des Staatsvermögens die Ausgangsverteilung der Wirtschaftssubjekte verändert. Sie treten in besonderem Maße bei der Diskussion über die Bodenreform auf, da Boden ein nicht vermehrbarer Produktionsfaktor ist. Den Akteuren, die bisher de facto (wenn auch nicht de jure) die Rechte über das Staatsvermögen ausübten - also der Nomenklatura - droht der Verlust ihres Einflußbereichs und ihrer Renteneinkommen. Durch eine Verzögerung der Privatisierung hatten sie die Möglichkeit, ihre Renten spontan zu privatisieren, indem sie Vermögenswerte aus Staatsbetrieben (beispielsweise Produktionsanlagen) veräußert oder in eigenen neu gegründeten Betrieben genutzt haben ("spontane Privatisierung"). Zwar sanken dadurch die Aktiva der Staatsbetriebe - was entsprechende Folgen für die intertemporale Vermögensverteilung hat, insbesondere in Anbetracht der noch bevorstehenden Privatisierung. Dafür konnte durch die "spontane Privatisierung" ein Gegengewicht zu den meist noch weit verbreiteten staatlichen Monopolbetrieben entstehen und sich ein effizienter privater Sektor entwicklen. Daher ist der "spontanen Privatisierung" ein wichtiger Beitrag zum Aufbau eines privaten Produktionssektors zuzuschreiben, zumal Kapitalknappheit ein wesentliches Hemmnis für private Investitionen darstellt. Allerdings muß damit gerechnet werden, daß solche Unternehmer eine schlechte Reputation und niedrige Akzeptanz unter der Bevölkerung genießen, da sie sich auf Kosten der Allgemeinheit bereichert haben.

1996 wurde offiziell mit der Privatisierung kleiner Betriebe begonnen, indem sie den meistbietenden Interessenten veräußert wurden. Dabei wurde zwar die Belegschaft nicht bevorzugt berücksichtigt, aufgrund von Insider-Wissen kann jedoch angenommen werden, daß die bisherigen "heimlichen Eigentümer" (*gizli sahib*) gute Chancen hatten, den Betrieb zu erwerben. Dadurch konnten relativ schnell eindeutige Eigentumsrechte etabliert werden, die eine Voraussetzung für eine effiziente Unternehmensführung darstellen.

Durch die **Außenhandelsliberalisierung** kann die Monopolmacht der Staatsbetriebe, die nicht zerschlagen worden waren, beseitigt werden, weshalb die Außenhandelspolitik einen wichtigen Bestandteil der Transformationspolitik darstellt. In Aserbaidschan wurden staatliche Reglementierungen im Außenhandel schrittweise beseitigt und Importzölle gesenkt. Wegen der unklaren Eingentumsverhältnisse war in dieser frühen Phase der Liberalisierung noch kaum eine betriebliche Restrukturierung vorgenommen worden und die Betriebe waren noch nicht an Weltmarktbedingungen angepaßt. Nachdem nun kaum mehr Restriktionen im Außenhandel existieren, sind die aserbaidschanischen Betriebe der internationalen Konkurrenz ausgesetzt, der sie jedoch noch nicht gewachsen sind (insbesondere hinsichtlich ihrer technologischen Ausstattung). Die Einführung eines Schutzzolls für einige strategisch wichtige Güter kann daher eine allmähliche Restrukturierung in diesen Branchen ermöglichen. Ein Schutzzoll birgt jedoch die Gefahr, daß er dauerhaft aufrechterhalten wird und das Preissystem verzerrt. Daher sollte er nur unter der Bedingung eingeführt werden, daß er zu einem rechtzeitig angekündigten Zeitpunkt (der dann auch eingehalten werden muß) wieder aufgehoben wird. In Aserbaidschan erfolgte eine solche Ankündigung bisher allerdings nicht.

Eine Erhöhung der Effizienz in der sich transformierenden Wirtschaft und eine Steigerung des Wettbewerbs kann nicht nur durch die Kommerzialisierung der Staatsbetriebe und die Handelsliberalisierung eingeleitet werden, sondern auch durch die Förderung privater Betriebe, als Gegengewicht zum Staatssektor. **Private Wirtschaftsaktivitäten** waren sofort mit der Unabhängigkeitserklärung der Republik zugelassen worden. Eine spezielle Förderung privater Betriebe beschränkte sich jedoch nahezu ausschließlich auf Steuererleichterungen. Startfinanzierungen für Betriebsneugründungen wurden aufgrund des staatlichen Haushaltsdefizits kaum gewährt. Die statistisch ausgewiesene Zunahme privater Betriebe war demnach nicht primär auf besondere Vergünstigungen zurückzuführen, sondern kann vor allem als Legalisierung bisheriger schattenwirtschaftlicher Aktivität gewertet werden. Investitionen aus dem Ausland wurden dagegen nur zögerlich getätigt, obwohl formal die bevorzugte Behandlung ausländischer Kapitalgeber zu den ersten Reformmaßnahmen der unabhängigen Republik gehörte. Die hohen Transaktionskosten und die rechtlichen und politischen Unsicherheiten stellten für Investoren, insbesondere ausländische, jedoch erhebliche Eintrittsbarrieren dar.

Bei der **Bewertung** der Wirtschaftstransformation in Aserbaidschan muß berücksichtigt werden, daß ein Zeitraum von fünf Jahren in Anbetracht der teilweise langen Vorbereitungszeiten für die Erarbeitung und Einführung einiger Elemente der neuen Wirtschaftsordnung sehr kurz ist. In diesen ersten fünf Jahren der aserbaidschanischen Wirtschaftstransformation wurde, insbesondere wegen der politischen Instabilitäten, kein Transformationsprogramm erstellt, geschweige denn eine konsistente Reformpolitik durchgeführt. Der dennoch eingeleitete Übergang zur Marktwirtschaft stellte sich als ein Prozeß von Versuch und Irrtum verschiedener wirtschaftspolitischer Maßnahmen dar. Einige Reformen, die sofort eingeführt werden konnten, ohne daß Renteneinkommen in großem Maße verloren gingen, wurden schnell begonnen. Dazu gehörte die Freigabe der meisten Verbrauchsgüterpreise und die Zulassung privater Wirtschaftsaktivitäten. Andere zeitintensive Maßnahmen, wie die Bereitstellung einer Infrastruktur im Bankensektor, der Entwurf der Privatisierung und die Etablierung eines Konkursverfahrens, wurden eingeleitet, verzögerten sich jedoch vorwiegend infolge von Bargainingaktivitäten. Infolgedessen existierten gespaltene Märkte, und Staatsbetriebe (inklusive der halbstaatlichen Banken) waren nur teilweise Marktbedingungen ausgesetzt. Anstelle von produktivem und effizientem Verhalten dominierte Arbitrage und Rent-seeking.

Die hohe Unsicherheit, die in der ersten Phase der Transformation als normal angesehen werden kann, weil sich das gesamte institutionelle Gefüge ändert, wurde in Aserbaidschan noch dadurch verstärkt, daß Gesetze und Verordnungen häufig verändert wurden und gegenüber der Gerichtsbarkeit wenig Vertrauen herrschte. Dadurch eröffneten sich in den Staatsorganen Möglichkeiten, irreguläre Einkommen zu erzielen. Korruption war ein im gesamten Staatssektor verbreitetes Phänomen, das nicht geahndet wurde und das Entstehen von Rechtstaatlichkeit verhindert hat. Auch wegen dieser Unsicherheit wurden bislang keine langfristigen Investitionen getätigt.

Um Unsicherheiten und Transaktionskosten zu reduzieren, ist es notwendig, stabile Rahmenbedingungen zu schaffen. Dazu gehört die Einführung von Gesetzen und Rechtsnormen, die langfristig Gültigkeit behalten bzw. deren Auslaufen rechtzeitig angekündigt wird, damit die Wirtschaftsakteure Rechtsänderungen frühzeitig in ihre Planungen einkalkulieren können. Der Erwerb irregulärer Einkommen in der staatlichen Administration könnte dadurch gesenkt werden, daß eindeutige private Handlungsrechte geschaffen werden und der Einfluß staatlicher Organe auf Vermögenswerte abnimmt. Zusätzlich müßten staatliche Interventionen in den Wirtschaftsprozeß (abgesehen von sozialpolitischen Aufgaben) und die Schaffung von künstlichen Knappheiten beseitigt werden. Wird dennoch staatliche Unterstützung als notwendig erachtet, dann sollten die Subventionen oder andere Schutzvorkehrungen nicht dauerhaft sein und deren Beseitigung bereits frühzeitig angekündigt werden. Ob ein solches Vorgehen jedoch eingehalten wird, hängt vom Willen und vom Einfluß verschiedener Interessengruppen ab.

Da sich inzwischen die politische Lage in Aserbaidschan stabilisiert hat, besteht für die Regierenden die Möglichkeit, *Credible Commitments* abzugeben. Das Vertrauen der Bevölkerung in die Wirtschaftspolitik ist jedoch gering, weil die Transaktionskosten momentan noch hoch sind; dies insbesondere dann, wenn Wirtschaftsakteure keine Beziehungen zu Regierenden und zur Administration haben. Inwiefern die Wirtschaftsakteure den Regierenden in Zukunft Vertrauen entgegenbringen werden, wird jedoch auch von den weiteren innenpolitischen Entwicklungen abhängen, deren Beurteilung den Rahmen dieser Arbeit sprengen würde.

LITERATURVERZEICHNIS

Das Verzeichnis gliedert sich in die Teile
1. Monographien und Beiträge in Periodika nach Verfassern bzw. Herausgebern;
2. amtliche aserbaidschanische Dokumente (Gesetze, Verordnungen und sonstige Veröffentlichungen) nach Korporationen.

1. MONOGRAPHIEN UND BEITRÄGE IN PERIODIKA

Alchian, Armen A., Harold Demsetz, "Production, Information Costs, and Economic Organization", in: American Economic Review, Vol.62 (1972), S.777-795.

Altstadt, Audrey L., The Azerbaijani Turks, Stanford: Hoover 1992.

Ämiraslanov, Azär,"Hökümät 1994-cü ildä dövlät sifarişini necä müäyyän edib?" (Wie hat die Regierung 1994 die Staatsaufträge bekannt gegeben?), in: Azadlıq, 5.5.94, S.6.

Auch, Eva-Maria, Aserbaidschan: Demokratie als Utopie?, Köln: Bundesinstitut für ostwissenschaftliche und internationale Studien 1994.

-, "Ewiges Feuer" in Aserbaidschan, Köln: Bundesinstitut für ostwissenschaftliche und internationale Studien 1992.

Azerbaijan: An Economic Profile, Washington: o.Vlg. 1995.

Azerbaijanian Government, Information for Investors. Baku: (Eigenverlag) 1995.

Bank für Internationalen Zahlungsausgleich, Zahlungsverkehrssysteme in elf entwickelten Ländern, Frankfurt/M.: Fritz Knapp 1989.

Biermann, Herbert, Elisabeth Einig, Frank Hesse, System-Transformation. Logik und Theorie sowie Darstellung am Beispiel der muslimisch beeinflußten GUS-Republiken, München: R. Oldenbourg 1996.

Brendel, Thomas J., "Investitionsgesetze ausgewählter GUS-Republiken. Aserbaydschan, Belarus, Georgien, Kasachstan und Moldova", in: Jahrbuch für Ostrecht, Bd.25 (1994), 2. Halbbd., S.263-277.

Bruch, Matthias, Kleinbetriebe und Industrialisierungspolitik in Entwicklungsländern, Tübingen: Mohr 1983.

Büschgen, Hans E., Bankbetriebslehre, Stuttgart: G.Fischer 1989.

Cassel, Dieter, "Inflation und Inflationswirkungen in sozialistischen Planwirtschaften", in: H. Jörg Thieme (Hrsg.), Geldtheorie: Entwicklung, Stand und systemvergleichende Anwendung, Baden-Baden: Nomos 1987, S.217-239.

Cichy, Ernst U., Wirtschaftsreform und Ausweichwirtschaft im Sozialismus. Zur Rolle der Ausweichwirtschaft im Reformprozeß sozialistischer Planwirtschaften dargestellt am Beispiel der DDR, Polens und Ungarns, Hamburg: Weltarchiv 1990.

Conert, Hansgeorg, Die Ökonomie des unmöglichen Sozialismus, Münster: Westfälisches Dampfboot 1990.

Cornelsen, Doris, "Privatisierung in Mittel- und Osteuropa - sind Erfahrungen aus Ostdeutschland übertragbar?", in: Bernhard Gahlen, Helmut Hesse, Hans Jürgen Ramser (Hrsg.), Von der Plan- zur Marktwirtschaft. Eine Zwischenbilanz, Tübingen: Mohr 1992, S.101-115.

CSIS (Hrsg.), Azerbaijan: Policy & Economy, No.21, 28.10.94.

-, Azerbaijan: Policy & Economy, No.22, 4.11.94.

-, Azerbaijan: Policy & Economy, No.2 (32), 13.1.95.

-, Azerbaijan: Policy & Economy, No.10 (40), 10.3.95.

-, Azerbaijan: Policy & Economy, No.17 (47), 28.4.95.

-, Azerbaijan: Policy & Economy, No.28 (58), 14.7.95.

-, Azerbaijan: Policy & Economy, No.29 (59), 21.7.95.

-, Azerbaijan: Policy & Economy, No.30 (60), 28.7.95.

-, Azerbaijan: Policy & Economy, No.39 (69), 29.9.95.

-, Azerbaijan: Policy & Economy, No.41 (71), 13.10.95.

-, Azerbaijan Year Book 1994. The Economy, Baku: Centre for Strategic and International Studies 1995.

Datta, Samar K., Jeffrey B. Nugent, "Transaktion Cost Economics and Contractual Choice: Theory and Evidence", in: Mustapha K. Nabli, Jeffrey B. Nugent (Hrsg.), The New Institutional Economics and Development. Theory and Applications to Tunisia", Amsterdam: Elsevier Science 1989, S.34-79.

Deutsche Bank, Die Sowjetunion im Umbruch. Fakten zu den Sowjetrepubliken, Frankfurt/M.: Deutsche Bank 1991.

Deutsches Institut für Wirtschaftsforschung, Berlin; Institut für Wirtschaftsforschung, Halle; Institut für Weltwirtschaft an der Universität Kiel (Hrsg.), Die wirtschaftliche Lage Rußlands. Fortsetzung des Niedergangs ohne hinreichenden Strukturwandel. Fünfter Bericht, Kiel: Institut für Weltwirtschaft 1994.

-, Die wirtschaftliche Lage Rußlands. Monetäre Orientierungslosigkeit und realwirtschaftlicher Aktionismus. Dritter Bericht, Kiel: Institut für Weltwirtschaft 1993.

Duwendag, Dieter, Geldtheorie und Geldpolitik, Köln: Bund 1977.

Eastern Europe and the Commonwealth of Independant States 1994, o.O.: Europa Publications 1994.

"Erklärung von Alma-Ata, 21.12.91", in: Beilage zur *Sowjetunion heute/Wostok*, No.1, 37.Jg. (1992), S.i.

Eucken, Walter, Grundzüge der Wirtschaftspolitik, München: Rowohlt 1964.

Fischer, Stanley, "Privatization in East European Tranformation", in: Christopher Clague, Gordon C. Rausser (Hrsg.), The Emergence of Market Economies in Eastern Europe. Blackwell: Cambridge/Mass. 1992, S.227-243.

Frydman, Roman, Andrzej Rapazcynski, "Privatisierung in Osteuropa: Stirbt der Staat ab?", in: Finanzierung & Entwicklung, No.2, 30.Jg. (1993), S.1-13.

Furubotn, Eirik G., Svetozar Pejovich (Hrsg.), The Economics of Property Rights, Cambridge, Mass.: Ballinger 1974.

Gelb, Alan H., Cheryl W. Gray, The Transformation of Economies in Central and Eastern Europe. Issues, Progress, and Prospects, Washington: World Bank 1992.

Götz, Roland, Uwe Halbach, Politisches Lexikon GUS, München: Beck 1992.

Grobe-Hagel, Karl, Rußlands Dritte Welt. Nationalitätenkonflikte und das Ende der Sowjetunion, Frankfurt/M.: ISP 1992.

Gröner, Helmut, Heinz-Dieter Smeets, "Transformation der Außenwirtschaft: Zur Öffnung und Weltmarktintegration geschlossener Volkswirtschaften", in: Karl-Hans Hartwig, H. Jörg Thieme (Hrsg.), Transformationsprozesse in sozialistischen Wirtschaftssystemen. Ursachen, Konzepte, Instrumente. Berlin: Springer 1991.

Grossman, Gregory, Die "zweite Wirtschaft" und die sowjetische Wirtschaftsplanung, Köln: Bundesinstitut für ostwissenschaftliche und internationale Studien 1984.

Gulijev, Hassan, "Probleme und Perspektiven der Demokratie in Aserbaidschan", in: *Wostok. Informationen aus dem Osten für den Westen*, No.4, 41.Jg. (1996), S.40-43.

Gutmann, Gernot, "Euckens konstituierende Prinzipien der Wirtschaftpolitik und der ordnungspolitische Wandel in den Ländern Osteuropas", in: Zur Transformation von Wirtschaftssystemen: Von der Sozialistischen Planwirtschaft zur Sozialen Marktwirtschaft, Marburg: Forschungsstelle zum Vergleich wirtschaftlicher Lenkungssysteme 1990, S.63-71.

Haffner, Friedrich, "Monetäre Zentralplanung und Volkswirtschaftplanung", in: H. Jörg Thieme (Hrsg.), Geldtheorie: Entwicklung, Stand und systemvergleichende Anwendung, Baden-Baden: Nomos 1987, S.194-215.

Hartwig, Karl-Hans, Monetäre Steuerungsprobleme in sozialistischen Planwirtschaften, Stuttgart: G.Fischer 1987.

Hayek, Friedrich A., "Der Wettbewerb als Entdeckungsverfahren", in: Ders., Gesammelte Aufsätze von Friedrich August von Hayek, Tübingen: Freiburger Studien 1969, S.249-265.

Hesse, Günter, "Zur Erklärung der Änderung von Handlungsrechten mit Hilfe ökonomischer Theorie", in: Alfred Schüller, Property Rights und ökonomische Theorie, München: Vahlen 1983, S.79-109.

Ibadoğlu, Qubad, "Ämanätä xäyanät olmaz" (Depositen dürfen nicht veruntreut werden), in: Ekonomiks, 12.7.95, S.1, S.5.

Ibrahimli, Qadir, "Yerli biznesmenlärin alıcılıq qabiliyyäti zäifdir" (Die Kaufkraft der örtlichen Unternehmer ist schwach), in: Azadlıq, 22.10.94, S.6.

Ickes, Barry W., Randi Ryterman, "The Interenterprise Arrears Crisis in Russia", in: Post-Soviet Affairs, Vol.8 (1992), S.331-361.

IMF, Azerbaijan Republic - Recent Economic Developments, unveröff. 1994.

-, Economic Reviews 1993, Azerbaijan, Washington: IMF 1993.

-, Exchange Arrangements and Exchange Restrictions, Annual Report 1995, Washington: IMF 1995.

IMF, World Bank, OECD, EBRD (Hrsg.), A Study of the Soviet Economy, Vol.1, Paris: OECD 1991.

-, A Study of the Soviet Economy, Vol.2, Paris: OECD 1991.

Ismayıl, Zöhrab, "Färmanlar häyata keçmäyäcäksä, onu imzalamağa nä ehtiyac?" (Wozu werden Verordnungen unterzeichnet, wenn sie nicht umgesetzt werden?), in: Azadlıq, 30.4.94, S.11.

Issing, Otmar, Einführung in die Geldpolitik, München: Vahlen 1990.

Jeffreys, Ian, A guide to economies in transition, London: Routledge 1996.

Jennewein, Marga, Perestroika im Betrieb, München: Ifo-Institut 1992.

Johnson, Simon, Heidi Kroll, "Managerial Stategies for Spontaneous Privatisation", in: Soviet Economy 7 (1991), Heft 4, S.281-316.

Kiwit, Daniel, Stefan Voigt, Überlegungen zum institutionellen Wandel unter Berücksichtigung des Verhältnisses interner und externer Institutionen, Jena: Max-Planck-Institut 1995.

Klesse, Astrid, Die Transformation von Unternehmen in den osteuropäischen Staaten: eine institutionenökonomische Analyse, Frankfurt/M.: Lang 1996.

Kloten, Norbert, Die Transformation von Wirtschaftsordnungen, Tübingen: Mohr 1991.

Kornai, Janos, "The Soft Budget Constraint", in: Kyklos, Vol.39 (1986), S.3-30.

Kosta, Jiri, Wirtschaftssysteme des realen Sozialismus: Probleme und Alternativen, Köln: Bund 1984.

Kremer, Manfred, Martin Gilles, Jerzy Zdrazalka, "The Role of Monetary Policy for the Polish Economy in Transition", in: Manfred Kremer, Marion Weber (Hrsg.), Transforming Economic Systems: The Case of Poland, Heidelberg: Physica 1992, S.90-119.

Krug, Barbara, "Die Transformation der sozialistischen Volkswirtschaften in Zentraleuropa: Ein Beitrag der Vergleichenden Ökonomischen Theorie von Institutionen", in: Hans-Jürgen Wagener (Hrsg.), Anpassung durch Wandel. Evolution und Transformation von Wirtschaftssystemen, Berlin: Dunker & Humblot 1991, S.39-60.

Lachmann, Ludwig M., "Wirtschaftsordnung und wirtschaftliche Institutionen", in: ORDO, Jahrbuch für die Ordnung von Wirtschaft und Gesellschaft, 14.Bd. (1963), S.63-77.

Leipold, Helmut, "Probleme und Konzepte der Privatisierung von Staatseigentum", in: Wirtschaftswissenschaftliches Studium, 21.Jg. (1992), S.54-59.

-, Wirtschafts- und Gesellschaftssysteme im Vergleich: Grundzüge einer Theorie der Wirtschaftssysteme, Stuttgart: G.Fischer 1985.

Mämmädli, Rafiq, "Istehsal käskin azalir, işsizlik artır" (Starker Produktionseinbruch, steigende Arbeitslosigkeit), in: Azadlıq, 20.10.94, S.6.

Michler, Albrecht, H. Jörg Thieme, "Währungsreformen: Zur institutionellen Absicherung monetärer Prozesse", in: Karl-Hans Hartwig, H. Jörg Thieme, Transformationsprozesse in sozialistischen Wirtschaftssystemen. Ursachen, Konzepte, Instrumente, Berlin: Springer 1991, S.305-329.

Miurin, Paolo, "The Banking System, Monetary Policy and Economic Transformation in Russia: 1992-1994", in: MOST, Vol.5 (1995), S.53-70.

Näcäfov, Vaqif, "Milli Mäclisin iclasında neft muqaviläsi täsdiq edildi" (Die Nationalversammlung hat in ihrer Sitzung den Erdölvertrag verabschiedet), in: Azärbaycan, 16.11.94, S.1.

Neumann, Manfred, Volkswirtschaftslehre, 1. Makroökonomische Theorie; Beschäftigung, Inflation und Zahlungsbilanz, Münschen: Vahlen 1983.

North, Douglas C., "Institutions", in: Journal of Economic Perspectives, 1991, S.97-112.

Nove, Alec, Das sowjetische Wirtschaftssystem, Baden-Baden: Nomos 1980.

Oğan, Sinan, Türk Ortak Pazarı Ülkeleri I: Azerbaycan Ekonomisi (Die Länder des gemeinsamen türkischen Marktes I: Die aserbaidschanische Wirtschaft), Istanbul: Türk Dünyası Araştırma Vakfı 1992.

Pchelintsev, O.S., "Privatisation versus the Market", in: Studies On Soviet Economic Development, Vol.2 (1991), S.203-208.

o.V., "A rigid monetary course of the government: its consequences", in: CSIS (Hrsg.), Azerbaijan: Policy & Economy, No.16 (46), 21.4.95, S.12-16.

o.V., "Amendments to the laws should attract foreign capital into the banking sphere and civilize a currency trade in Azerbaijan", in: CSIS (Hrsg.), Azerbaijan: Policy & Economy, No.15 (45), 14.4.95, S.15-16.

o.V., "Azärbaycan Respublikası Milli Bankının Mälumatı" (Bericht der Aserbaidschanischen Nationalbank), in: Azärbaycan, 24.3.94, S.4.

o.V., "Barter üçün malların siyahısı tärtib olunur" (Die Liste über die Güter für Bartergeschäfte wird aufgestellt), in: Ekonomiks, 23.8.95, S.3.

o.V., "Comparative analysis of the factors determining the situation at currency markets of Russia and Azerbaijan", in: CSIS (Hrsg.), Azerbaijan: Policy & Economy, No.21, 28.10.94, S.17-21.

o.V., "Currency exchange markets", in: CSIS (Hrsg.), Azerbaijan: Policy & Economy, No.1, 10.6.94, S.28-29.

o.V., "Dövlät bankı da ämanätçiläri aldatdı" (Auch die staatliche Bank hat die Sparer geprellt), in: Azadlıq, 18.10.95. S.4.

o.V., "First stages of mutual depts of enterprises problem solution", in: CSIS (Hrsg.), Azerbaijan: Policy & Economy, No.39 (121), 27.9.96, S.12-15.

o.V., "How foreign investments are protected in Azerbaijan", in: CSIS (Hrsg.), Azerbaijan: Policy & Economy, No.1, 10.6.94, S.26-28.

o.V., "In the parliament of Azerbaijan: debates around the budget for 1995", in: CSIS (Hrsg.), Azerbaijan: Policy & Economy, No.7 (37), 17.2.95, S.14-17.

o.V., "'Iqtisadi vä sosial siyasät'" ('Wirtschafts- und Sozialpolitik'), in: Azadlıq, 19.11.94, S.6.

o.V., "Manat - National currency of the Azerbaijan Republic", in: CSIS (Hrsg.), Azerbaijan: Policy & Economy, No.24 (54), 16.6.95, S.10-13.

o.V., "Milli Bank lisenziyalar almağın qaydalarını tätbiq etmişdir" (Die Nationalbank hat die Bestimmungen zum Lizenzerwerb angewandt), in: Azärbaycan, 11.11.94, S.2.

o.V., "Number of joint ventures with the participation of foreign investors is growing", in: CSIS (Hrsg.), Azerbaijan: Policy & Economy, No.22, 4.11.94, S.16-19.

o.V., "On the development of entrepreneurship in Azerbaijan", in: CSIS (Hrsg.), Azerbaijan: Policy & Economy, No.13 (43), 31.3.95, S.12-15.

o.V., "Parlamentswahlen und Verfassungsreferendum in Aserbaidschan", in: Neue Kaukasische Post, No.1 (1996), S.36-38.

o.V., "Respublikadan känara valyuta aparılması tänzimlänir" (Der Wärungsexport wird reguliert), in: Azärbaycan, 13.10.94, S.1.

o.V., "Sänayedä istehsal 35 faiz azalıb" (Die Industrieproduktion sank um 35%), in: Azadlıq, 22.10.94, S.6.

o.V., "SOCAR Section. Historical Beginnings. The AIOC - Azerbaijan International Operating Company", in: Azerbaijan International, Vol.3 (1995), Heft 2, S.33-38.

o.V., "Successes on curbing the inflation requires an urgent transition to structural transformations in the economy", in: CSIS (Hrsg.), Azerbaijan: Policy & Economy, No.18 (48), 5.5.95, S.15-18.

o.V., "The Law of the Azerbaijan Republic 'On Currency Regulation'", in: CSIS (Hrsg.), Azerbaijan: Policy & Economy, No.24 (54), 16.6.95, S.15-18.

o.V., "The programme of privatisation as viewed by experts", in: CSIS (Hrsg.), Azerbaijan: Policy & Economy, No.28 (58), 14.7.95, S.12-14.

o.V., "Why today's barter trade is damaging the economy of Azerbaijan", in: CSIS (Hrsg.), Azerbaijan: Policy & Economy, No.17, 30.9.94, S.17-20.

Peterhoff, Reinhard, "Theoretische Grundlagen des Reformprozesses in der UdSSR: Ordnungspolitischer Konzeptionswandel als Reflex politökonomischen Umdenkens?", in: Dieter Cassel (Hrsg.), Wirtschaftssysteme im Umbruch, München: Vahlen 1990, S.153-172.

-, "Wirtschaftsreformen als Krisenmanagement: Systemerhaltung durch 'muddling through'?", in: Karl-Hans Hartwig, H. Jörg Thieme (Hrsg.), Transformationsprozesse in sozialistischen Wirtschaftssystemen. Ursachen, Konzepte, Instrumente, Berlin: Springer 1991.

Peters, Hans-Rudolf, "Transformationstheorie und Ordnungspolitik" in: Wirtschaftswissenschaftliches Studium, 19.Jg. (1990), S.384-389.

PlanEcon Report, Vol.VII (1991), No.1-2.

PlanEcon Report, Vol. VIII (1992), No.11-13.

Pomfret, Richard, Monetary Reform in Azerbaijan, Adelaide: Department of Economics and Centre for International Economic Studies 1993.

Qocayev, Ildirim, Ilhab Isayev, "Aqrar Sänaye Bankı vä reallıq" (Die Agroindustriebank und die Realität), in: Biznes Press, 11.11.95, S.1, S.4.

Richter, Rudolf, Ulrich Bindseil, "Neue Institutionenökonomik", in: Wirtschaftswissenschaftliches Studium, 24.Jg. (1995), S.132-140.

Rose, Klaus, Theorie der Außenwirtschaft, München: Vahlen 1989.

Sahibkarlığa vä Bazar Iqtisadiyyatının Inkişafına Yardım Fondu (Hrsg.), Fermer täsärrufatları (Farmwirtschaften), Baku: o.Vlg. 1996.

Sanchez, N., A.R. Waters, "Controlling Corruption in Africa and Latin America", in: Eirik G. Furubotn, Svetozar Pejovich (Hrsg.), The Economics of Property Rights, Cambridge, Mass.: Ballinger 1974, S.279-295.

Schmieding, Holger, Better Banks for Eastern Europe, Kiel: Institut für Weltwirtschaft 1992.

Schmieding, Holger, Michael J. Koop, Privatisierung in Mittel- und Osteuropa: Konzepte für den Hindernislauf zur Marktwirtschaft, Kiel: Institut für Weltwirtschaft 1991.

Schüller, Alfred, Property Rights und ökonomische Theorie, München: Vahlen 1983.

Schüller, Alfred, Dirk Wentzel, "Die Etablierung von Wettbewerbsmärkten: Zur Herstellung eines funktionsfähigen Preissystems", in: Karl-Hans Hartwig, H. Jörg Thieme, Transformationsprozesse in sozialistischen Wirtschaftssystemen. Ursachen, Konzepte, Instrumente, Berlin: Springer 1991, S.281-304.

Schwartz, Gerd, Paulo S. Lopes, "Privatisierung: Erwartungen, Zielkonflikte und Ergebnisse", in: Finanzierung & Entwicklung, Heft 2, 30.Jg. (1993), S.14-17.

Shafik, Nemat, "Massenprivatisierung in der Tschechischen und der Slowakischen Republik", in: Finanzierung & Entwicklung, No.4, 31.Jg. (1994), S.22-24.

Stigler, George J., "Theory of Economic Regulation", in: Bell Journal of Economics and Management Science, Vol.2 (1971), S.3-21.

Stölting, Erhard, Nationalitäten und Religionen der UdSSR, Frankfurt/M.: Eichborn 1991.

Streit, Manfred E., Theorie der Wirtschaftspolitik, Düsseldorf: Werner 1983.

TACIS, Summary of Indicative Programmes 1993-1995, Brüssel: Tacis Information Office 1995.

-, What is Tacis? Partnerships and cooperation with the New Independent States, Brüssel: Tacis Information Office, 1994.

Trapp, Manfred, Der dekretierte Markt. Die sozialistische Wirtschaftsordung und ihre Transformation in der Sowjetunion und der Russischen Föderation 1985-1992, Baden-Baden: Nomos 1994.

UN, Economic Comission for Europe, Economic Survey of Europe in 1994-1995, New York: UN 1995.

UNIDO, "The Role of Small and Medium Scale Industries in OIC Member States", in: Journal of Economic Cooperation Among Islamic Countries, Vol.8 (1987), S.1-54.

Voigt, Stefan, Daniel Kiwit, Black Markets, Mafiosi and the Prospects for Economic Development in Russia - Analyzing the Interplay of External and Internal Institutions, Jena: Max-Planck-Institut 1995.

Wagner, Ulrich, "Schaffung von Entscheidungsspielräumen: Privatisierung und Reform des Vertrags- und Unternehmensrechts", in: Karl-Hans Hartwig, H. Jörg Thieme (Hrsg.), Transformationsprozesse in sozialistischen Wirtschaftssystemen. Ursachen, Konzepte, Instrumente, Berlin: Springer 1991, S.253-279.

Wagner, Norbert, Martin Kaiser, Fritz Beimdiek, Ökonomie der Entwicklungsländer. Eine Einführung, Stuttgart: G.Fischer 1989.

Weber, Ralf L., "Walter Eucken und der Wandel von Wirtschaftssystemen", in: Wirtschaftswissenschaftliches Studium, 21.Jg. (1992), S.579-583.

Wettstein, Patrick, Wechselkurspolitik beim Übergang von Plan- zu Marktwirtschaften, Chur: Rüegger 1994.

Wiesner, Lale Larissa, Privatisation in Previously Centrally Planned Economies: The Case of Azerbaijan: 1991-1994, Frankfurt/M.: Lang 1997.

World Bank, Azerbaijan. From Crisis to Sustained Growth, Washington: World Bank 1993.

-, Russia: The Banking System during Transition, Washington: World Bank 1993.

-, Weltentwicklungsbericht 1995. Arbeitnehmer im weltweiten Integrationsprozeß, Washington: World Bank 1995.

-, Weltentwicklungsbericht 1996. Vom Plan zum Markt, Washington: World Bank 1996.

2. AMTLICHE ASERBAIDSCHANISCHE DOKUMENTE NACH KORPORATIONEN

Nationaler Fonds zur Förderung des Unternehmertums

"Kiçik sahibkarliqda investisiya layihälärinin texniki-iqtisadi äsaslandırılmasına dair metodik göstärişlär" (Methodische Richtlinien zur technisch-ökonomischen Begründung von Investitionsprojekten von Kleinunternehmern), 1994.

Nationalversammlung

1991

"A.R. iqtisadi müstäqilliyinin äsasları haqqında A.R.nın Konstitusiya Qanunu" (Konstituierendes Gesetz über die wirtschaftliche Unabhängigkeit Aserbaidschans), Nr.116-XII, 25.5.91, in: Biznesmenin Bülleteni, Nr.4, 1993, S.1-10.

"A.R.nın dövlät müstäqilliyi haqqında Konstitusiya Aktı" (Verfassungsgesetz über die staatliche Unabhängigkeit der Republik Aserbaidschan), Nr.222-XII, 18.10.91, in: Ali Sovetinin Mälumatı, Nr.19-20, 1991, S.20-26.

"A.R.nda huquqi şäxslärin mänfäätindän vä gälirlärinin ayrı-ayrı növlärindän vergilär haqqında A.R.nın Qanunu" (Gesetz über die Gewinn- und Einkommensteuer juristischer Personen), Nr.258-XII, 9.11.91, in: Azärbaycan qänclări, 12.12.91, S.2f.

"A.R.nda mülkiyyät haqqında A.R.nın Qanunu" (Gesetz über Eigentum), Nr.256-XII, 9.11.91, in: Biznesmenin Bülleteni, Nr.4, 1993, S.11-22.

"A.R.nın torpaq Mäcälläsi" (Bodenkodex), Nr.254-XII, 9.11.91, in: Ali Sovetinin Mälumati, Nr.2, 1992, S.3ff.

1992

"Käçmiş SSRI Kömrük Komitäsinin Azärbaycan Kömrük Idaresinin A.R. tabeliyinä käçirilmäsi haqqında A.R. Milli Şurasının Qärarı" (Beschluß des Nationalrats über die Überführung der aserbaidschanischen Zollverwaltung des ehemaligen sowjetischen Zollkomitees unter aserbaidschanische Zuständigkeit), Nr.60, 15.1.92, in: Ali Sovetinin Mälumatı, Nr.1, 1992.

"Xarici investisiyanın qorunması haqqında A.R.nın Qanunu" (Gesetz über den Schutz ausländischer Investitionen), Nr.57, 15.1.92, in: Biznesmenin Bülleteni, Nr.4, 1993, S.23-32.

"Kändli (fermer) täsärrufatı haqqında A.R.nın Qanunu" (Gesetz über bäuerliche (Farm-)Wirtschafen), 8.4.92, in: Xalq qäzäti, 29.4.92, S.2f.

"Icarä haqqında A.R.nın Qanunu" (Pachtgesetz), 30.4.92, in: Ali Sovetinin Mälumatı, Nr.17, 1992.

"A.R.nda banklar vä bank fäaliyyäti haqqında A.R.nın Qanunu" (Gesetz über Banken und Bankoperationen), Nr.262, 7.8.92, in: Ali Sovetinin Mälumatı, Nr.15, 1992, S.28ff.

"A.R.nın Milli Bankı haqqında A.R.nın Qanunu" (Gesetz über die Aserbaidschanische Nationalbank), Nr.261, 7.8.92, in: Ali Sovetinin Mälumatı, Nr.15, 1992, S.19-28.

"'A.R.nın Milli Bankı haqqında A.R. Qanunun' vä 'Banklar vä bank fäaliyyätini haqqında A.R. Qanunun' quvväyä minmäsi barädä A.R. Milli Mäclisinin Qärarı" (Beschluß der Nationalversammlung über das Inkrafttreten des Gesetzes über die Aserbaidschanische Nationalbank und des Gesetzes über Geschäftsbanken und Banktätigkeiten), 7.8.92, in: Ali Sovetinin Mälumatı, Nr.15, 1992, S.29.

"A.R. Milli Bankının Nizamnamäsi" (Satzung der Aserbaidschanischen Nationalbank), Anhang von "A.R.nın Milli Bankı Nizamnamäsinin täsdiq ädilmäsi haqqında A.R. Milli Mäclisin Qärarı" (Beschluß der Nationalversammlung über die Verabschiedung der Satzung der Aserbaidschanischen Nationalbank), Nr.392, 1.12.92, in: Ali Sovetinin Mälumatı, No.23, 1992.

"Sahibkarliq fäaliyyäti haqqında A.R.nın Qanunu" (Gesetz über unternehmerische Aktivität/Unternehmertum), Nr.405, 15.12.92, in: Biznesmenin Bülleteni, Nr.3 (8), 1994, S.1-7.

1993

"A.R.nda dövlät mülkiyyätinin özälläşdirilmäsi haqqında A.R.nın Qanunu" (Gesetz über die Privatisierung des staatlichen Eigentums), Nr.445, 7.1.93, in: Biznesmenin Bülleteni, Nr.3 (8), 1994, S.9-14.

"A.R.nda sahibkarlığın inkişafı sahäsindä Dövlät Programı (1993-1995-ci illär)" (Staatsprogramm zur Entwicklung von Unternehmertum für die Jahre 1993-1995), 26.1.93, hrsg. von A.R. Dövlät Antiinhisar Siyasäti vä Sahibkarlığa Kömäk Komitäsi, 1993.

"A.R.nda sahibkarlığın inkişafı sahäsindä dövlät siyasätinin äsas istiqamätläri" (Hauptrichtungen der (staatlichen) Politik auf dem Gebiet der Entwicklung von Unternehmertum), 26.1.93, hrsg. von A.R. Dövlät Antiinhisar Siyasäti vä Sahibkarlığa Kömäk Komitäsi, 1993.

"Torpaq vergisi haqqında A.R.nın Qanunu" (Gesetz über die Bodensteuer), 2.2.93, in: Azärbaycan, 4.5.93, S.2f.

"Dövlät avtonäqliyyat vasitälärinin özälleşdirilmäsi haqqında A.R. Milli Mäclisinin Qärarı" (Beschluß der Nationalversammlung über die Privatisierung der staatlichen Transportmittel), Nr.522, 24.2.93, in: Azärbaycan, 2.3.93.

"Antiinhisar fäaliyyäti haqqında A.R.nin Qanunu" (Gesetz über Antimonopoltätigkeit), Nr.527, 4.3.93, in: Biznesmenin Bülleteni, Nr.6 (11), 1993.

1994

"1994-cü ilde än mühüm mähsul (iş, xidmät) növläri üzrä dövlät sifarişinin müäyyän edilmäsi haqqında A.R. Milli Mäclisin Qärarı" (Beschluß der Nationalversammlung über die Staatsaufträge für die wichtigsten Güter im Jahr 1994), 26.1.94.

"Pärakändä ticarät vä ictimai iaşä sahäsindä fäaliyyätin lisenziyalaşdırılması qaydaları haqqında Milli Mäclisin Qärarı" (Beschluß der Nationalversammlung über die Lizensierung im Einzelhandel und Gaststättengewerbe), 22.4.94.

"Ämtää birjası haqqında A.R.nın Qanunu" (Gesetz über die Warenbörse), Nr.803, 25.5.94, in: Ali Sovetinin Mälumatı, Nr.10, 1994, S.19-26.

"A.R.nın 1994-cü il respublika büdcäsi haqqında A.R.nın Qanunu" (Gesetz über das Staatsbudget der Aserbaidschanischen Republik für 1994), Nr.805, 26.5.94, in: Ali Sovetinin Mälumatı, Nr.11, 1994, S.7-15.

"Müässisälär haqqında A.R.nın Qanunu" (Betriebsgesetz), Nr.847, 1.7.94, in: Biznesmenin Bülleteni, Nr.3 (68), 1996.

"Müflisläşmä vä iflas haqqında A.R.nın Qanunu" (Gesetz über Zahlungsunfähigkeit und Konkurs), Nr.857, 22.7.94.

"Müfliläşmä vä iflas haqqinda A.R. Qanunun quvväyä minmäsi barädä A.R. Milli Mäclisinin Qärarı" (Beschluß der Nationalversammlung über das Inkrafttreten des Gesetzes über Zahlungsunfähigkeit und Konkurs), Nr.858, 22.7.94.

"A.R. valyuta tänzimi haqqında A.R.nın Qanunu" (Gesetz über die Währungsregulierung), Nr.910, 21.10.94.

"Lizinq xidmäti haqqında A.R.nın Qanunu" (Leasing-Gesetz), Nr.930, 29.11.94, in: Ali Sovetinin Mälumatı, Nr.22, 1994, S.3-7.

1995

"Aqrar islahatının äsasları haqqında A.R. Qanunu" (Gesetz übcr die Grundzüge der Agrarreform), 18.2.95, in: Biznesmenin Bülleteni, Sondernummer 1995.

"Sovxoz vä kolxozların islahatı haqqında A.R. Qanunu" (Gesetz über die Reform der Sowchosen und Kolchosen), Nr. 978, 18.2.95, Biznesmenin Bülleteni, Sondernummer 1995.

"A.R.nın 1995-ci il respublika büdcäsi haqqında A.R.nın Qanunu" (Gesetz über das Staatsbudget der Aserbaidschanischen Republik für 1995), Nr.980, 24.2.95.

"'A.R.nın 1995-ci il respublika büdcäsi haqqında' A.R.nın Qanunu quvväyä minmäsi barädä A.R. Milli Mäclisinin Qärarı" (Beschluß der Nationalversammlung über das Inkrafttreten des Gesetzes über den Staatshaushalt von 1995), Nr.981, 24.2.95.

"Muhasibat uçotu haqqında A.R.nın Qanunu" (Gesetz über die Buchführung), Nr.998, 24.3.95, in: Biznesmenin Bülleteni, Nr.23 (53), 1995.

"Respublikada pul dövriyyäsini sabitläşdirmä tädbirläri haqqında Milli Mäclisin Qärarı" (Beschluß der Nationalversammlung über die Maßnahmen zur Stabilisierung des Geldumlaufs), 28.3.95, in: Azärbaycan, 4.4.95, S.2.

"A.R.nın 1994-cü il respublika büdcäsi göstäricilärinin yeniden dürüstläşdirilmäsi haqqında A.R.nın Qanunu" (Korrektur der Kennziffern des Staatshaushalts von 1994), Nr.1016, 4.4.95, in: Ali Sovetinin Mälumatı, Nr.7, 1995.

"Gömrük tarifi haqqında A.R.nın Qanunu" (Gesetz über Zolltarife), 20.6.95, in: Bisznesmenin Bülleteni, Nr.32 (62), 1995.

"A.R.nda 1995-1998-ci illärdä dövlät mülkiyyätinin özälläşdirilmäsinin Dövlät Programı" (Staatsprogramm zur Privatisierung des Staatseigentums für die Jahre 1995-1998), 21.7.95, in: Bisznesmenin Bülleteni, Nr.21 (51), 1995.

"A.R.nın 1995-ci il pul-kredit siyasätinin başlıca istiqamätläri" (Hauptrichtung der Geld-Kredit-Politik 1995), o. Datum.

"A.R.nın Konstitusiyası, Layihä" (Entwurf zur Aserbaidschanischen Verfassung), in: Azärbaycan, 8.11.95.

1996

"A.R.nın Milli Bankı haqqında A.R.nın Qanunu" (Gesetz über die Aserbaidschanische Nationalbank), Nr.118-1Q, 10.6.96, in: Biznesmenin Bülleteni, Nr.32 (97), 1996.

"A.R.nda banklar vä bank fäaliyyäti haqqında A.R.nın Qanunu" (Gesetz über Banken und Bankgeschäfte), Nr.123-1Q, 14.6.96, in: Biznesmenin Bülleteni, Nr.33 (98), 1996.

"Torpaq islahatı haqqında A.R.nin Qanunu" (Gesetz über die Bodenreform), Nr.155-1Q, 16.7.96, in: Biznesmenin Bülleteni, Nr.31 (96), 1996.

Ministerkabinett

1993

"A.R. pul dövriyyäsinin yaxşılaşdırmaq sahäsindä älavä tädbirlär haqqında A.R. Nazirlär Kabinäti Qärarı" (Beschluß des Ministerkabinetts über zusätzliche Maßnahmen zur Verbesserung des Geldumlaufs), Nr.113, 22.2.93, in: Biznesmenin Bülleteni, Nr.1, 1993, S.19f.

"Kredit ehtiyatlarından istifadänin sämäräliliyinin artırılması haqqında A.R. Nazirlär Kabineti Qärarı" (Beschluß des Ministerkabinetts über die Steigerung der Rentabilität bei der Nutzung der Kreditmittel), Nr.326, 25.6.93, in: Biznesmenin Bülleteni, Nr.1, 1993, S.51f.

"A.R.nda ixrac vä idhal ämääliyyatları üzrä gömrük rüsumlarının däräcäläri haqqında A.R. Nazirlär Kabinätinin Qärarı" (Beschluß des Ministerkabinetts über die Zollsteuern auf Export- und Importoperationen), Nr.401, 21.7.93, in: Biznesmenin Bülleteni, Nullnummer, 1993.

"A.R.nda kiçik müässisä işçilärinin say häddinin müäyyän olunması haqqında A.R.Nazirlär Kabinäti Qärarı" (Beschluß des Ministerkabinetts über die Höhe der Beschäftigten in Kleinbetrieben), 23.7.93.

"A.R.nda orta müässisä statusunun müäyyän edilmäsi haqqında A.R. Nazirlär Kabinätinin Qärarı" (Beschluß des Ministerkabinetts über den Status von mittleren Betrieben), 23.7.93.

1994

"A.R.nda ixrac vä idhal ämääliyyatları üzrä gömrük rüsumlarının däräcäläri haqqında A.R. Nazirlär Kabinätinin Qärarı" (Beschluß des Ministerkabinetts über die Zollsteuern auf Export- und Importoperationen), Nr.252, 27.6.94, in: Biznesmenin Bülleteni, Nr.17 (22), 1994.

1995

"A.R. ärazisinä gätirilän Müstäqil Dövlätlär Birliyi üzvü olan dövlätlärin hududlarından känarda istehsal edilmiş älavä däyär vergisindän azad olunan malların siyahısı haqqında A.R. Nazirlär Kabineti Qärarı" (Beschluß des Ministerkabinetts über die Liste der außerhalb der GUS produzierten Güter, die von der Mehrwertsteuer befreit werden), Nr.76, 6.4.95, in: Biznesmenin Bülleteni, Nr.8 (37), 1995.

"A.R.nda ixrac vä idhal ämääliyyatları üzrä gömrük rüsumlarının däräcäläri haqqında A.R. Nazirlär Kabinätinin Qärarı" (Beschluß des Ministerkabinetts über die Zollsteuern auf Export- und Importoperationen), Nr.90, 24.4.95, in: Biznesmenin Bülleteni, Nr.9 (38) und Nr.10 (39), 1995.

1996

"Mähsulun (işin, xidmätin) maya däyärinä daxil edilän xärclärin tärkibi haqqında Äsasnamä" (Grundlagen über die Ausgaben, die in die Selbstkosten eingehen), 16.8.96, in: Biznesmenin Bülleteni, Nr.34 (99), 1996, S.1-18.

"Mähsulun (işin, xidmätin) maya däyärinä daxil edilän xärclärin tärkibi haqqında Äsasnamänin täsdiq edilmäsi barädä A.R. Nazirlär Kabineti Qärarı" (Beschluß des Ministerkabinetts über die Verabschiedung der Grundlagen über die Ausgaben, die in die Selbstkosten eingehen), Nr.111, 16.8.96, in: Biznesmenin Bülleteni, Nr.34 (99), 1996, S.19f.

Präsident

1991

"Birja fäaliyyäti haqqında A.R. Prezidentinin Färmanı" (Präsidialerlaß über die Tätigkeit der Börse), Nr.337, 12.9.91, in: Ali Sovetinin Mälumatı, Nr.17-18, 1991, S.8.

"1992-ci ildä täsärrufat älagäläri vä mähsullar vä mallar göndärilmäsi haqqında A.R. Präsidentinin Färmanı" (Präsidialerlaß über die Wirtschaftsbeziehungen und Waren- und Güterallokation im Jahr 1992), Nr.505, 18.12.91.

1992

"Qiymätlärin vä tariflärin liberallaşdırılması haqqında A.R. Präsidentinin Färmanı" (Präsidialerlaß über die Preisliberalisierung), Nr.540, 2.1.92, in: Ali Sovetinin Mälumatı, Nr.1, 1992, S.31.

"Sahibkarlığı inkişaf etdirmäk, ticarät vä ictimai iaşä müässisälärini özläşdirmäyä hazırlamaq üçün şärait yaradılması sahäsindä ümdä tädbirlär haqqında A.R. Prezidentinin Färmanı" (Präsidialerlaß über vordringliche Maßnahmen für die Schaffung der Bedingungen für die Förderung von Unternehmertum und zur Vorbereitung auf die Privatisierung von Handel und Gaststättengewerbe), Nr.549, 14.1.92, in: Ali Sovetinin Mälumatı, Nr.2, 1992, S.26f.

"A.R.nda kändli (fermer) täsärrufatlarının yaradılmasını surätländirmäk tädbirläri haqqında A.R. Präsidentinin Färmanı" (Präsidialerlaß über Beschleunigungsmaßnahmen zur Einrichtung von bäuerlichen (Farm-)Wirtschaften), Nr.551, 18.1.92, in: Ali Sovetinin Mälumatı, Nr.2, 1992, S.27-29.

"A.R. Kömrük Komitäsinin yaradılması haqqında A.R. Prezidentinin Färmanı" (Präsidialerlaß über die Einrichtung des Zollkomitees), Nr. 561, 30.1.92.

"A.R. Milli Bankının yaradılması haqqında A.R. Prezidentinin Färmanı" (Präsidialerlaß über die Einrichtung der Aserbaidschanischen Nationalbank), Nr.566, 11.2.92.

"Sahibkarlığın inkişafı üçün şerait yaratmaq, ähaliyä xidmät sahäsi müässisälärinin vä täşkilatlarının özläşdirilmäsinä hazırlamaq sahäsindä birinci däräcäli tädbirlär haqqında A.R. Prezidentinin Färmanı" (Präsidialerlaß über erstrangige Maßnahmen zur Schaffung der Bedingungen für die Förderung von Unternehmertum und zur Vorbereitung der Dienstleistungsbetriebe auf ihre Privatisierung), Nr.609, 4.3.92.

"A.R.nın Xarici Iqtisadi Älagälär Nazirliyinin yaradılması haqqında A.R. Prezidentinin Färmanı" (Präsidalerlaß über die Gründung des Ministeriums für Außenwirtschaftsbeziehungen), Nr.819, 2.6.92.

"A.R. milli valyutasının dövriyyäyä buraxılması haqqında A.R. Prezidentinin Färmani" (Präsidialerlaß über die Emission der nationalen Währung), Nr.48, 15.7.92.

"A.R.nda ticaret müässisälärinin fäaliyyätinin kommersiyalaşdırılması haqqında A.R. Prezidentinin Färmanı" (Präsidialerlaß über die Kommerzialisierung der Handelsbetriebe), Nr.101, 1.8.92.

"Ticarätin liberallaşdırılması haqqinda A.R. Prezidentinin Färmanı, (Präsidialerlaß über die Liberalisierung des Handels), Nr.138, 13.8.92.

"A.R.nın Dövlät Antiinhisar Siyasäti vä Sahibkarlığa Kömäk Komitäsi haqqında Äsasnamä" (Satzung des Staatskomitees für Antimopolpolitik und zur Förderung des Unternehmertums), Anhang vom Präsidialerlaß Nr.152, 26.8.92.

"Azärbaycan Respublikası Sahibkarlığa Kömäk Milli Fondu haqqında Äsasnamä" (Satzung des Nationalen Fonds zur Förderung des Unternehmertums), Anhang vom Präsidialerlaß Nr.269, 12.10.92.

1993

"A.R.nda hesablaşmaların tänzimlänmäsi haqqında A.R. Prezidentinin Färmanı" (Präsidialerlaß zur Regulierung der Verrechnungen), Nr.402, 13.1.93.

"A.R. Vahid Valyuta Fondunun işinin täkmilläşdirilmäsi haqqında A.R. Prezidentinin Färmanı" (Präsidialerlaß zur Vervollkommnung der Arbeit des Einheitlichen Währungsfonds), Nr.55, 30.11.93.

1994

"A.R.nda xarici ticarätin sämäräliliyinin artırılması tädbirlär haqqında A.R. Prezidentinin Färmanı" (Präsidialerlaß über die Maßnahmen zur Steigerung der Leistungsfähigkeit im Außenhandel), Nr.91, 10.1.94, in: Ali Sovetinin Mälumatı, Nr.1, 1994.

"A.R.nda xarici ticarätin särbästläşdirilmäsi haqqinda A.R. Prezidentinin Färmanı" (Präsidialerlaß zur Liberalisierung des Außenhandels), Nr.125, 5.4.94, in: Ali Sovetinin Mälumatı, Nr.7, 1994, S.14-17.

"A.R. Vahid Valyuta Fondunun yaradılması vä ondan istifadä olunması qaydalarının täsdiqi haqqında A.R. Prezidentinin Färmanı" (Präsidialerlaß über die Einrichtung des Einheitlichen Währungsfonds und seine Nutzungsbestimmungen), Nr.135, 25.4.94, in: Ali Sovetinin Mälumatı, Nr.8, 1994.

1996

"A.R.nda dövlät özälläşdirmä payları (çekläri) haqqında Äsasnamä" (Grundlagen über die Privatisierungsanteile), 25.3.96, in: Biznesmenin Bülleteni, Nr.16 (81), S.1-4.

"Kiçik dövlät müässisälärinin (obyektlerinin) özälläşdirilmäsi vä sähmlär satışı üzrä pullu auksionların (härracların) keçirilmäsi haqqında Äsasnamä" (Grundlagen über die Auktionen zur Privatisierung und zum Aktienverkauf von kleinen Staatsbetrieben), 25.3.96, in: Biznesmenin Bülleteni, Nr.16 (81), S.12-16.

"Özälläşdirilän dövlät mülkiyyätinin qiymätländirilmäsinä dair metodik göstärişlär" (Methodische Richtlinien zur Bewertung des zu privatisierenden Staatsvermögens), 25.3.96, in: Biznesmenin Bülleteni, Nr.16 (81), S.5-8.

"Tikintisi dondurulmuş, tikintisinin normativ müddätläri ötmüş vä tikintisi başa çatdırılmamış obyektlerin özälläşdirilmäsi haqqında Äsasnamä" (Grundlagen über die Privatisierung von Bauprojekten, die eingefroren wurden, die vorgegebene Bauzeit überschritten haben oder nicht fertiggestellt wurden), 25.3.96, in: Biznesmenin Bülleteni, Nr.16 (81), S.9-11.

"A.R.nda xarici ticarätin tänzimlänmäsi qaydaları" (Bestimmungen über die Regulierung des Außenhandels), auf Grundlage des "A.R.nda xarici ticarätin tänzimlänmäsi haqqında A.R. Prezidentinin Färmanı" (Präsidialerlaß über die Regulierung des Außenhandels), Nr.481, 6.8.96, in: Biznesmenin Bülleteni, Nr.35 (100), 1996.

"Iqtisadiyyatda qarşılıqlı hesablaşmalarda yaranmış väziyyätin aradan qaldırılması vä maliyyä intizamının möhkämländirilmäsi tädbirlär haqqında A.R. Prezidentinin Färmanı" (Präsidialerlaß über Maßnahmen zur Beseitigung des aufgrund der gegenseitigen Schulden entstandenen Zustandes und über die Verbesserung der Geldordnung), 24.9.96, in: Xalq qäzeti, 25.9.96, S.1.

Satzungen von Betrieben mit staatlicher Beteiligung

"Regulations of the 'Small and Medium Enterprise Development Agency'", 13.7.94.

"'Xäzär-95' sıgorta şirkätinin nizamnamäsi" (Satzung des 'Khäzär'-Versicherungsunternehmens), Oktober 1995.

Staatliches Statistikkomitee

DSK, Azärbaycan räqämlärda 1992 (Aserbaidschan in Zahlen 1992), Baku: DSK 1993.

-, Azärbaycan räqämlärda 1993 (Aserbaidschan in Zahlen 1993), Baku: DSK 1994.

-, Azärbaycan räqämlärdä 1994 (Aserbaidschan in Zahlen 1994), Baku: DSK 1995.

-, "Import i eksport produktsii po Azerbaidzanskoy Respublike za janvar-avgust 1994g." (Aserbaidschans Import- und Exporterzeugnisse von Januar bis August 1994), Baku: DSK 1994.

-, "1994-cü ilin yanvar-iyulunda respublikanın sosial-iqtisadi väziyyäti haqqında" (Soziale und Wirtschaftslage der Republik von Januar bis Juli 1994), Baku: DSK 1994.

-, "1996-cı ilin yanvar-sentyabrında respublikanın sosial-iqtisadi väziyyäti haqqında" (Soziale und Wirtschaftslage der Republik von Januar bis September 1996), Baku: DSK 1996.

Staatliches Vermögenskomitee

"Dövlät avtomobil nägliyyatı vasitälärinin özälleşdirilmäsi gaydaları haqqında Äsasnamä" (Durchführungsbestimmung des Vermögenskomitees über die Privatisierung der staatlichen Transportmittel), 9.3.93.

Staatskomitee für Antimonopolpolitik und zur Förderung des Unternehmertums

"A.R. inhisarçı müässisälärin inhisarçı olduqları mähsullar üzrä rentabelliyin son häddi tätbiq olunmaqla qiymätlärin hesablanması qaydası", (Bestimmung des Antimonopolkomitees über die Ermittlung des Gewinnaufschlags bei Monopolbetrieben), 11./15.5.93.

Steuerbehörde

"Pärakändä ticarät vä ictimai iaşä sahäsindä fäaliyyätin lisenziyalaşdırılması qaydalarının tätbiqinä dair Tälimat" (Anordnung der Steuerbehörde über die Lizensierung im Einzelhandel und Gaststättengewerbe), 1.7.94.

Zentralbank

"Nägdsız hesablaşmalar haqqında Äsasnamä" (Grundlagen über die bargeldlose Verrechnung), 23.2.93.

"Banklar fäaliyyätinin tänzim edilmäsi qaydaları" (Bestimmungen der Zentralbank über die Regulierung von Banktätigkeiten), 31.5.93.

"Respublikada pul dövriyyäsini sabitläşdirmä tädbirläri haqqında" (Verordnung der Zentralbank über die Maßnahmen zur Stabilisierung des Geldumlaufs), Nr.03-18/237, 17.6.95 und Nr.03-19/256, 10.7.95.

Kolibri 360 GmbH
Ferdinand-Jühlke-Straße 7
99095 Erfurt, Deutschland
produktsicherheit@kolibri360.de

Druck:
CPI Druckdienstleistungen GmbH
im Auftrag der
Kolibri 360 GmbH
Ferdinand-Jühlke-Str. 7
99095 Erfurt